DAS GROSSE BUCH DES

CHINESISCHEN HOROSKOPS

DAS GROSSE BUCH DES

CHINESISCHEN HOROSKOPS

LORI REID

Im Osterholz Verlag, Ludwigsburg

Englischer Originaltitel:
THE COMPLETE BOOK OF CHINESE HOROSCOPES

Idee und Gestaltung der Originalausgabe:
The Bridgewater Book Company

DEUTSCHE BEARBEITUNG
Übersetzung: **Ilse Fath-Engelhardt**
Grafik und Produktion: **Monika Siegmund, Köln**
Reproduktionen: **Punktum, Köln**

Gedruckt in England

ISBN 3-9804503-5-X

Danksagung

Der Verlag dankt den folgenden Firmen für die Zurverfügungstellung von Bildmaterial:
Bridgeman Art Library: S. 8/9, 12/13, 20/21, 32, 50, 58, 66R, 67, 74, 80, 82, 83, 88, 89TR, 98/99, 106TR, 114/115, 118/119, 121, 122/123, 132/133. **e.t. archive**: S. 10, 11T, 26, 26/27, 42/43, 43, 50/51, 58/59, 90/91, 99, 106/107, 114BL, 114/115. **Fine Art Photographic Library**: S. 25L, 39, 41, 49R, 51, 59, 61BL, 64, 73, 73T, 74/75, 79, 91, 95, 97T, 103, 105, 107, 111, 122, 123. **Hulton Getty Picture Collection**: S. 29BL, 29C, 37BL, 37CB, 37TR, 37BR, 45TL, 45CT, 45BR, 53BL, 53TR, 53BR, 61TR, 61TL, 61BL, 69C, 69BR, 77BL, 77C, 77TR, 85TL, 85C, 85TR, 85BR, 93BL, 93TL, 93CT, 93CR, 101TL, 101TR, 109BL, 109CL, 109CR, 109BR, 117TL, 117CR. **Images/Horizon**: S. 23, 49L, 65, 72, 96, 113. **Images Charles Walker**: S. 11B, 55. **Images Colour Library**: S. 33, 40, 57, 81, 97B, 89TL. **Mirror Syndication International**: S. 29TL, 29TR, 29BR, 37CT, 45TR, 45CB, 53TL, 53CR, 61TL, 69BL, 69TR, 77TL, 77BR, 85BL, 93CB, 101BL, 101C, 101CL, 109TR, 117CL, 117TR, 117BL. **Zefa Picture Library**: S. 56.

Inhalt

Einleitung

OBEN *Die chinesische Astrologie basiert auf einem Zyklus von zwölf Jahren, die jeweils von einem Tier symbolisiert werden.*

UNTEN *Stehen Sie mit beiden Beinen auf der Erde oder schweben Sie über den Wolken? Ihr chinesisches Horoskop wird es Ihnen sagen!*

Das chinesische Horoskop, das jahrtausendealt und damit wesentlich älter als der westliche Tierkreis ist, wird heute im Fernen Osten von Millionen von Menschen benutzt. Trotz seines Alters und seiner weiten Verbreitung im Orient ist es der breiten Öffentlichkeit im Westen erst vor 30 Jahren vorgestellt worden und wird dort im wachsenden Maß geschätzt.

Daß das chinesische Horoskop die westlichen Herzen so schnell erobern konnte, verwundert angesichts der in ihm steckenden Weisheit jedoch nicht. Die Menschen werden rasch mit ihm vertraut, und sie bezeichnen sich genauso selbstverständlich als Affe, Hund oder Hahn wie als Löwe, Zwilling oder Schütze.

Die Astrologie ist die Kunst der Voraussage von Ereignissen und Charakterbeschreibung unter Berücksichtigung der Einflüsse der Sterne und der Planeten auf das Individuum zum Zeitpunkt seiner Geburt. Dennoch unterscheiden sich die westliche und östliche Astrologie in wesentlichen Punkten. Erstens verwendet jede einen anderen Kalender: der eine beruht auf der Sonne, der andere auf dem Mond. Und obwohl beide astrologischen Systeme die Zeit in zwölf Abschitte unterteilen – im Westen die Tierkreiszeichen, im Osten die chinesischen Tiernamen – dauert ein Umlauf des westlichen Zyklus nur zwölf Monate, der des östlichen hingegen zwölf Jahre. Weiter unterscheiden sich die beiden astrologischen Systeme bezüglich der Elemente: hier sind es vier, dort fünf. Und dann sind da natürlich die Grundprinzipien der östlichen Lebensphilosophie, Yin und Yang, die in China jedes Kind kennt, die im Westen jedoch noch relativ unbekannt sind.

Doch trotz aller Unterschiede bleibt viel, was beide Systeme miteinander verbindet. Beide leisten sie uns in der heutigen Zeit als Verständnishilfen gute Dienste. Und ihre jeweiligen Grundwahrheiten haben nichts an ihrer Gültigkeit verloren. Unser Leben ist davon ebenso betroffen wie einst das unserer Vorfahren.

UNTEN *Das chinesische Horoskop wurzelt in der östlichen Philosophie, die eine ganzheitliche Lebenssicht bietet.*

Was dieses Buch bietet

In der Philosophie des Fernen Ostens sind nicht so sehr wir allein die Schmiede unseres Glücks. Unser Charakter und unsere Reaktionsweisen hängen auch von der Verfassung der „in unserem Herzen verborgenen Tiere" ab. In der vielschichtig aufgebauten chinesischen Astrologie gibt es zwölf in einem 12-Jahres-Zyklus angeordnete Tiere. Jedes Jahr innerhalb dieses Zyklus steht unter dem Zeichen eines Tieres, und dieses Tier beeinflußt sowohl die Ereignisse des Jahres als auch den Charakter der in ihm geborenen Menschen.

Teil I führt in das philosophische System des chinesischen Horoskops ein und erläutert, wie die Lehren von Yin und Yang und von den fünf Elementen im astrologischen 12-Jahres-Zyklus angewendet werden.

Das Mondjahr der Geburt stellt den Hauptschlüssel unseres Charakters dar. Eine Jahrestabelle von 1900 bis 2007 zeigt, welches Tier und welches Element in jedem Jahr herrscht und ob das Jahr Yin oder Yang ist.

Jede chinesische Stunde – eine zweistündige Phase nach der westlichen Uhr – wird von einem der zwölf Tiere regiert, und hier erfahren Sie, wie sich die Tierstunde unserer Geburt auf unsere Persönlichkeit auswirkt.

Teil II gibt zuerst einen allgemeinen Einblick in die Tiercharaktere. Dann werden die mit jedem Tier verbundenen Persönlichkeiten im einzelnen erläutert und wie sie jeweils von den fünf Elementen abgewandelt werden. Gesundheit, Zuhause, Karriere, Geld, Vorlieben und Abneigungen, das Verhalten in der Liebe, zu Freunden, als Eltern und in der Kindheit werden beschrieben. Außerdem werden die Tierzeichen jeweils mit den Tierkreiszeichen miteinander in Beziehung gesetzt.

Teil III zeigt, wie die Ereignisse eines jeden Jahres von dem dieses Jahr regierenden Tier beeinflußt werden, und sagt die Jahresgeschicke für den gesamten laufenden Zyklus, von Februar 1996 bis Februar 2008, voraus.

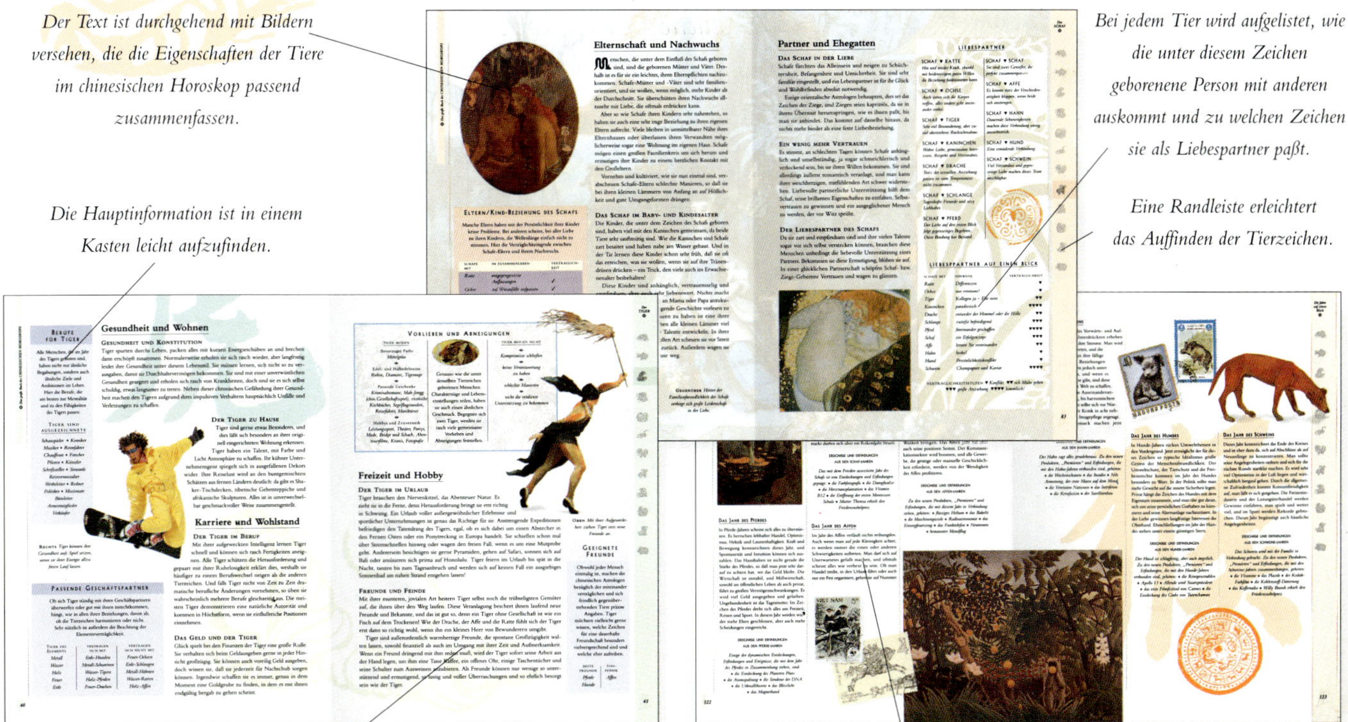

Der Text ist durchgehend mit Bildern versehen, die die Eigenschaften der Tiere im chinesischen Horoskop passend zusammenfassen.

Die Hauptinformation ist in einem Kasten leicht aufzufinden.

Bei jedem Tier wird aufgelistet, wie die unter diesem Zeichen geborenene Person mit anderen auskommt und zu welchen Zeichen sie als Liebespartner paßt.

Eine Randleiste erleichtert das Auffinden der Tierzeichen.

Jedes Tier im Horoskop wird detailiert beschrieben.

Teil III enthält eine Jahrescharakterisierung für jedes Tierzeichen.

Teil I

DIE GESCHICHTE des CHINESISCHEN HOROSKOPS

星

Ein System der Mondmonate und Tierjahre

Das System der chinesischen Astrologie

Der alte chinesische Kalender ist relativ schwer durchschaubar, wenn man es gewöhnt ist, in Sonnenjahren zu rechnen. Er geht von den Mondphasen aus – jeder seiner Monate dauert entweder 29 oder 30 Tage und ist in Doppelwochenabschnitte beziehungsweise in zwei Vierzehntageblöcke eingeteilt. Eine Woche hat zehn Tage, und die Tage sind in zwölf Zweistundenabschnitte gegliedert. Die Jahre werden nicht wie bei uns im Westen dezimal gebündelt, sondern im Dutzend.

Im Westen werden die Tage und Monate durch Namen voneinander unterschieden. Der chinesische Kalender gibt jedoch die Tage in komplizierten Zahlenkombinationen an, den sogenannten Himmelsstämmen, von denen es zehn gibt (von 1 bis 10 beziffert), und Erdästen, von denen es zwölf gibt (in römischen Ziffern von I bis XII bezeichnet). Die Kombination dieser beiden zyklisch versetzten Zeitsequenzen ist schwierig, und es würde große mathematische Kenntnisse verlangen, wollte man die Zeit nach diesem System berechnen.

Die Jahresnamen

Die Benennung der Tage, Monate und Jahre dieses schwierigen mathematischen Systems stellte daher sicherlich eine Erleichterung dar, und obwohl die Herkunft und Grundlage der exotischen Tiernamen für die Mondjahre nicht genau bekannt sind, wird ihre Erfindung der Legende nach Buddha zugeschrieben.

Es heißt, Buddha habe, bevor er diese Welt verlassen hat, alle Tiere zu einem Festmahl eingeladen. Von sämtlichen Tieren des Landes kamen nur zwölf. Der gewissenhafte Ochse ging voran, aber im letzten Moment huschte die aufgeweckte Ratte leichtfüßig über seinen Buckel und war als erste an Buddhas Tür. Als Lohn für ihre Treue und Ergebenheit wurden die Tiere in den Jahresnamen verewigt und zwar genau in der Reihenfolge ihrer Ankunft.

So haben wir heute einen nach diesen Tieren benannten 12-Jahres-Zyklus, deren Merkmale sich sowohl auf die weltlichen Ereignisse des von ihnen regierten Jahres als auch auf die Persönlichkeit und das Schicksal eines jeden Lebewesens auswirken, die unter ihren Einfluß kommen. In der Reihe der zwölf Tiere folgen, nach der Ratte und dem Ochsen, der Tiger, das Kaninchen, der Drache, die Schlange, das Pferd, das Schaf, der Affe, der Hahn, der Hund und zu guter Letzt das Schwein.

Oben *Chinesische Weise entzifferten vor langer Zeit die Strukturen, die die irdischen Ereignisse jahrestypisch prägen und deren Verständnis uns bei der Anpassung an wechselnde Umstände helfen kann.*

Die Elemente in der chinesischen Philosophie

Die chinesische Philosophie kennt fünf Elemente, aus denen sich alles zusammensetzt und die folglich jeden beeinflussen. Diese Elemente – das Metall, das Wasser, das Holz, das Feuer und die Erde – werden auch Agenzien oder Transformatoren genannt, denn sie haben die Fähigkeit, die Eigenschaft oder das Wesen von allem und jedem, das sie verkörpern, subtil zu verändern.

Transformationskräfte

Das Metall festigt und kräftigt den Willen. Das Wasser sensibilisiert und verleiht Überzeugungskraft. Das Holz fördert die Kreativität und die Phantasie. Das Feuer macht dynamisch, leistungsfähig und leidenschaftlich und die Erde standfest, fleißig und praktisch.

Im Gleichgewicht

Befinden Sie sich im Gleichgewicht, halten die Elemente die Welt in harmonischem Fluß. So gilt eine Person erst dann als ausgeglichen, wenn sie alle fünf Elemente, oder zumindest so viele wie möglich, in sich verwirklicht. Diese Ausgeglichenheit läßt sich daran ablesen, welche Elemente das Geburtsjahr, das Tierzeichen, die Jahreszeit und auch den Geburtstag regieren. Herrscht ein auffälliges Ungleichgewicht oder fehlt irgendein Element in der Persönlichkeitsstruktur, sollte man dieses zu kompensieren versuchen. Eine solche Kompensationsmaßnahme wäre zum Beispiel das Eingehen einer Ehe mit jemand, bei dem das betreffende Element dominiert, oder die Ausübung eines Berufes, in dem das mangelnde Element vorherrscht. Beispielsweise wäre für jemand, in dessen Horoskop das Element Metall fehlt, der Beruf des Silberschmieds eine gute Ausgleichsmöglichkeit.

Oben *Das verschlungene Symbol stellt die Komplementärkräfte Yin und Yang dar. Dieser Zweiheit untersteht das ganze Universum und jede Art von Leben.*

Unten *Die zwölf Tiere folgen in strenger Reihenfolge aufeinander, wobei die Yin-Jahre jeweils den vorangegangenen Yang-Jahren zugeordnet werden, von Ratte und Ochse bis zu Hund und Schwein.*

Yin und Yang

In der chinesischen Philosophie bedeuten Yin und Yang die dynamischen, komplementären Kräfte, die das Universum auf jeder Ebene im Gleichgewicht halten, vom Makrokosmos bis zum Mikrokosmos. Sie sind die Grundprinzipien aller Lebensformen. In einer vollkommen wertfreien Weise wird Yin feminin gesehen, als passiv und negativ charakterisiert, und mit dem Wasser, der Nacht und dem Mond in Verbindung gebracht, während Yang maskulin gesehen, und als positiv und aktiv mit dem Tag, dem Feuer und der Sonne verbunden wird. Aber alles Yin enthält einen Grundbestandteil Yang und alles Yang einen Grundbestandteil Yin, was im Yin-Yang-Symbol die Punkte andeuten. Die beiden Kräfte korrelieren, sind sich abwechselnd über- und untergeordnet, werden und vergehen wie Tag und Nacht, Sommer und Winter, Geburt und Tod. Yin zieht Yang und Yang Yin an. Das Gleichgewicht zwischen beiden ist der Schlüssel zur Harmonie, und wenn Sie Ihren Yin-Yang-Aspekt aufgrund des Mondjahres Ihrer Geburt kennen, können Sie durch Mäßigung Ausgeglichenheit erreichen und verhängnisvolle Exzesse oder Disharmonien in Ihrem Leben vermeiden.

Das Geburtsjahr

Die im Dutzend gegliederten Tierjahre des chinesischen Kalenders behalten immer dieselbe Reihenfolge bei. Sie fangen mit dem Jahr der Ratte an und enden mit dem Jahr des Schweins.

Yin- und Yang-Jahre

Zusätzlich zur Tierregentschaft sind die Jahre auch abwechselnd einer negativen oder positiven Polarität unterstellt und werden dementsprechend als Yin- und Yang-Jahre bezeichnet. Jedes Tierjahr ist fest mit der ihm zugeordneten Polarität verknüpft, allerdings wird es traditionell auch noch von einem der fünf Elemente regiert, das für seine Tendenz zuständig ist.

Je zwei Tierjahre ergänzen sich – kurz: jedem Yin-Jahr folgt ein Yang-Jahr. Die blitzgescheite Ratte ist stets ein Yang-Zeichen und paart sich mit dem tüchtigen Ochsen, der eine Yin-Natur hat. Der kühne Yang-Tiger bildet mit dem freundlichen, kreativen Yin-Kaninchen ein Paar usw. mit den nächsten vier Tierpaaren. So kontrastieren die Zeichen eines Paares miteinander wie Sonne und Mond, Tag und Nacht. Die fünf chinesischen Elemente unterdessen, deren Einfluß sich jeweils über zwei Jahre erstreckt, überlagern diesen Zyklus bei strenger Einhaltung ihrer Reihenfolge.

Die Reihenfolge der Elemente

Der volle Zyklus beginnt mit einem Holz-Ratte-Jahr, und ein Blick auf die Elementefolge im Jahr 1900 zeigt uns, daß dieses Jahr der Ratte ein vom Metall beeinflußtes Yang-Jahr war. Das anschließende Yin-Jahr des Ochsen unterlag ebenfalls den Einflüssen des Metalls. Dann folgte ein Yang-Jahr des Tigers, das dem Wasser unterstand, ebenso wie das nächste Yin-Jahr (Kaninchen) usw. mit Holz, Feuer und Erde, bis mit dem Metall die Sequenz wieder neu beginnt.

Die Jahrestabelle zeigt, daß im anschließenden 12-Jahres-Zyklus die Yang-Ratte dem Element Wasser unterstand. Das nächste Jahr der Ratte zwölf Jahre später wurde vom Holz, das übernächste vom Feuer und das darauffolgende von der Erde beeinflußt, bis im Jahr 1960 mit der Yang-Metall-Ratte alles von vorne beginnt wie im Jahr 1900.

Die Kombination der Tierzeichen, Elemente und Yin-Yang-Polarität ergibt also einen Zyklus von 60 Jahren. Der gegenwärtige 60-Jahres-Zyklus begann 1984 mit der Holz-Ratte und endet im Jahr 2044.

Die Geburtsstunde

Während Ihr Geburtsjahr Ihr grundlegendes Wesen kennzeichnet, beschreibt das Ihre Geburtsstunde regierende Tier Ihr äußeres Temperament – wie andere Sie sehen oder welches Bild Sie der Außenwelt von sich vermitteln. Das traditionelle chinesische System, den Tag in zwölf gleiche Abschnitte zu unterteilen, ergibt zwölf „Doppelstunden" mit dem Mittag als Mittelpunkt, der in der Halbzeit der Doppelstunden liegt. Im chinesischen Horoskop wird dieses System angewendet.

Berücksichtigt wird die Geburtsstunde bei der Horoskoperstellung bereits seit rund 2500 Jahren, obgleich man die Tiernamen erst in neuerer Zeit den Stunden zugeordnet hat. Die Doppelstunde von 11 bis 12:59 Uhr ist nun die „Pferdestunde", 23 bis 0:59 Uhr die „Rattenstunde" usw. Beachten Sie, daß es sich bei den Doppelstunden um feste mitteleuropäische Zeitangaben handelt, und deshalb Umrechnungen nötig sind, wenn Ihre Geburtsstunde nach der Sommerzeit angegeben ist.

23:00 – 0:59 Uhr Ratte

Diese Sunde heißt Tsu. Die Tsu-Geburtsstunde bringt Charaktere hervor, die freundlich, gesellig und umgänglich sind. In dieser Stunde geborene Menschen verstehen es, aktiv, selbstsicher und erfolgreich aufzutreten, können aber manchmal auch etwas übereifrig erscheinen und haben eine Neigung zum Jähzorn.

1:00 – 2:59 Uhr Ochse

Diese Stunde heißt Ch'ou. In dieser Stunde geborene Menschen geben sich eher kühl und nüchtern. Sie machen einen klugen und verläßlichen Eindruck, erscheinen aber manchmal etwas voreingenommen. In der Jugend erinnern sie mitunter an Unglücksraben, doch wendet sich das Blatt meist im späteren Leben.

3:00 – 4:59 Uhr Tiger

Diese Stunde heißt Yin. Menschen, die in dieser Stunde geboren sind, wirken enthusiastisch und selbstsicher. Man hält sie für starke, positive Naturen, die jedoch manchmal ein wenig zu überschwenglich sind. In familiären Beziehungen kann dies zu Schwierigkeiten führen.

5:00 – 6:59 Uhr Kaninchen

Diese Stunde heißt Mao. Mao-Stunde Geborene sind im allgemeinen einfühlsam und scheu und geben sich nicht so, wie sie im Grunde sind, da sie stets glauben, anderen gefallen zu müssen. In reiferen Jahren verlieren sie aber meist ihre Scheu.

7:00 – 8:59 Uhr Drache

Diese Stunde heißt Ch'en. Die Geburtsstunde des Drachen bringt Unabhängigkeit und bahnt interessanten, ebenso vielschichtigen wie außergewöhnlichen Menschen den Weg. Wer zu dieser Tageszeit geboren ist, kann eine zu große Portion Selbstvertrauen haben, die irritieren kann.

9.00 – 10.59 Uhr Schlange

Diese Stunde heißt Zu. Die Zu-Stunde bringt großes Talent, macht die zu dieser Stunde Geborenen aber auch mitunter etwas unergründlich, weil sie sich offenbar allzu sehr unter Kontrolle haben. Man findet entweder sofort einen guten Draht zu ihnen oder gar keinen, und sie wiederum sind denen, die sie mögen, nette und aufmerksame Freunde.

11:00 – 12:59 Uhr Pferd

Diese Stunde heißt Wu. Menschen, die in der Wu-Stunde geboren sind, erscheinen anderen als offene, fröhliche Glückspilze. Diese Menschen sind extrovertiert und gerne auf Trab, erweisen sich aber, wenn sie sich zu etwas gedrängt fühlen, als widerspenstig.

13:00 – 14:59 Uhr Schaf

Diese Stunde heißt Wei. Wei-Stunde Geborene haben ein bescheidenes Wesen, das es ihnen unmöglich macht, sich anderen aufzudrängen. Man hält sie für ruhig und zurückhaltend, manchmal jedoch geben sie sich überreserviert. Sie sind familienorientiert und fühlen sich in Gesellschaft wohler als allein.

15:00 – 16:59 Uhr Affe

Diese Stunde heißt Shen. Das Wesen des Affen bringt Menschen hervor, die lebhaft und gesprächig sind und ein übermütiges Augenblitzen haben, das ihnen, wo immer sie gehen und stehen, Freunde beschert. Diese Geburtsstunde kann dynamisch und aktiv, aber auch leicht gelangweilt machen.

17:00 – 18:59 Uhr Hahn

Diese Stunde heißt Yu. In der Hahn-Stunde geborene Menschen haben gewöhnlich etwas Vornehmes an sich und wissen mit ihrer Eleganz zu bezaubern. Sie ertragen keinen Narren um sich und tun sich in ihrer Jugend im Umgang mit anderen Menschen oft schwer, vielleicht deswegen, weil sie ständig der Hahn im Korb sein wollen.

19:00 – 20:59 Uhr Hund

Diese Stunde heißt Hsü. Manchen erscheinen in der Hunde-Stunde geborene Menschen zuverlässig und solide, anderen kommen sie still und charmant vor und wieder andere halten sie für einfallslos und lahm. Dies hängt ganz vom Standpunkt des einzelnen ab. Die in dieser Zeit geborenen Menschen sind tüchtige, zähe Arbeiter und stets bereit, anderen aus der Patsche zu helfen.

21:00 – 22:59 Uhr Schwein

Diese Stunde heißt Hai. Hai-Stunde Geborene legen eine Gelassenheit an den Tag, hinter der oft nicht gleich erkannte Aufmerksamkeit, Kultiviertheit und Intelligenz stehen. Sollten diese Menschen auch wenige gute Freunde haben, sind sie dennoch warmherzig und niemals nachtragend.

Die Jahrestabelle

Im orientalischen Kalender, der von den Mondphasen ausgeht, fällt der Neujahrstag nicht auf das gleiche Datum, obwohl er immer im Januar oder Februar des westlichen Jahres liegt. Die folgende Tabelle gibt den ersten und letzten Tag jedes chinesischen Jahres von 1900 bis 2007 an. Sie zeigt außerdem, von welchem Tier es regiert wird, ob das Jahr Yin oder Yang ist, und welches der fünf Elemente es prägt.

Jahr	von – bis	Tierzeichen	Element	Aspekt
1900	*31. Januar 1900 – 18. Februar 1901*	Ratte	*Metall*	+ Yang
1901	*19. Februar 1901 – 7. Februar 1902*	Ochse	*Metall*	– Yin
1902	*8. Februar 1902 – 28. Januar 1903*	Tiger	*Wasser*	+ Yang
1903	*29. Januar 1903 – 15. Februar 1904*	Kaninchen	*Wasser*	– Yin
1904	*16. Februar 1904 – 3. Februar 1905*	Drache	*Holz*	+ Yang
1905	*4. Februar 1905 – 24. Januar 1906*	Schlange	*Holz*	– Yin
1906	*25. Januar 1906 – 12. Februar 1907*	Pferd	*Feuer*	+ Yang
1907	*13. Februar 1907 – 1. Februar 1908*	Schaf	*Feuer*	– Yin
1908	*2. Februar 1908 – 21. Januar 1909*	Affe	*Erde*	+ Yang
1909	*22. Januar 1909 – 9. Februar 1910*	Hahn	*Erde*	– Yin
1910	*10. Februar 1910 – 29. Januar 1911*	Hund	*Metall*	+ Yang
1911	*30. Januar 1911 – 17. Februar 1912*	Schwein	*Metall*	– Yin
1912	*18. Februar 1912 – 5. Februar 1913*	Ratte	*Wasser*	+ Yang
1913	*6. Februar 1913 – 25. Januar 1914*	Ochse	*Wasser*	– Yin
1914	*26. Januar 1914 – 13. Februar 1915*	Tiger	*Holz*	+ Yang
1915	*14. Februar 1915 – 2. Februar 1916*	Kaninchen	*Holz*	– Yin
1916	*3. Februar 1916 – 22. Januar 1917*	Drache	*Feuer*	+ Yang
1917	*23. Januar 1917 – 10. Februar 1918*	Schlange	*Feuer*	– Yin
1918	*11. Februar 1918 – 31. Januar 1919*	Pferd	*Erde*	+ Yang
1919	*1. Februar 1919 – 19. Februar 1920*	Schaf	*Erde*	– Yin
1920	*20. Februar 1920 – 7. Februar 1921*	Affe	*Metall*	+ Yang
1921	*8. Februar 1921 – 27. Januar 1922*	Hahn	*Metall*	– Yin
1922	*28. Januar 1922 – 15. Februar 1923*	Hund	*Wasser*	+ Yang
1923	*16. Februar 1923 – 4. Februar 1924*	Schwein	*Wasser*	– Yin
1924	*5. Februar 1924 – 24. Januar 1925*	Ratte	*Holz*	+ Yang
1925	*25. Januar 1925 – 12. Februar 1926*	Ochse	*Holz*	– Yin
1926	*13. Februar 1926 – 1. Februar 1927*	Tiger	*Feuer*	+ Yang
1927	*2. Februar 1927 – 22. Januar 1928*	Kaninchen	*Feuer*	– Yin
1928	*23. Januar 1928 – 9. Februar 1929*	Drache	*Erde*	+ Yang
1929	*10. Februar 1929 – 29. Januar 1930*	Schlange	*Erde*	– Yin
1930	*30. Januar 1930 – 16. Februar 1931*	Pferd	*Metall*	+ Yang
1931	*17. Februar 1931 – 5. Februar 1932*	Schaf	*Metall*	– Yin
1932	*6. Februar 1932 – 25. Januar 1933*	Affe	*Wasser*	+ Yang
1933	*26. Januar 1933 – 13. Februar 1934*	Hahn	*Wasser*	– Yin
1934	*14. Februar 1934 – 3. Februar 1935*	Hund	*Holz*	+ Yang
1935	*4. Februar 1935 – 23. Januar 1936*	Schwein	*Holz*	– Yin
1936	*24. Januar 1936 – 10. Februar 1937*	Ratte	*Feuer*	+ Yang
1937	*11. Februar 1937 – 30. Januar 1938*	Ochse	*Feuer*	– Yin
1938	*31. Januar 1938 – 18. Februar 1939*	Tiger	*Erde*	+ Yang
1939	*19. Februar 1939 – 7. Februar 1940*	Kaninchen	*Erde*	– Yin
1940	*8. Februar 1940 – 26. Januar 1941*	Drache	*Metall*	+ Yang
1941	*27. Januar 1941 – 14. Februar 1942*	Schlange	*Metall*	– Yin
1942	*15. Februar 1942 – 4. Februar 1943*	Pferd	*Wasser*	+ Yang
1943	*5. Februar 1943 – 24. Januar 1944*	Schaf	*Wasser*	– Yin
1944	*25. Januar 1944 – 12. Februar 1945*	Affe	*Holz*	+ Yang
1945	*13. Februar 1945 – 1. Februar 1946*	Hahn	*Holz*	– Yin
1946	*2. Februar 1946 – 21. Januar 1947*	Hund	*Feuer*	+ Yang
1947	*22. Januar 1947 – 9. Februar 1948*	Schwein	*Feuer*	– Yin

Oben und ganz rechts
Das Mondjahr der Geburt gibt das Tier an, von dem ein Mensch regiert wird sowie die dominierenden Eigenschaften, die alle in dem fraglichen Jahr geborenen Menschen teilen.

Jahr	von – bis	Tierzeichen	Element	Aspekt	
1948	*10. Februar 1948 – 28. Januar 1949*	Ratte	*Erde*	+	Yang
1949	*29. Januar 1949 – 16. Februar 1950*	Ochse	*Erde*	–	Yin
1950	*17. Februar 1950 –5. Februar 1951*	Tiger	*Metall*	+	Yang
1951	*6. Februar 1951 – 26. Januar 1952*	Kaninchen	*Metall*	–	Yin
1952	*27. Januar 1952 – 13. Februar 1953*	Drache	*Wasser*	+	Yang
1953	*14. Februar 1953 – 2. Februar 1954*	Schlange	*Wasser*	–	Yin
1954	*3. Februar 1954 – 23. Januar 1955*	Pferd	*Holz*	+	Yang
1955	*24. Januar 1955 – 11. Februar 1956*	Schaf	*Holz*	–	Yin
1956	*12. Februar 1956 – 30. Januar 1957*	Affe	*Feuer*	+	Yang
1957	*31. Januar 1957 – 17. Februar 1958*	Hahn	*Feuer*	–	Yin
1958	*18. Februar 1958 – 7. Februar 1959*	Hund	*Erde*	+	Yang
1959	*8. Februar 1959 – 27. Januar 1960*	Schwein	*Erde*	–	Yin
1960	*28. Januar 1960 – 14. Februar 1961*	Ratte	*Metall*	+	Yang
1961	*15. Februar 1961 – 4. Februar 1962*	Ochse	*Metall*	–	Yin
1962	*5. Februar 1962 – 24. Januar 1963*	Tiger	*Wasser*	+	Yang
1963	*25. Januar 1963 – 12. Februar 1964*	Kaninchen	*Wasser*	–	Yin
1964	*13. Februar 1964 – 1. Februar 1965*	Drache	*Holz*	+	Yang
1965	*2. Februar 1965 – 20. Januar 1966*	Schlange	*Holz*	–	Yin
1966	*21. Januar 1966 – 8. Februar 1967*	Pferd	*Feuer*	+	Yang
1967	*9. Februar 1967 – 29. Januar 1968*	Schaf	*Feuer*	–	Yin
1968	*30. Januar 1968 – 16. Februar 1969*	Affe	*Erde*	+	Yang
1969	*17. Februar 1969 – 5. Februar 1970*	Hahn	*Erde*	–	Yin
1970	*6. Februar 1970 – 26. Januar 1971*	Hund	*Metall*	+	Yang
1971	*27. Januar 1971 – 15. Januar 1972*	Schwein	*Metall*	–	Yin
1972	*16. Januar 1972 – 2. Februar 1973*	Ratte	*Wasser*	+	Yang
1973	*3. Februar 1973 – 22. Januar 1974*	Ochse	*Wasser*	–	Yin
1974	*23. Januar 1974 – 10. Februar 1975*	Tiger	*Holz*	+	Yang
1975	*11. Februar 1975 – 30. Januar 1976*	Kaninchen	*Holz*	–	Yin
1976	*31. Januar 1976 – 17. Februar 1977*	Drache	*Feuer*	+	Yang
1977	*18. Februar 1977 – 6. Februar 1978*	Schlange	*Feuer*	–	Yin
1978	*7. Februar 1978 – 27. Januar 1979*	Pferd	*Erde*	+	Yang
1979	*28. Januar 1979 – 15. Februar 1980*	Schaf	*Erde*	–	Yin
1980	*16. Februar 1980 – 4. Februar 1981*	Affe	*Metall*	+	Yang
1981	*5. Februar 1981 – 24. Januar 1982*	Hahn	*Metall*	–	Yin
1982	*25. Januar 1982 – 12. Februar 1983*	Hund	*Wasser*	+	Yang
1983	*13. Februar 1983 – 1. Februar 1984*	Schwein	*Wasser*	-	Yin
1984	*2. Februar 1984 – 19. Februar 1985*	Ratte	*Holz*	+	Yang
1985	*20. Februar 1985 – 8. Februar 1986*	Ochse	*Holz*	–	Yin
1986	*9. Februar 1986 – 28. Januar 1987*	Tiger	*Feuer*	+	Yang
1987	*29. Januar 1987 – 16. Februar 1988*	Kaninchen	*Feuer*	–	Yin
1988	*17. Februar 1988 – 5. Februar 1989*	Drache	*Erde*	+	Yang
1989	*6. Februar 1989 – 26. Januar 1990*	Schlange	*Erde*	–	Yin
1990	*27. Januar 1990 – 14. Februar 1991*	Pferd	*Metall*	+	Yang
1991	*15. Februar 1991 – 3. Februar 1992*	Schaf	*Metall*	–	Yin
1992	*4. Februar 1992 – 22. Januar 1993*	Affe	*Wasser*	+	Yang
1993	*23. Januar 1993 – 9. Februar 1994*	Hahn	*Wasser*	–	Yin
1994	*10. Februar 1994 – 30. Januar 1995*	Hund	*Holz*	+	Yang
1995	*31. Januar 1995 – 18. Februar 1996*	Schwein	*Holz*	–	Yin
1996	*19. Februar 1996 – 7. Februar 1997*	Ratte	*Feuer*	+	Yang
1997	*8. Februar 1997 – 27. Januar 1998*	Ochse	*Feuer*	–	Yin
1998	*28. Januar 1998 – 15. Februar 1999*	Tiger	*Erde*	+	Yang
1999	*16. Februar 1999 – 4. Februar 2000*	Kaninchen	*Erde*	–	Yin
2000	*5. Februar 2000 – 23. Januar 2001*	Drache	*Metall*	+	Yang
2001	*24. Januar 2001 – 11. Februar 2002*	Schlange	*Metall*	–	Yin
2002	*12. Februar 2002 – 31. Januar 2003*	Pferd	*Wasser*	+	Yang
2003	*1. Februar 2003 – 21. Januar 2004*	Schaf	*Wasser*	–	Yin
2004	*22. Januar 2004 – 8. Februar 2005*	Affe	*Holz*	+	Yang
2005	*9. Februar 2005 – 28. Januar 2006*	Hahn	*Holz*	–	Yin
2006	*29. Januar 2006 – 17. Februar 2007*	Hund	*Feuer*	+	Yang
2007	*18. Februar 2007 – 6. Februar 2008*	Schwein	*Feuer*	–	Yin

Teil II

DIE CHINESISCHEN TIERE

座

Jedes Jahr wird von einem der zwölf Tiere beeinflußt und weist dessen Eigenschaften auf

Die Tiere

Die Chinesen glauben, daß die Ereignisse eines Jahres kosmischen Einflüssen unterliegen, die alle 12 Jahre wiederkehren, ein Zyklus, der, wie die Astrologen erkannten, mit dem Umlauf des Jupiter um die Sonne zusammenhängt. Man stellte fest, daß die in einem Jahr geborenen Menschen von diesen Einflüssen ähnlich geprägt wurden und daß sie Eigenschaften und Persönlichkeitszüge teilten, die sie von in anderen Jahren geborenen Menschen stark unterschieden. Als man den 12 Jahren dieses Zyklus Namen gab, war die Wahl der Tiere kein Zufall. Die alten Weisen wählten genau die Tiere aus, welche die jährlich jeweils auftretenden kollektiven Eigenschaften am besten verkörperten.

Die Kenntnis des unser Geburtsjahr regierenden Tieres kann uns tiefe Einblicke in unsere Persönlichkeit, unsere Talente und Fähigkeiten, unsere Vorlieben und Abneigungen, unsere zwischenmenschlichen Beziehungen und unsere bevorzugte Lebensweise geben. Für ein richtiges Verständnis unserer „Tiernatur" ist es jedoch nötig, uns die chinesische Einstellung diesen Tieren gegenüber anzueignen, die sich erheblich von unserer westlichen unterscheidet. Dies gelingt nur, wenn wir bei der Beschäftigung mit den chinesischen Horoskopen stets daran denken, unsere westliche Voreingenommenheit gegenüber diesen Tieren auszuklammern. Erst dann können wir sie mit östlichen Augen sehen lernen.

Die Ratte

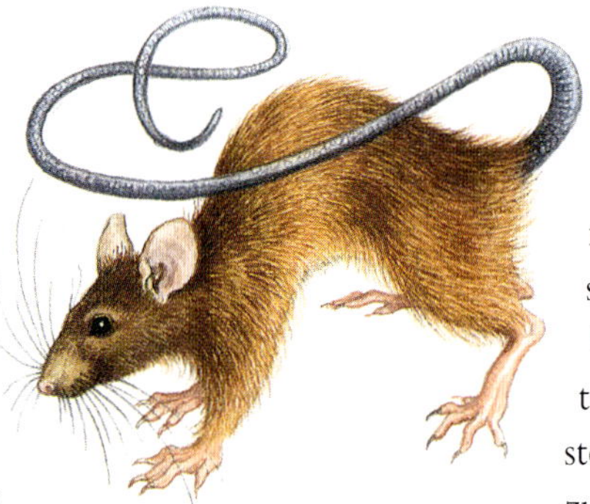

Nach außen hin cool, aber charmant und gesellig, fällt es den Ratten nicht schwer, mit anderen Menschen auszukommen, sei es beruflich oder privat. Sie sind ausgesprochen intelligent, phantasievoll und wach, so daß sie Situationen blitzschnell einschätzen und andere mit Leichtigkeit durchschauen können. Das macht sie zu guten Ratgebern für Menschen, die langsamer verstehen, wobei sie oft mehr sagen, als den anderen lieb ist. Obwohl Ratten normalerweise sehr selbstbeherrscht sind, lassen sie sich ungern etwas entgehen, und bei ihrem Scharfsinn häufen sich die Gelegenheiten geradezu! Hier besteht die Gefahr der Überaktivität, wenn sie zu vielen Dingen hinterhereilen. Ratten sind leidenschaftliche Liebhaber, deren Gefühlstiefe oft verkannt wird.

Der Ochse

Der Ochse pflügt treu und brav – und manchmal ziemlich einsam – den Acker seines oder ihres Lebens. Ochsengeborene können „Einzelgänger" sein, die kaum Zeit für Geselligkeit übrig haben, doch sind es starke, pflichtbewußte und verläßliche Typen, die feste Familienbande knüpfen und ihr Privatleben hochhalten.

Sie sind gewöhnlich nicht sehr abenteuerlustig, bleiben lieber zu Hause und arbeiten in ihrem Garten, wo sie mit gezieltem Eifer bei der Sache sind. Manchmal setzt sich ihre Stärke als hartnäckige Entschlossenheit in Szene. Und das, was sie für richtig halten, werden Ochsen stets tapfer verteidigen. Es ist nicht unbedingt das romantischste der Zeichen, doch sind die Ochsen treue Liebhaber und zuverlässige, liebevolle Partner und Ehegatten.

Der Tiger

Tiger haben Leidenschaft, Temperament, Kraft und Mut sowie einen unbändigen Freiheitsdrang. Sie wollen unabhängig sein und zugleich die Fäden in der Hand behalten. Macht ist ihr Thema, und sie scheuen vor keinen direkten Auseinandersetzungen zurück. Tigermenschen halten sich nicht gerne mit Routinearbeiten und Kleinigkeiten auf. Manchmal sind sie unruhig, ständig auf Streifzug und scheinbar unkonzentriert, aber sie wissen ganz genau, was sie wollen und ergreifen es im kühnen Sprung, wenn der passende Augenblick gekommen ist. Tiger sind aufrichtige, großzügige Freunde und leidenschaftliche, sinnliche Liebhaber. In jungen Jahren flirten sie gerne, haben sie sich aber einmal festgelegt, sind sie treue Partner, die sich auch als gute Eltern erweisen.

Das Kaninchen

Die friedliebenden Kaninchen (oder Hasen oder Katzen, wie sie manchmal auch genannt werden) halten sich im allgemeinen aus Streitigkeiten heraus und übersehen oder überhören deswegen auch einmal gerne etwas. Das macht sie sehr diplomatisch und damit zu guten Vermittlern. Die freundlichen, sensiblen und bisweilen gefühlvollen Wesen können durchaus egoistisch sein, wenn es um ihr Vergnügen geht, wobei sie niemanden absichtlich verletzen würden. Kaninchen reagieren auf Gedankenlosigkeiten und Kritik sehr empfindlich, selbst wenn sie dies aus diplomatischen Gründen kaum zeigen. Sie haben ein gepflegtes Äußeres und achten auf gute Manieren, doch sind sie auch verspielt und zu überraschenden Späßen aufgelegt. Es ist die Stärke des Kaninchens zu sehen, was gespielt wird, und im richtigen Moment mit einer Lösung oder einer Neuerung aufzuwarten. Kaninchen sind zärtliche Liebhaber. Sie sind klug und suchen sich einen Partner, der ihnen die nötige Sicherheit bietet.

Der Drache

Drachen sind außergewöhnliche, aber auch stolze Geschöpfe, die mitunter allzu sehr von sich eingenommen und anderen Menschen gegenüber intolerant sein können. Ob sie nun Feuer speien oder anderweitig für Tumult sorgen, Drachen ziehen häufig die Aufmerksamkeit auf sich und genießen dies auch. Sie fühlen sich in herausfordernden Situationen, die ein selbstbestimmtes Handeln verlangen, mehr zu Hause als in alltäglichen Routineangelegenheiten. Drachen sind selbständig und können viel Energie auf die Erfordernisse des Augenblicks verwenden, bis zu dem Punkt, an dem ihre Spontaneität, ihre Müdigkeit oder ihr Informationsmangel sie zu Fehleinschätzungen treibt. Drachen brauchen unbedingt ein Gegenüber auf derselben Wellenlänge, das viel Einfühlungsvermögen hat.

Die Schlange

Die Schlange kann in ihrer klugen, nachdenklichen Art stundenlang zusammengerollt daliegen und dann mit größter Leichtigkeit zubeißen. Schlangenmenschen wissen gewöhnlich, was sie wollen und holen es sich zu ihrer Zeit, offensichtlich mühelos und gewiß ohne Hast. Sie können, wenn es für sie an der Zeit ist, alten Ballast abwerfen, um etwas völlig Neues in Angriff zu nehmen. Es paßt zur geheimnisvollen oder mißtrauischen Art der Schlangenmenschen, daß sie andere Menschen ungern ins Vertrauen ziehen, selbst wenn es diese brüskiert. Mögen Schlangenmenschen auch mit ihrer Geselligkeit angeben, so haben sie dennoch ein starkes Bedürfnis nach dem Alleinsein und brauchen nach aktiven Zeiten Ruhephasen. Leidenschaftlich und sexuell sehr rege, fühlen sich Schlangen zu eleganten, raffinierten Partnern hingezogen, doch sind sie bisweilen sehr eifersüchtig und schrecklich besitzergreifend.

Das Pferd

Pferde sind gewöhnlich beliebt, aufgeweckt und redegewandt sowie aufrichtig und direkt. Sie suchen Erfolg und genießen Herausforderungen, denen sie jedoch plötzlich aus dem Weg gehen oder den Rücken kehren können, um im leichten Galopp das Weite zu suchen, besonders wenn sie das Gefühl haben, man würde sie unterordnen oder ihnen Sinnloses abverlangen. Gleichzeitig sind sie aber bereit, sich für etwas unermüdlich einzusetzen, das sie selbst wollen oder dem sie sich verpflichtet fühlen, ohne dabei auf die Uhr zu schauen. Pferde denken selten daran, sich niederzulassen, sie sind lieber unterwegs und auf Trab, was eine unruhige oder abwechslungsreiche Lebensweise zur Folge hat. Pferde macht die Liebe blind. Sobald sie sich verlieben, verlieren sie den Kopf, und sie begehen einige Fehler, bevor sie den richtigen Partner finden.

Das Schaf

Schafe (manchmal heißen sie auch Ziegen) mögen es nicht, wenn sie angetrieben oder unter Druck gesetzt werden. Sie können sehr charmant sein, halten aber manchmal hinter dem Berg und verschweigen ihre Gefühle, so daß andere ihr wahres Wesen verkennen. Obwohl sie sich nötigenfalls anpassen und gut allein zurechtkommen können, leben und arbeiten sie lieber in der Gemeinschaft, wenn sie Geborgenheit bietet. Von Sanftmut beseelt und manchmal ein wenig scheu, ist das Schaf für jeden da, den es zu trösten gilt. Schafe-Geborene sind Natur- und Kunstliebhaber, und sie sind durch ihre Schüchternheit sehr leicht zu verletzen und zu verärgern, besonders wenn es sich um eine offene Konfrontation handelt. Aufgrund ihrer Häuslichkeit sind sie für die Ehe wie geschaffen und fühlen sich bei einem Partner wohl, der ihnen Sicherheit im Leben bietet.

Der Affe

Affen sind intelligent, clever, erfinderisch, witzig, manchmal ein wenig schnippisch und so raffiniert, daß sie andere beliebig hinters Licht führen können. Diese Menschen lernen schnell, sind schlagfertig und äußerst anpassungsfähig. Sie sind im allgemeinen gesellig und mitteilsam, dazu oft sprachbegabt und nicht auf den Mund gefallen. Manche Menschen finden den Witz und die Originalität des Affen unwiderstehlich, während er anderen ein bißchen zu gescheit ist, und sie ihm wegen seiner Neugier, List und Rastlosigkeit mißtrauen. Affe-Menschen haben sehr viele Interessen, was sie manchmal unkonzentriert sein läßt. Sie sind für keine 08/15-Routine geschaffen und brauchen Partner, die sie anzuspornen verstehen.

Oben *Trotz der großen Verschiedenheit der Menschen lassen sie sich in einige prägnante Typen einteilen.*

Der Hund

Die meisten Hunde haben ein heiteres Gemüt, sind aufrichtig, direkt und vor allem loyal. Sie haben ein Gefühl für Gerechtigkeit und Fairneß und sind sehr hilfsbereit. Hunde können in ihrer wachen Art Situationen gewöhnlich gut einschätzen, sollte jedoch etwas schieflaufen, neigen sie zu Niedergeschlagenheit. Sie sind brillante Problemerkenner und ebenso hervorragende Problemlöser. Hunde erweisen sich als geschickte Unterhalter und zuverlässige Freunde, verletzt man sie allerdings, brauchen sie einige Zeit, bis sie die Kränkung verdaut haben. Mehr noch, viele Hunde vergessen schwer. Sie sind im allgemeinen vernünftig, gleichmütig und in Krisenzeiten verläßlich. Sie können aber auch durchaus in Wut geraten, die normalerweise rasch verraucht. Hunde brauchen eine feste Liebesbeziehung. Haben sie ihren Partner einmal gefunden, bleiben sie ihm lebenslang treu.

Das Schwein

Schweine oder Eber sind freundlich, ehrlich, großzügig, haben ein witziges Talent, einen ausgezeichneten Sinn für Humor und sind oft zu Späßen aufgelegt. Sie sind gewöhnlich sehr häuslich, und meistens sieht es bei ihnen absolut nicht wie in einem Schweinestall aus, allerdings wirtschaften sie mitunter mit recht lockerer Hand. Das mag daran liegen, daß sie sich gerne etwas gönnen und durchaus Zeit und Geld zu investieren bereit sind, um ein gutes Essen auf den Tisch zu bringen. Schweine sind gelassen und geduldig, gute Organisatoren, ohne stets den Boß spielen zu müssen. Sie bringen großes Vertrauen entgegen und sind selbst vollkommen vertrauenswürdig. In der Liebe macht ihr Hang zur Häuslichkeit sie manchmal zu sinnlichen Hedonisten, die gerne in Satinbettwäsche schwelgen, mit Kaviar und Champagner in Reichweite.

Der Hahn

Hähne sind ein wenig extravagant, haben ein würdiges Auftreten, einen Optimistenblick und keine Hemmungen, ihre Stimme zu erheben, wenn ihnen danach ist. Sie sind aufrichtig und zuverlässig, doch manchmal auch ein wenig zu geradeheraus, was nicht jedermanns Sache ist. Hähne sind selbstbewußt und tüchtig, obwohl sie sich hin und wieder in Details verzetteln können. Sie genießen Gesellschaften, besonders wenn sie sich für solche Anlässe herausputzen müssen, und stehen oft im Mittelpunkt des Interesses. Ihr schickes Aussehen garantiert ihnen, daß sich viele Bewunderer um sie scharen, haben sie sich jedoch einmal festgelegt, erweisen sie sich als gelassene Partner, die in ihren Beziehungen Vernunft walten lassen.

Die Ratte

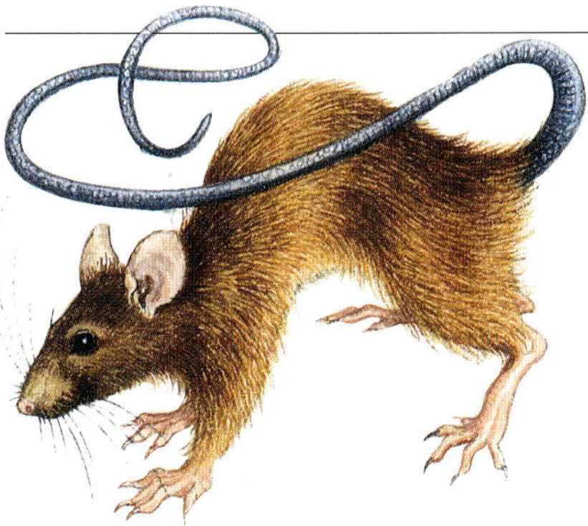

Die Persönlichkeit der Ratte

Vergessen Sie die westliche Vorstellung von der Ratte: Nach dem chinesischen Horoskop ist es keineswegs eine Schande, im Jahr der Ratte geboren zu sein. Die Ratte ist in China hoch angesehen. Man hält sie nicht für schmutzig oder feige, sondern achtet ihre Klugheit, Findigkeit und Tapferkeit. Man betrachtet es eher als Auszeichnung, unter ihrem Einfluß zu stehen.

Ratten sind kluge Geschöpfe. Ihr Instinkt führt sie in Zeiten des Überflusses untrüglich zu den prallen Mehl- und Weizensäcken. Und wenn das Korn knapp ist, wissen sie stets andere reichhaltige Futterquellen aufzuspüren. Mit ihrer angeborenen Klugheit und Intelligenz sowie ihrer außerordentlichen Beobachtungsgabe und Kühnheit finden sie stets die besten Vorräte. Dies macht die Ratten zu geborenen Gewinnern.

Jahre der Ratte

Als erstes Zeichen führt die Ratte den Tierkreis an und kehrt im 12-Jahres-Rhythmus wieder. Da der chinesische Jahreswechsel kein festes Datum hat, ist der Beginn eines jeden Ratten-Jahres im Kalender nachzusehen.

1900 * 1912 * 1924
1936 * 1948
1960 * 1972 * 1984
1996 * 2008

Das Zeichen der Ratte

Die Hauptmerkmale der Ratte finden Sie unten im Kasten. Neben vielen Talenten besitzen Menschen, die im Jahr der Ratte geboren sind, natürlich auch weniger erfreuliche Eigenschaften. Rattengeborene sind sehr aktiv und brauchen ein großes Betätigungsfeld. Meistens stehen sie gelassen über den Dingen, aber wenn ihre Vielseitigkeit mit ihnen durchgeht, lassen sie sich auf zahlreiche Verpflichtungen ein, die sie unmöglich alle einhalten können. Rattengeborene sind unbestritten gescheit und in ihrer Denkgeschwindigkeit kaum zu überbieten. Neben ihrer raschen Auffassungsgabe, ihrer Neugierde und ihrer großen Phantasie besitzen sie eine nahezu grenzenlose Scharfsicht.

An der Spitze

Das Zeichen der Ratte ist das erste im chinesischen Tierkreiszyklus und beglückt seine Schützlinge mit Führungsqualitäten. Rattengeborene sind gerne die ersten und das nicht zu Unrecht, denn sie nehmen Verantwortung nicht auf die leichte Schulter und besitzten eine selbstverständliche Autorität, die gerne respektiert wird. Allerdings sind Macht und Geld ihre stärksten Antriebsfedern.

Oben *Die findige Ratte, im chinesischen Horoskop an erster Stelle, ist schnell und clever.*

Die Daten der Ratte

Menschen, die im Jahr der Ratte geboren sind, teilen sich bestimmte Merkmale. Diese bringen jedoch lediglich den Persönlichkeitstyp auf einen kurzen Nenner. Hier die Daten und hervorstechenden Eigenschaften dieses Zeichens:

Daten

Erstes Zeichen des Kreises ⋆ Chinesischer Name – SHU, Zeichen des Charmes ⋆ Zeit – 23:00 bis 0:59 Uhr Monat – Dezember ⋆ Westliche Entsprechung – Schütze

Charakteristika

charismatisch ♥ umgänglich ♥ intelligent ♥ gesellig schlagfertig ♥ diplomatisch

egoistisch ✖ verschlagen ✖ berechnend ✖ verschlossen habgierig ✖ gewinnsüchtig

IHR ELEMENT

Neben den Tierzeichen, die im 12-Jahres-Rhythmus wiederkehren, spielen die fünf chinesischen Elemente – Metall, Wasser, Holz, Feuer und Erde – ebenfalls eine Rolle. Das heißt, der ursprüngliche 12-Jahres-Zyklus wird von einem 5-Jahres-Zyklus überlagert. Prägt das Geburtsjahr der Ratte die Persönlichkeit allgemein, so werden die Merkmale einer jeden Rattengeneration durch das jeweilige Element leicht variiert.

DIE METALL-RATTE 1900 UND 1960

Unter den Elementeratten sind sie die zähsten und willensstärksten. Sie sind zudem ebenso idealistisch wie sensibel, was zu Wut, Eifersucht und einer besitzergreifenden Art anderen gegenüber führen kann. Sie übernehmen gerne Verantwortung und wissen ihre Ziele eisern bis stur zu verfolgen. In Partnerschaften – ob beruflichen oder privaten – neigen sie zu Eigensinn und Unnachgiebigkeit. Metall-Ratten würden sich ihr Leben mit etwas mehr persönlicher Kompromißbereitschaft wesentlich leichter gestalten. Sie sind gewöhnlich sehr häuslich und verstehen ihre Wohnung ausgesprochen geschmackvoll einzurichten.

DIE WASSER-RATTE 1912 UND 1972

Aufgrund des Wasserelements besitzen diese Ratten das Talent, andere Menschen zu beeinflussen. Ihr Scharfsinn und Witz machen sie zu detektivischen Problemlösern. Sie können sich blitzschnell in Sachverhalte, aber auch in Menschen hineinversetzen. Da sie diese Talente als geborene Praktiker im Alltag anwenden, sind sie angenehme, verständige und sympathische Zeitgenossen. Im allgemeinen sind sie durch ihre Gefälligkeit und Flexibilität bei jedermann beliebt und angesehen. Wie alle Ratten sind sie allerdings stark auf ihren eigenen Vorteil bedacht, wofür sie sich auch hemmungslos verwenden, ohne dabei ihr Ansehen einzubüßen.

DIE HOLZ-RATTE 1924 UND 1984

Trotz ihres beeindruckend selbstsicheren Auftretens haben Holz-Ratten von allen Elementeratten wohl das geringste Selbstvertrauen. Dies offen zuzugeben, würde ihnen jedoch nicht im Traum einfallen. Nur die engsten Freunde einer Holz-Ratte würden je den Verdacht schöpfen, daß er oder sie von Selbstzweifeln geplagt wird. Tatsächlich leiden Holz-Ratten – trotz ihrer Erfolge – oft unter Versagensangst. Sie sind beliebt, kompetent und gute Vorgesetzte, brauchen aber dennoch den Schutz der Familie, um in Höchstform zu sein. Freundlich und sensibel, werden sie im allgemeinen von der Familie, den Freunden und den Kollegen sehr geschätzt.

DIE FEUER-RATTE 1936 UND 1996

Das Feuerelement macht die ohnehin lebhafte Ratte noch impulsiver und energiegeladener. Diese Ratten lieben die Abwechslung, begeistern sich laufend für neue Projekte und sind stets auf Erkundungsreise. Feuer-Ratten wechseln ihren Beruf und ihre Adresse überdurchschnittlich häufig und halten wenig von der Routine, die sie unglücklich macht. Sie können in ihrer Spontaneität ungeduldig sein, doch ist ihre Lebenslust ziemlich ansteckend und sie kommen auf ihre Art gut mit anderen aus. Im Vergleich zu den anderen Ratten sind Feuer-Ratten großzügiger, unabhängiger und dynamischer, aber auch am wenigsten selbstdiszipliniert.

DIE ERD-RATTE 1948 UND 2008

Dieses Element verleiht der Rattenpersönlichkeit einen guten Schuß Zuverlässigkeit. Eine Erd-Ratte ist vorsichtig und erfolgreich, sie liebt es, sich früh niederzulassen und für sich und ihre Lieben die Zukunft zu sichern. Diese Ratten verfügen reichlich über die für ihre Art typische Findigkeit, doch sind sie im allgemeinen realitätsnah genug, um sich von schnellebigen Projekten fernzuhalten. Erd-Ratten sind integer und beständig, und der Reichtum, den sie im Laufe ihres Lebens ansammeln, macht sie friedfertig. Obgleich sie nicht zu den großzügigsten unter den Elementegruppen gehören und sie mit ihrem Geld recht knausern können, unterhalten sie herzliche Beziehungen zu den Personen, die ihnen nahestehen.

Gesundheit und Wohnen

Gesundheit und Konstitution

Das Zeichen der Ratte wirkt belebend und schenkt genügend Durchhaltevermögen, um alle Krankheiten zu überwinden. Allerdings neigen alle Ratten zu nervöser Unruhe, Anspannung und Streß. Ihnen ist ein starkes Aggressionspotential zu eigen, das sie allerdings meist sinnvoll kanalisieren. Aktiver Sport gehört zu diesen positiven Entlastungsmöglichkeiten. Auch Yoga und Meditation helfen den Ratten im Kampf gegen den Streß.

Die Ratte zu Hause

Ratten sind gute Hausfrauen und -männer, die stets bereit sind, ihren Teil zur Hausarbeit beizutragen. Sie sind selten daran interessiert, mit den Müllers mitzuhalten, und die Modernität ihrer eigenen Möbel kümmert sie nicht. Was jedoch zählt, sind Gemütlichkeit, Komfort und guter Geschmack. Im Dekor dürfte Hellblau überwiegen. Und da es sich um das Zeichen des Erwerbs handelt, wird die Wohnung der Ratte wahrscheinlich viel Nippes schmücken, der sich im Lauf der Jahre angesammelt hat. Die meisten Ratten sind gutgelaunte, friedliche Menschen, die gerne bei ihren Lieben zu Hause sind.

Passende Geschäftspartner

Ob sich Ratten ständig mit ihren Geschäftspartnern überwerfen oder gut mit ihnen zurechtkommen, hängt, wie in allen ihren Beziehungen, davon ab, ob die Tierzeichen harmonieren oder nicht. Sehr nützlich ist außerdem die Beachtung der Elementeverträglichkeit.

Ratten des Elements	vertragen sich mit	vertragen sich nicht mit
Metall	*Erde-Drachen*	*Feuer-Schafen*
Wasser	*Metall-Kaninchen*	*Erd-Pferden*
Holz	*Wasser-Affen*	*Metall-Schlangen*
Feuer	*Holz-Ochsen*	*Wasser-Ratten*
Erde	*Feuer-Schweinen*	*Holz-Hähnen*

Links *Ratten profitieren von der beruhigenden Wirkung des Yoga, der Meditation und chinesischer Turnübungen, wenn diese regelmäßig angewandt werden.*

Karriere und Wohlstand

Die Ratte im Beruf

Die Chinesen sagen, man soll immer auf den Rat einer Ratte hören. Es liegt auf der Hand, daß Ratten wegen ihrer raschen Auffassungsgabe und ihres scharfen Beobachtungsvermögens Dinge sehr gut voraussehen können. Sie vermögen Probleme klar zu erkennen und behalten stets den Überblick. Sie wissen meist sofort, was Sache ist, und äußern objektiv und nüchtern ihre Meinung.

Rechnet man zu all diesen Fähigkeiten ihre Ambitioniertheit dazu, sind Ratten clevere Typen. Sie achten auf Macht, Geld, Position und Prestige und haben einen sechsten Sinn für günstige Gelegenheiten. Dieser sechste Sinn warnt sie auch – falls sie auf ihn hören – vor jeder Art von geschäftlichen Schwierigkeiten. Ratten sind bessere Chefs als Untergebene, und Routine zermürbt sie. Gleitende Arbeitszeiten und abwechslungsreiche Aufgaben passen den Ratten am besten.

Das Geld und die Ratte

Wegen ihrer Sparsamkeit und Klugheit können Ratten gut mit Geld umgehen, es liegt in ihrer Natur, etwas für schlechte Zeiten beiseite zu legen. Sie sind in fetten Jahren Sparweltmeister und wissen in mageren, wo etwas für sie herausspringt. Die Chinesen behaupten, daß es wenige arme Ratten gibt. Aber sie sagen auch: Wer haufenweise Korn ansammelt, hat viel zu verlieren.

Berufe für Ratten

Alle Menschen, die im Jahr der Ratte geboren sind, haben nicht nur ähnliche Begabungen, sondern auch ähnliche Ziele und Ambitionen im Leben. Hier die Berufe, die am besten zur Mentalität und zu den Fähigkeiten der Ratte passen:

Ratten sind ausgezeichnete

Schriftsteller ★ Rundfunk- und Fernsehpersönlichkeiten
Schauspieler ★ Berater
Rechtsanwälte ★ Politiker
Designer ★ Ingenieure
Manager ★ Direktoren
Verwalter ★ Unternehmer
Forscher ★ Historiker ★ Musiker
Komödianten ★ Rennfahrer

Freizeit und Hobby

Die Ratte im Urlaub

Die vielseitig interessierten Ratten sind gern unterwegs, folglich schlägt ihnen beim Reisen das Herz höher. Für ein Herumliegen am Strand sind ihnen ihre 14 Urlaubstage zu kostbar. Menschen, die unter diesem chinesischen Tierzeichen geboren sind, reizt das Abenteuer. Sie wollen die Umgebung erkunden, den Spuren der Geschichte nachgehen, die Ruinen, Kirchen, Aussichtspunkte und Märkte der Gegend besuchen und natürlich auch noch das Nachtleben genießen. Von ihrer sinnlichen Neugier angetrieben, wollen sie alles aufnehmen, was es an Anblicken, Klängen, Gerüchen und Geschmäcken Neues für sie gibt, und die Kultur der Region kennenlernen. Und natürlich wird ihr Urlaub ein noch größerer Erfolg sein, wenn sie mit einem oder zwei seltenen Erinnerungsstücken für ihre Sammlung – bei deren Erwerb sie kräftig gehandelt haben – nach Hause kommen.

Geeignete Freunde

Obwohl jeder Mensch einmalig ist, machen die chinesischen Astrologen bezüglich der miteinander verträglichen und sich feindlich gegenüberstehenden Tiere präzise Angaben. Ratten möchten vielleicht gerne wissen, welche Zeichen für eine dauerhafte Freundschaft besonders vielversprechend sind und welche eher aufreiben.

BESTE FREUNDE	TODFEINDE
Drachen	*Pferde*
Affen	

Freunde und Feinde

Im ganzen warmherzig und umgänglich, gehört die Ratte zu den extrovertierten Zeichen des Tierkreises. Da sie mit ihrer normalerweise fröhlichen und geselligen Natur andere leicht in gute Laune versetzt, wundert einen die Beliebtheit und der große Freundeskreis dieser Menschen nicht. Sie sind gute Redner und interessante Gesprächspartner, die sich zu fast allen angesprochenen Themen zu äußern wissen. Und natürlich ist da noch dieser berühmte Charme der Ratten, mit dem sie alles erreichen können.

Guten Freunden gegenüber können Ratten sehr großzügig sein, und sie scheuen auch keine großen Mühen, wenn es um das Wohl und die Zufriedenheit ihrer Lieben geht. Diejenigen jedoch, die sie nicht leiden können, werden ohne weiteres für die eigenen Ziele eingespannt. Doch letzten Endes sind die Ratten loyal und dafür bekannt, daß sie mit ihren Freunden durch dick und dünn gehen.

Vorlieben und Abneigungen

RATTEN MÖGEN

Bevorzugte Farbe
Hellblau

Edel- und Halbedelsteine
Diamant, Amethyst, Granat

Passende Geschenke
Werkzeugkästen, Kunstbücher, Landkarten, Geschenkkörbe, Gutscheine für Gymnastikkurse, Autozubehör

Hobbys und Zeitvertreib
Basketball, Basteln, Inneneinrichtung, Kunsthandwerken, Malen, Sammeln

Genauso wie die unter denselben Tierzeichen geborenen Menschen Charakterzüge und Lebenseinstellungen teilen, haben sie auch einen ähnlichen Geschmack. Begegnen sich zwei Ratten, werden sie rasch viele gemeinsame Vorlieben und Abneigungen feststellen.

RATTEN MÖGEN NICHT

Absolute Pünktlichkeit

Leerausgehen

Routine

Schlange stehen

Ganz oben *Ratten lieben fremde Kulturen und Speisen.*

Oben links *Ratten mögen Besichtigungen im Urlaub, keine Strandmarathons.*

Elternschaft und Nachwuchs

Oben *Ratten sind liebevolle Eltern, und Ratten-Kinder mögen das Schmusen.*

Ratten sind liebevolle Eltern. Sie überschütten ihren Nachwuchs mit Zuneigung und zeigen Humor, wenn es um die drolligen Eskapaden ihrer Sprößlinge geht. Ratten-Eltern machen sich ziemlich viel Sorgen um ihre Kinder, solange diese noch ganz klein sind. Sie fürchten, ihr Baby würde sich nicht so gut oder so rasch entwickeln wie andere Babys. Sie zerbrechen sich den Kopf darüber, ob sie ihren Sprößlingen die richtige Erziehung angedeihen lassen, und ob die Schule auch die beste für sie ist.

Wegen ihrer raschen Auffassungsgabe neigen Ratten gegenüber Menschen, die nicht so blitzschnell reagieren wie sie, zur Ungeduld. So verwundert es nicht, daß dieser Charakterzug eine Konfliktquelle zwischen Ratten-Eltern und ihrem Nachwuchs darstellen kann, sollte sich darunter ein Spätentwickler oder eine langsamere Natur befinden.

Insgesamt jedoch sind Ratten großmütige und nachsichtige Eltern, die ihren Kleinen keinen Herzenswunsch verweigern können – und die süßen Ratten-Kinder lernen schnell, wie sie ihre Eltern um den Finger wickeln können.

Die Ratte im Baby- und Kindesalter

Ratten-Kinder mögen das Schmusen. Auch wenn sie im späteren Leben natürliche Führungsqualitäten entfalten, sind sie zunächst sehr anhänglich und schutzbedürftig. Im Babyalter entwickeln sie sich ziemlich langsam, sobald sie aber einmal das Laufen gelernt haben, ist ihre Pfiffigkeit nicht mehr zu bremsen. Folglich brauchen die Eltern der Rattenkinder in den ersten Jahren viel Erholung.

In der Schule ist die junge Ratte mit ihrer Aufgewecktheit und ihrem guten Vorstellungsvermögen sehr lernbegierig. Jetzt zeigt sich auch langsam der Sammlertrieb der Ratten, und die glücklichen Kleinen werden ihre Zimmer mit Kieselsteinen oder Muscheln, Krimskrams und Andenken aller Art anfüllen. Junge Ratten sind im allgemeinen intelligent und vor allem künstlerisch und literarisch sehr begabt. Doch eigentlich sind sie Allroundtalente, und es gibt unter ihnen viele hervorragende Sportler. Dadurch, daß sie im ersten Zeichen des chinesischen Horoskops geboren sind, haben diese Kinder Pioniergeist, aber auch das Bedürfnis, die ersten zu sein.

Eltern/Kind-Beziehung der Ratte

Manche Eltern haben mit der Persönlichkeit ihrer Kinder keine Probleme. Bei anderen scheint, bei aller Liebe zu ihren Kindern, die Wellenlänge einfach nicht zu stimmen. Hier die Verträglichkeitsgrade zwischen Ratten-Eltern und ihrem Nachwuchs.

Ratten mit	Im Zusammenleben	Verträglichkeit
Ratte	*gegenseitiges Verständnis*	✓✓✓✓
Ochse	*vertraut*	✓✓✓
Tiger	*leicht reizbar*	✓✓
Kaninchen	*das Verhältnis bessert sich mit zunehmendem Alter*	✓✓✓
Drache	*vieles gemeinsam*	✓✓✓✓
Schlange	*öfter Krach*	✓✓
Pferd	*klarer Streit von Anfang an*	✓
Schaf	*Mißverständnisse*	✓✓
Affe	*viel Spaß zusammen*	✓✓✓✓
Hahn	*mehr intellektuell als emotional verbunden*	✓
Hund	*starke Zuneigung*	✓✓✓✓
Schwein	*harmonisch*	✓✓✓

Wertungen ✓ konfliktgeladen ✓✓ einige Schwierigkeiten ✓✓✓ gutes Auskommen miteinander ✓✓✓✓ dieselbe Wellenlänge

Partner und Ehegatten

Die Ratte in der Liebe

Ratten sind attraktive Menschen, deren schier grenzenloser persönlicher Charme das andere Geschlecht magisch anzieht. Und natürlich entgehen ihnen diese bewundernden Blicke kaum. Ja, dem chinesischen Sprichwort, es gäbe wenig arme Ratten, wäre hinzuzufügen, daß es noch weniger Ratten ohne geradezu umwerfenden Sexappeal gibt, besonders in jungen Jahren. Die Ratten sind romantisch und verlieben sich leicht. Das ist vielleicht der Grund, weshalb sie sich als Single einsam fühlen und sich mit einem Partner stets wesentlich wohler fühlen.

Der Charme der Ratte

Eines kann die Ratte ganz gewiß: charmant sein. Wenn sie lächelt, schmelzen die Herzen dahin. Nimmt man ihre kokette Natur hinzu, ist klar, wie sie ihre Eroberungen macht. Und da Ratten fürs Nachtleben wie geschaffen sind, mangelt es ihnen nicht an Bekanntschaften zum optimalen Austoben. Es ist eine Marotte der Ratten, daß sie sich von ihren verflossenen Liebhabern emotional nur schwer lösen können. Dies kann zu einer Quelle für Reibereien mit dem neuen Partner werden und die Entfaltung der neuen Beziehung gefährden. Hat die Ratte aber endlich den Mann oder die Frau fürs Leben gefunden, wird es ein stabiles, inniges Verhältnis sein.

Der Liebespartner der Ratte

Ratten führen gerne, doch verlangt ihre große Lebhaftigkeit nach einem Liebespartner, der mithalten kann. Das System der chinesischen Astrologie informiert uns über die Erfolgschancen unserer Beziehungen, indem es aussagt, welche Tiere harmonieren und welche nicht. Dies gilt für alle Beziehungen im Leben, einschließlich der beruflichen. Ehen werden im Himmel geschlossen, heißt das Sprichwort, aber auch wenn der Himmel die Richtung weist, liegt der Rest an uns.

Der Kasten rechts zeigt, wie sich andere Tiere für eine Liebesbeziehung mit der Ratte eignen.

Oben *Eine Ratte ist für spontane Einfälle zu haben. Ein gutes Abendessen ist nie verkehrt, aber auch ein Ballonflug wäre ein Spaß.*

LIEBESPARTNER

RATTE ♥ RATTE
Erfolgreiche Partnerschaft – besonders geschäftlich. Gutes Gespann, das jedoch gerne wetteifert!

RATTE ♥ OCHSE
Sexuell aufregend, aber katastrophal in der Ehe. Eher etwas für eine Liebesaffäre.

RATTE ♥ TIGER
Gehen Sie von einigen ordentlichen Krächen aus. Viel Freundschaft, wenig echte Leidenschaft.

RATTE ♥ KANINCHEN
Die Ratten meinen, den Kaninchen fehle der Schneid. Umgekehrt sind sie selbst sehr abenteuerlustig. Das Ergebnis? Frustration.

RATTE ♥ DRACHE
Ein ausgezeichnetes Gespann – viel Verständnis und Leidenschaft. Vom Himmel begünstigtes Glück.

RATTE ♥ SCHLANGE
Wenn diese beiden an ihren Charakterdifferenzen arbeiten, können sie viel voneinander lernen.

RATTE ♥ PFERD
Keine Sympathie.

RATTE ♥ SCHAF
Hin und wieder Krach, obwohl die Beziehung mit gutem Willen funktionieren kann.

RATTE ♥ AFFE
Eine ähnliche Einstellung und gegenseitiges Verständnis.

RATTE ♥ HAHN
Hier wird mehr gebissen und gekratzt als geliebt.

RATTE ♥ HUND
Ratten finden Hunde langatmig, doch kann ihre gegenseitige Ergänzung zu einer stabilen Beziehung führen.

RATTE ♥ SCHWEIN
Eine Beziehung mit viel Auf und Ab. Sagenhafte Kameradschaft und Anziehung, aber Vorsicht mit Rechnungen!

LIEBESPARTNER AUF EINEN BLICK

RATTEN MIT	HINWEISE	VERTRÄGLICHKEIT
Ratte	*Vorsicht vor Rivalität*	♥♥♥
Ochse	*gegenseitiges Verständnis*	♥♥♥
Tiger	*Kompromisse schließen lernen*	♥♥
Kaninchen	*auf verschiedenen Wellenlängen*	♥
Drache	*im siebten Himmel*	♥♥♥♥
Schlange	*große Faszination*	♥♥♥
Pferd	*unsichere Verbindung*	♥
Schaf	*Differenzen*	♥
Affe	*unwiderstehliche Anziehung*	♥♥♥♥
Hahn	*zu viele Streitereien*	♥
Hund	*gegenseitiger Respekt*	♥♥
Schwein	*große Zufriedenheit und gute Freunde*	♥♥♥

VERTRÄGLICHKEITSSTUFEN ♥ *Konflikt* ♥♥ *sich Mühe geben* ♥♥♥ *große Anziehung* ♥♥♥♥ *himmlisch!*

BEGEGNUNG ZWISCHEN OST UND WEST

DIE WIDDER-RATTE

Diese selbstbewußten, abenteuerlustigen und zielstrebigen Menschen verpassen keine Gelegenheit. Charmant und gesellig neigen Widder-Ratten allerdings auch zu Gereiztheit und Jähzorn, besonders bei den Menschen, die nicht mit ihnen Schritt halten können.

DIE STIER-RATTE

Stier-Ratten sind beeindruckende Menschen. Auf den ersten Blick scheinen sie etwas schwerfällig und methodisch, doch ihr rasiermesserscharfer Verstand arbeitet mit allen Tricks. Sie verlieren ihre Ziele nie aus den Augen und sind im Grunde ihres Herzens Traditionalisten, die der Drang, Geld zu verdienen und Reichtümer anzusammeln, in Gang hält.

DIE ZWILLING-RATTE

Zwilling-Ratten sind wortgewandt, kommunikativ, geradlinig und einfühlsam. Flink, clever, aber rasch gelangweilt, brauchen sie Abwechslung und Vielfalt und sind am glücklichsten, wenn sie bei vielen Dingen dabei sein können. Sie neigen jedoch zur Unentschiedenheit.

DIE KREBS-RATTE

Krebs-Ratten betonen gerne ihre Individualität und wollen aus der Masse hervorstechen. Geld und materieller Komfort bedeuten ihnen etwas, aber den größten Wert legen sie auf einen guten Zusammenhalt in der Familie.

DIE LÖWE-RATTE

Die Löwe-Ratte hat Charisma, ist dynamisch, großzügig und interessiert. Ihr Enthusiasmus, gepaart mit hoher Moralität und der Fähigkeit, kritisch zu urteilen, garantiert dieser Ratte großen Erfolg. Löwe-Ratten sind geachtet und besitzen große persönliche Anziehungskraft.

DIE JUNGFRAU-RATTE

Mit ihrem Forschergeist und analytischem Talent wird die Jungfrau-Ratte in Berufen Erfüllung finden, in denen Unterscheidungsvermögen und genaues Prüfen gefragt sind. Allerdings haben diese Ratten etwas Naives und Idealistisches an sich, das lahme Enten an ihre Seite zieht.

DIE WAAGE-RATTE

Die besonders charmanten Waage-Ratten sind weltklug, elegant und haben Stil. Hochkultiviert und städtisch fühlen sie sich zur Musik und zu den Künsten hingezogen. Mit ihrer zuvorkommenden Art ragen Waage-Ratten im diplomatischen Korps und in der Werbe- und PR-Branche hervor.

DIE SKORPION-RATTE

Skorpion-Ratten sind starke, ruhige Typen, die sich von ihren Gefühlen leiten lassen. Ihre Emotionalität wird von anderen selten bemerkt. Sie besitzen eine Stärke, die sie zur Kanalisierung und Bündelung ihrer Energien befähigt, und einen Scharfblick, der direkt zum Kern der Sache vordringt.

DIE SCHÜTZE-RATTE

Unbekümmert genießen die Schütze-Ratten das Leben, sind aber trotzdem Realisten, die Klugheit mit Weitsicht verbinden. Sie können eine Gelegenheit auf Kilometer erkennen, rasch die Zusammenhänge erfassen und handeln. Insgesamt sind diese Ratten zufrieden, doch wollen sie immer ein wenig mehr.

DIE STEINBOCK-RATTE

Die klugen und fleißigen Steinbock-Ratten sind beruflich meist sehr erfolgreich. Sie sind Realisten, die für das von ihnen Geschaffene anerkannt und belohnt werden wollen. Diese Ratten sind vielleicht nicht romantisch oder gefühlvoll, aber dafür treu und aufrichtig.

DIE WASSERMANN-RATTE

Die extrovertierten, spontanen Wassermann-Ratten sind etwas unkonventionellen und menschlichen Eigenheiten gegenüber recht tolerant. Sie sind gemeinschaftsbezogen, weitsichtig und selbstloser als die anderen Ratten und bereit, sich zum Wohl der Menschheit einzusetzen.

DIE FISCHE-RATTE

Diese Ratte ist einfühlsam, fürsorglich und scharfsinnig und tut sich besonders als persönlicher Ratgeber oder in beratenden Berufen hervor. Fische-Ratten sind künstlerisch und kreativ, aber es fehlt ihnen an Selbstvertrauen, so daß sie ein Team brauchen.

Berühmte Ratten

Die im ersten Zeichen der Tierfolge geborenen Menschen übernehmen gerne die Führung. Zumindest möchten sie allen anderen voraus sein. Sie sind charmant, aufgeweckt, innovativ und ergreifen schnell Gelegenheiten.

Buddy Holly

Der amerikanische Sänger, Liedermacher und Gitarrist, der die Band Crickets gründete und mit 23 Jahren bei einem Flugzeugabsturz starb, war ein großer Innovator. In den 50er Jahren führte er das Schlagzeug und einen kräftigen Beat in die Country Music ein und beeinflußte damit die Welt des Rock und Pop nachhaltig. Auf ihn geht auch die uns heute so vertraute Bandzusammensetzung mit zwei Gitarren, Baß und Schlagzeug zurück, das sogenannte line-up.

Diego Maradona

Der international bekannte argentinische Fußballspieler Maradona führte seine Mannschaft bei der Fußballweltmeisterschaft 1986 in Mexiko zum Sieg. Der begnadete Fußballer, der leichtfüßig hierhin und dorthin lief und mehrere Männer der Gegenmannschaft zur Deckung brauchte, griff nach jeder sich ihm bietenden Gelegenheit. Es wird sogar behauptet, er hätte einmal den Ball mit den Händen abgefangen, um ein Tor zu schießen, als er gegen England spielte.

Lauren Bacall

Cool, elegant, intelligent und mit dem Charme und dem Charisma ausgestattet, der für die Ratten so typisch ist, wird diese Schauspielerin wegen ihrer ebenso brillanten wie intelligenten Darbietungen geschätzt. Sie ist eine Darstellerin, die sich im Lauf ihrer langen Karriere niemals launisch gezeigt hat und der Öffentlichkeit gegenüber immer zugänglich war.

Thomas Hardy

Die Romane des bekannten englischen Schriftstellers waren für ihre Zeit äußerst innovativ und fortschrittlich. Sie schilderten auf schockierende Weise die armseligen Lebensbedingungen der Landbevölkerung und, was noch schlimmer war, Hardys offenkundige Referenzen für die außereheliche Liebe.

Gene Kelly

Mit seiner extremen Leichtfüßigkeit ist Gene Kelly vor allem für seine Tanzeinlagen (und schauspielerischen Leistungen) aus Filmmusicals bekannt. Bei seinen brillanten, professionellen Darbietungen saß jede Bewegung. Kelly war auch als Choreograph ein großer Neuerer und erhielt 1951 für seinen enormen Beitrag zur Weiterentwicklung des Musicals einen Sonder-Oscar.

Der Ochse

Die Persönlichkeit des Ochsen

Menschen, die unter dem Einfluß des Ochsen geboren wurden, sind mit Gleichmut und Beharrlichkeit gesegnet. Der typische Ochse besitzt große Ausdauer und Kraft. Nur wenige Menschen verfügen über eine solche Entschiedenheit und Zielstrebigkeit wie er. So wie der kräftige Ochse stundenlang den Pflug über den Acker zieht, so erledigen diese akribischen Menschen ohne Murren ihr tägliches Arbeitspensum. Sie kennen den sicheren Weg zum Erfolg und lassen sich auf keine Angebote ein, die über Nacht Reichtümer versprechen.

Das Zeichen des Ochsen

Die Hauptmerkmale des Ochsen finden Sie unten im Kasten. Die nüchternen, praktischen und fleißigen Ochsen glauben an den Wert harter Arbeit und haben mit Schmarotzern und Faulenzern nichts am Hut. Sie verlangen Rechtschaffenheit von sich und anderen, sind aber nicht besonders gesellig und verlassen sich lieber auf sich selbst als auf andere. Man selbst kann sich allerdings rückhaltlos auf sie verlassen. Ochsen stehen zu ihrem Wort und sind verläßlich wie ein präzises Uhrwerk. Da sie kein allzugroßes Bedürfnis nach netten Bekanntschaften haben, gehen sie starke parnterschaftliche und familiäre Bande ein.

Wissen Ochsen einmal, was sie wollen, kann man Himmel und Hölle in Bewegung setzen, sie werden dennoch keinen Zentimeter von ihrem Entschluß abweichen, obwohl sie durchaus philosophisch veranlagt sind. Dieser Wesenszug bringt ihnen manchmal den Ruf ein, inflexibel zu sein, doch ist es gerade diese Eigenschaft, die sie so pflichtbewußt, mutig und zuverlässig macht. Sie trägt zur Integrität des Ochsen bei, die ihn Verantwortung gelassen tragen läßt.

Ambition

Ochsen sind große Traditionalisten, die es mehr zur Familie hinzieht als zum unbekannten Abenteuer. Aber hinter ihrer bedächtigen, genügsamen Art verbirgt sich nicht nur ein goldenes Herz, sondern auch ein starker Wille und eine kluge Entschlossenheit zum Erfolg.

Jahre des Ochsen

Der Ochse wäre der erste im Tierkreis gewesen, hätte ihn die gewitzte Ratte nicht im letzten Moment überholt. So nimmt das Ochsen-Jahr die zweite Stelle ein, an der es alle zwölf Jahre wiederkehrt. Da das Datum des chinesischen Neujahrs jährlich wechselt, ist der Beginn eines jeden Ochsen-Jahres im Kalender nachzusehen.

1901 * 1913 * 1925
1937 * 1949 * 1961
1973 * 1985 * 1997

Links oben und unten
Menschen, die im Zeichen des Ochsen geboren sind, sind, wie ihr Pendant aus dem Tierreich, ausdauernd und geduldig.

Die Daten des Ochsen

Menschen, die im Jahr des Ochsen geboren sind, teilen sich bestimmte Merkmale. Diese bringen jedoch lediglich den Persönlichkeitstyp auf einen kurzen Nenner. Hier die Daten und hervorstechenden Eigenschaften dieses Zeichens:

DATEN

Zweites Zeichen des Kreises ★ Chinesischer Name – NIU, Zeichen des Fleißes ★ Zeit – 1:00 bis 2:59 Uhr Monat – Januar ★ Westliche Entsprechung – Steinbock

CHARAKTERISTIKA

pflichtbewußt ♥ loyal ♥ aufrichtig ♥ beharrlich unbestechlich ♥ beliebt ♥ verläßlich

phlegmatisch ✖ dickköpfig ✖ stur ✖ inflexibel ungeduldig ✖ engstirnig

IHR ELEMENT

Die Merkmale der unter dem Zeichen des Ochsen geborenen Menschen, das alle zwölf Jahre wiederkehrt, werden von den fünf chinesischen Elementen – Metall, Wasser, Holz, Feuer, Erde – variiert, deren 5-Jahres-Zyklus den ursprünglichen 12-Jahres-Zyklus überlagert.

Der Metall-Ochse 1901 und 1961

Metall-Ochsen sind noch tüchtiger und gewissenhafter als die anderen Ochsen. Ihre Entschlossenheit und Beharrlichkeit ist gewaltig, und sie dulden keine Einmischung in bezug auf ihre Ziele. Wie alle Ochsen sind sie durch und durch ehrlich und zuverlässig. Sie lassen sich zwar nicht so leicht von ihrem Weg abbringen, haben dafür aber große Schwierigkeiten, ihre Gefühle zu zeigen. Diese Ochsen sind hart wie Stahl und haben ein unglaubliches Durchsetzungsvermögen. Leider machen dieselben Eigenschaften sie für die Gefühle ihrer Mitmenschen eher unempfindlich, andererseits können sie sich gerade dadurch rückhaltlos für eine Sache einsetzen.

Der Wasser-Ochse 1913 und 1973

Das Wasserelement bringt mehr Bewegung und Flexibilität in das Ochsenzeichen. Wasser-Ochsen sind ebenfalls tüchtig und zielstrebig, aber sie sind in ihrem Denken etwas beweglicher und ganz bestimmt offener und einfühlsamer als die anderen Elemente-Ochsen. Es fällt ihnen wesentlich leichter, sich in verschiedene Standpunkte hineinzuversetzen und fremde Ideen anzuhören, so daß sich mit ihnen gut zusammenarbeiten läßt. Sie bringen normalerweise auch mehr Verständnis für die Gefühle anderer Menschen auf, was das Zusammenleben mit ihnen wesentlich angenehmer macht. Die für die Ochsen typische Integrität und Geduld sind ihnen ungeschmälert zu eigen, und dies macht sie bei Freunden, Kollegen und in der Familie überaus beliebt.

Der Holz-Ochse 1925 und 1985

Unter den im Jahr des Ochsen Geborenen sind sie die flexibelsten, da Fairneß und Toleranz ihre Unflexibilität mildern. Ihre relativ aufgeschlossene Haltung läßt sie den Wert der Zusammenarbeit erkennen und macht sie zu geschätzten Mitarbeitern, deren strenge Grundsätze man gerne akzeptiert. Ihre großes Selbstbewußtsein läßt sie eine natürliche Autorität ausstrahlen, kein Wunder also, daß man sie oft in leitenden Positionen antrifft. Sie sind zudem temperamentvoller als die anderen Ochsen und bereit, offen für eine Sache einzustehen und sie voranzutreiben. Diese Ochsen sind ihren Lieben besonders treu ergeben und erweisen sich als zuverlässige und liebevolle Freunde und Partner.

Der Feuer-Ochse 1937 und 1997

Obwohl Ochsen nicht gerade zu den schlagfertigsten Menschen gehören und schnelles Reagieren nicht ihre Sache ist, sorgt das Feuerelement für mehr Schwung. Ihre Führungsqualitäten treten durch ihre feurige Natur deutlicher hervor, und das verschafft ihnen verantwortungsvolle Positionen in Wirtschaft und Politik. Hinzu kommt, daß diese Ochsen ein ausgeprägtes Dominanzverhalten besitzen. Feuer-Ochsen sind zu äußerster Objektivität in der Lage, können aber auch aufbrausend sein und erstaunlich spontan handeln. Hier besteht die Gefahr, daß sie durch hastige Entscheidungen Ideen oder Dinge vom Tisch wischen, die wertvoll oder wichtig sind. Obwohl sie zur Ungeduld neigen, sind Feuer-Ochsen sehr zuverlässig und ihrer Familie treu ergeben.

Der Erd-Ochse 1949 und 2009

Zu dieser Gruppe gehören die zuverlässigsten und fleißigsten Ochsen. Das Erdelement hilft ihnen bei der Mäßigung vieler negativer Eigenschaften. Diese Ochsen sind klug und besitzen ein gutes Urteilsvermögen, das sie in finanziellen Angelegenheiten sehr erfolgreich sein läßt. Sie sind sich ihrer Grenzen bewußt, aber trotzdem fest entschlossen, auf ihre bedächtige Art zum Ziel zu kommen. Sie werden oft wegen ihrer offensichtlichen Verläßlichkeit bewundert, wegen ihrer Integrität und Ehrlichkeit, ihrer gemäßigten realistischen Ambitionen und ihrer Bereitschaft, hart zu arbeiten und auf vernünftige Weise ihr Ziel zu erreichen. Wie alle anderen Ochsen sind sie ihren Freunden und Lieben gegenüber aufrichtig und treu und nehmen klaglos Mühen auf sich, um ihrer Familie ein sicheres und komfortables Zuhause zu bieten.

Gesundheit und Wohnen

Gesundheit und Konstitution

Menschen, die unter dem Zeichen des Ochsen geboren sind, haben gewöhnlich eine gute Konstitution. Allerdings neigen sie zur Arbeitswut und sollten versuchen, langsamer zu treten und sich mehr Ruhe zu gönnen. Viele Ochsen üben eine sitzende Tätigkeit aus und wären gut beraten, täglich ein wenig Sport zu treiben. Sie sind für Gelenkbeschwerden anfällig, besonders in den Knien, und sollten diesen speziell vorbeugen. Aber im Grunde haben Ochsen eine robuste Natur und dürften, wie es seit alters heißt, mit einem langen Leben gesegnet sein.

Der Ochse zu Hause

Ihr Zuhause ist für die Ochsengeborenen so etwas wie eine Burg – ein Ort des Rückzugs und der Ruhe im trauten Kreis der Familie. Ihre Wohnung braucht nicht sehr modern eingerichtet sein, ist aber auf jeden Fall eines: gemütlich. Und sicher wird es Pflanzen- und Gartenbücher geben, da der Ochse ein Freilufttyp und auch ziemlich lernbegierig ist. Ochsen leben lieber auf dem Land, es sei denn, sie besitzen in der Stadt ein Haus mit einem großen Garten. Obwohl Violett die Farbe des Ochsen ist, wird man diese Farbe bei der Inneneinrichtung selten antreffen. Statt dessen wird eine Kombination aus Altrosa und Blaßblau favorisiert, obgleich manche Ochsen auch eine Vorliebe für eine rustikalere Farbpalette mit Goldtönen, Dunkelbraun und Moosgrün haben. Da das Zeichen des Ochsen aber mit dem Januar in Verbindung gebracht wird, dürften Winterfarben geeigneter sein.

Berufe für Ochsen

Alle Menschen, die im Jahr des Ochsen geboren sind, haben nicht nur ähnliche Begabungen, sondern auch ähnliche Ziele und Ambitionen im Leben. Hier die Berufe, die am besten zur Mentalität und zu den Fähigkeiten des Ochsen passen:

Ochsen sind ausgezeichnete

Maler ★ Innenarchitekten
Zimmermänner ★ Mechaniker
Bauern ★ Gärtner
Techniker ★ Bergarbeiter
Zeichner ★ Architekten
Offiziere ★ Manager
Steinhauer
Akademiker ★ Archäologen
Orthopäden
Physiotherapeuten
Banker
Investmentmakler
Immobilienmakler

Karriere und Wohlstand

Links oben *Ochsen fürchten sich nicht vor harter Arbeit und haben normalerweise kaum Gesundheitsprobleme.*

Der Ochse im Beruf

Die kompetenten, ehrlichen und gewissenhaften Ochsen widmen sich ganz ihrer Arbeit. Kollegen werden ihr methodisches Vorgehen bewundern und auf ihre hohen Anforderungen setzen. Ochsen mögen Routinearbeiten und leisten dann besonders viel, wenn sie sich spezialisieren dürfen. Sie arbeiten lieber für große Unternehmen, da diese die Sicherheit bieten, die sie brauchen. Allerdings sollten sie dort besser auf sich gestellt sein, da sie wegen ihrer strikten Auffassungen in der Gruppe leicht anecken.

Das Geld und der Ochse

Ochsen sind sicherheitsorientiert und gehen normalerweise keine finanziellen Risiken ein. Sie geben ihr Geld zudem sehr überlegt aus. Tüchtigkeit und ein gemäßigter Lebensstil sorgen für einen steten Zuwachs des Geldes, das sie dann klug, wenn auch konservativ investieren, um sich ihren Lebensabend zu versüßen.

Passende Geschäftspartner

Ob sich Ochsen ständig mit ihren Geschäftspartnern überwerfen oder gut mit ihnen zurechtkommen, hängt, wie in allen ihren Beziehungen, davon ab, ob die Tierzeichen harmonieren oder nicht. Sehr nützlich ist außerdem die Beachtung der Elementeverträglichkeit.

Ochsen des Elements	vertragen sich mit	vertragen sich nicht mit
Metall	*Erde-Hähnen*	*Feuer-Tigern*
Wasser	*Metall-Ratten*	*Erde-Hasen*
Holz	*Wasser-Schweinen*	*Metall-Schafen*
Feuer	*Holz-Ochsen*	*Wasser-Hunden*
Erde	*Feuer-Schlangen*	*Holz-Affen*

Geeignete Freunde

Obwohl jeder Mensch einmalig ist, machen die chinesischen Astrologen bezüglich der miteinander verträglichen und sich feindlich gegenüberstehenden Tiere präzise Angaben. Ochsen möchten vielleicht gerne wissen, welche Zeichen für eine dauerhafte Freundschaft besonders vielversprechend sind und welche eher aufreiben.

BESTE FREUNDE	TODFEINDE
Hähne	*Schafe*
Schlangen	

Freizeit und Hobby

Der Ochse liebt gesicherte Verhältnisse, hält viel auf Traditionen und auf ein gepflegtes Zuhause. Man dürfte ihm selten auf Vergnügungsjagd begegnen. Meist zieht er die häusliche Ruhe geselligen Vergnügen vor.

Vorlieben und Abneigungen

OCHSEN MÖGEN

Bevorzugte Farbe
Violett

Edel- und Halbedelsteine
Jade, Smaragd, Moosachat, Lapis-Lazuli

Passende Geschenke
Gobelinstickpackung, Küchengeräte, CDs, Koch- oder Gartenbücher, Pantoffeln, Bonsais, Kreuzworträtselbücher

Hobbys und Zeitvertreib
Marathonlauf, Bodybuilding, Bildhauerei, Gärtnern, Höhlenforschung, Musik, Nähen, Backen

Genauso wie die unter denselben Tierzeichen geborenen Menschen Charakterzüge und Lebenseinstellungen teilen, haben sie auch einen ähnlichen Geschmack. Begegnen sich zwei Ochsen, werden sie rasch viele gemeinsame Vorlieben und Abneigungen feststellen.

OCHSEN MÖGEN NICHT

Auf Parties an Smalktalks teilnehmen

Sich unsicher fühlen

Wenn das leibliche Wohl zu kurz kommt

Sich albern benehmen

Die Ochsen im Urlaub

Tatsächlich lieben Ochsen ihr Zuhause über alles und möchten bleiben, wo sie sich einmal niedergelassen haben, so daß sie wahrscheinlich weniger die Wanderlust plagt als die unter anderen Zeichen Geborenen. Sie fühlen sich zu Hause sehr wohl und verbringen dort vielleicht auch ihren Sommerurlaub, um endlich zur Renovierung des Wohnungsabschnitts zu kommen, zu der sie nie Zeit gefunden haben. Und natürlich gibt es da immer den Garten. Ob sie dort umgraben, Blumenbeete anlegen oder in einem Liegestuhl ein kühles Bier genießen, dies alles ist für sie der siebte Himmel. Sollten sie dennoch verreisen, zieht es Ochsen meist in die Berge, in weite Ebenen oder zu zerklüfteten Klippen.

Oben *Ochsen sind eher robust, und viele treiben gerne Mannschaftssport im Freien.*

Freunde und Feinde

Ochsen sind nicht gerade die geselligsten Menschen. Sie mischen sich nicht gerne unters Volk, ziehen ihre Privatsphäre und eine gewisse Anonymität fern der Öffentlichkeit vor. Anders als bei der Ratte, dem Affen oder dem Hahn besitzt der Ochse meist kein sehr umfangreiches Adressbuch, da er wenige enge Freunde einem großen Bekanntenkreis vorzieht. Doch können Ochsen durchaus in Gesellschaft glänzen, wenn dies einmal sein muß, obwohl sie von Geplauder meistens wenig halten. Sie sind vorsichtig und verlassen sich nicht gleich auf jeden. Sie lassen sich bei der Auswahl ihrer Freunde lieber Zeit. Dafür sind ihre wenigen Freundschaften intensiv und halten lebenslang. Ein treuer Ehepartner und die engsten Verwandten sind ihnen im Grunde Gesellschaft genug.

Elternschaft und Nachwuchs

Ochsen sind sehr fürsorgliche Eltern. Sie werden nicht davor zurückschrecken, sich von frühmorgens bis spätabends selbstlos abzurackern, nur um ihrem geschätzten Nachwuchs ein sicheres, behütetes Zuhause zu schaffen.

Dafür allerdings fordern die Ochsen-Eltern von ihren Sprößlingen Höflichkeit, Respekt und Gehorsam. Verglichen mit anderen Eltern können Ochsen streng und autoritär wirken. Als Traditionalisten halten sie an überlieferten Werten fest. Und da sie sehr auf eine gute Erziehung achten, trägt es maßgeblich zur harmonischen Atmosphäre in der Familie bei, wenn der Nachwuchs lernbereit und gut in der Schule ist. Nichts freut den Ochsen-Vater mehr als ein Kind, das ein ausgezeichnetes Zeugnis nach Hause bringt. Für die entschlossenen, aber fairen Ochsen spielt Disziplin eine große Rolle im Leben, und wenn sie Regeln und Gebote aufstellen, müssen diese ihrer Ansicht nach auch eingehalten werden. Für Ochsen-Eltern ist Aufsässigkeit ein rotes Tuch – und wehe dem, der sie reizt!

Viele Ochsen, vor allem die Frauen unter ihnen, entscheiden sich relativ früh für Kinder und widmen sich dann ganz ihrer wachsenden Familie. Folglich fällt es Ochsen-Müttern oft extrem schwer, ihre Kinder loszulassen, wenn diese als junge Erwachsene das Haus verlassen.

Der Ochse im Baby- und Kindesalter

Kinder, die unter dem Zeichen des Ochsen geboren wurden, sind stille, friedliche Naturen. Sie entwickeln sich zu properen, selbständigen, einfallsreichen Kindern, die am liebsten sich selbst überlassen sind. Wenn sie in irgendeiner Weise gestört, provoziert oder dazu gezwungen werden, etwas gegen ihren Willen zu tun, neigen sie zum Trotz und zu Wutanfällen. Im allgemeinen sind Ochsen-Kinder schüchtern, und viele fühlen sich recht einsam und verlassen, entweder weil sie sich selbst zurückziehen oder weil der Altersunterschied zu den anderen Geschwistern zu groß ist.

In der Schule zeigen die Ochsen-Kinder sehr bald ihre große praktische Veranlagung. Sie fühlen sich von allen Fächern mit manueller oder konstruktiver Ausrichtung angezogen. Auch die Kunst und die Musik werden ihre kreative Phantasie wecken, und auf dem Sportplatz tun sich diese kräftigen Persönchen ebenfalls hervor. Höflich, gehorsam und tüchtig sind junge Ochsen liebevolle Kinder und ihren Eltern gegenüber respektvoll.

Eltern/Kind-Beziehung des Ochsen

Manche Eltern haben mit der Persönlichkeit ihrer Kinder keine Probleme. Bei anderen scheint, bei aller Liebe zu ihren Kindern, die Wellenlänge einfach nicht zu stimmen. Hier die Verträglichkeitsgrade zwischen Ochsen-Eltern und ihrem Nachwuchs.

Ochsen mit	Im Zusammenleben	Verträglichkeit
Ratte	*stolze Eltern, gehorsames Kind*	✓✓✓✓
Ochse	*ganz der Vater*	✓✓✓
Tiger	*wenig Verständnis*	✓
Kaninchen	*häuslicher Friede*	✓✓✓
Drache	*es sind einige Schwierigkeiten zu überwinden*	✓✓
Schlange	*miteinander verbunden*	✓✓✓
Pferd	*mangelndes Verständnis*	✓
Schaf	*zu überempfindlich*	✓
Affe	*viel Spaß*	✓✓✓✓
Hahn	*glückliche Familie*	✓✓✓✓
Hund	*wenig echter Kontakt*	✓
Schwein	*überwiegend harmonisch*	✓✓✓

Wertungen ✓ konfliktgeladen ✓✓ einige Schwierigkeiten ✓✓✓ gutes Auskommen miteinander ✓✓✓✓ dieselbe Wellenlänge

Oben *Ochsen sind hingebungsvolle Eltern, doch verlangen sie von ihren Kindern sehr viel Disziplin.*

Gegenüber *In der Liebe darf man Ochsen zu nichts drängen.*

Partner und Ehegatten

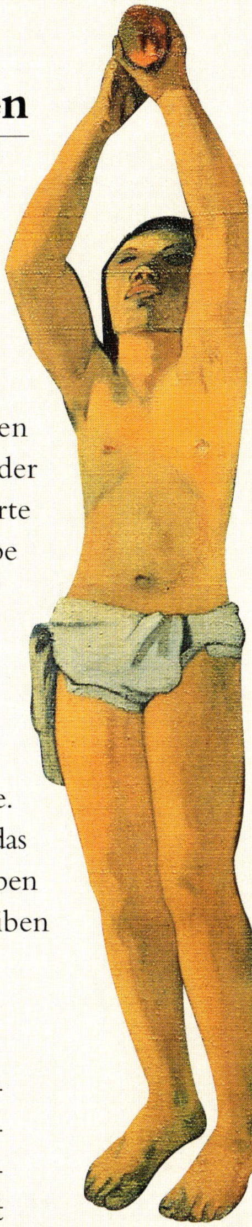

Der Ochse in der Liebe

Ochsen sind nicht für den Smalltalk geschaffen. Sie sind keine großen Partygänger und können ihre Freunde wahrscheinlich an der Hand abzählen. Meistens ziehen sie ein gutes Buch einem geselligen Abend vor. Auch in der Liebe ist der Ochse ein Mensch, der wenig Worte macht. Großherzigkeit und tiefe Liebe ja, aber sie in Worte fassen? Ganz bestimmt nicht! Bis sich Ochsen für einen Partner entscheiden dauert, denn sie hassen Wankelmut in der Liebe und brauchen jemand ganz und gar Zuverlässigen an ihrer Seite. Ochsen überstürzen nie etwas, und das Flirten liegt ihnen einfach nicht. Haben sie sich also einmal entschieden, bleiben sie gewöhnlich treu.

Ehe

Leider scheitern dennoch viele Ochsen-Ehen nach ein paar Jahren, wahrscheinlich, weil der Ochse zu dominant oder inflexibel ist. Vielleicht suchen Ochsen, wenn irgend etwas schiefgeht, eher die Schuld bei anderen als bei sich selbst. Aber wenn der Ochse aufpaßt oder Glück hat und eine kluge Wahl getroffen hat, kann er mit seinem Partner bzw. seiner Partnerin eine stabile Familie gründen, in der er aufgeht und die ihn sehr glücklich macht.

Der Liebespartner des Ochsen

Ochsen sind von Natur aus gelassen und zuverlässig, aber sie gehen meist zu selbstverständlich davon aus, daß sie in einer Partnerschaft bestimmen. Einige andere Tiere können sie sogar für stur und unnachgiebig halten. Das System der chinesischen Astrologie informiert uns über die Erfolgschancen unserer Beziehungen, indem es aussagt, welche Tiere harmonieren und welche nicht. Dies gilt für alle Beziehungen im Leben, einschließlich der beruflichen. Ehen werden im Himmel geschlossen, heißt das Sprichwort, aber auch wenn der Himmel die Richtung weist, liegt der Rest an uns. Der Kasten rechts zeigt, wie sich andere Tiere für eine Liebesbeziehung mit dem Ochsen eignen.

Liebespartner

OCHSE ♥ RATTE
Sexuell aufregend, aber katastrophal in der Ehe. Eher etwas für eine Liebesaffäre!

OCHSE ♥ OCHSE
Eine gute, solide Beziehung – doch wo bleibt der Pfiff?

OCHSE ♥ TIGER
Die Chinesen sagen, dies sei eine der ungünstigsten Verbindungen, obwohl durchaus gegenseitige Anziehung da sein kann.

OCHSE ♥ KANINCHEN
Diese Verbindung verspricht ein friedliches Zusammenleben. Beruflich ist sie zu wenig spannungsgeladen.

OCHSE ♥ DRACHE
An Sturheit steht Ihnen dieser Partner in nichts nach. Es fehlt am gegenseitigen Austausch.

OCHSE ♥ SCHLANGE
Sympathisch, verständnis- und liebevoll, sie befinden sich auf derselben Wellenlänge, ihnen gehört die Welt!

OCHSE ♥ PFERD
Passen beruflich besser zusammen als in der Liebe.

OCHSE ♥ SCHAF
Auch wenn sich die Körper treffen, alles andere geht aneinander vorbei.

OCHSE ♥ AFFE
Stimmt die Beziehung, wird sich das Leben von seiner heiteren Seite zeigen.

OCHSE ♥ HAHN
Sexy, leidenschaftlich, heiß. Gutes Gespann für eine glückliche und erfolgreiche Beziehung.

OCHSE ♥ HUND
Es gibt nicht sehr viele Gemeinsamkeiten zwischen den beiden.

OCHSE ♥ SCHWEIN
Starke sexuelle Anziehungskraft und einige Übereinstimmungen ermöglichen Harmonie.

Liebespartner auf einen Blick

Ochsen mit	Hinweise	Verträglichkeit
Ratte	*gegenseitige Wertschätzung*	♥♥♥
Ochse	*solide aber langweilig*	♥♥
Tiger	*widerstreitende Temperamente*	♥
Kaninchen	*sanft und freundlich*	♥♥♥
Drache	*die anfängliche Zuneigung endet abrupt*	♥
Schlange	*einfach perfekt*	♥♥♥♥
Pferd	*konfliktgeladen*	♥
Schaf	*nur erträumt!*	♥
Affe	*ergänzen sich gegenseitig*	♥♥
Hahn	*glückliche Vorzeichen*	♥♥♥♥
Hund	*Einiges spricht dagegen*	♥♥
Schwein	*Durchhalten lohnt sich*	♥♥

VERTRÄGLICHKEITSSTUFEN ♥ *Konflikt* ♥♥ *sich Mühe geben* ♥♥♥ *große Anziehung* ♥♥♥♥ *himmlisch!*

BEGEGNUNG ZWISCHEN OST UND WEST

Der Widder-Ochse

Widder-Ochsen sind leistungsorientiert und haben durch Ausdauer Erfolg. Sie stürmen durchs Leben, ohne Widerstand zu dulden. Auch in der Liebe sind sie dominant; Fingerspitzengefühl ist nicht ihre Sache, und nur ein starker, ehrlicher und bodenständiger Partner ist ihnen gewachsen.

Der Stier-Ochse

Diese unbezwingbaren und unerbittlichen Gesellen sind wahrscheinlich die standhaftesten und gelassensten von allen Ochsen. Mit ihrer Beharrlichkeit und ihrem großen Eifer erreichen sie meist ihre Ziele.

Der Zwilling-Ochse

Diese Ochsen verfügen über Geist, Ausdauer und Zielstrebigkeit. Sie sind offen und fühlen sich in Gesellschaft wohl. Durch ihren Witz und ihre Umgänglichkeit sind sie im Geschäftsleben und Handel erfolgreich und eignen sich für verantwortungsvolle Positionen.

Der Krebs-Ochse

Durch Talent, Einfühlsamkeit und Entschlossenheit bringt es der Krebs-Ochse im kreativen Bereich zu Höchstleistungen. Zu Hause sorgen diese Ochsen für eine wunderbare Atmosphäre. Der Partner und die Familie sind für ihr Glück und Wohlbefinden wesentlich.

Der Löwe-Ochse

Diese Kombination ergibt Vorgesetzte, die ihre Aufgabe ernst nehmen und sich mit viel Engagement ihren Pflichten widmen. Der Löwe übt einen heiteren Einfluß auf den Ochsen aus. Diese großherzigen und großzügigen Menschen sind mit einem Partner am glücklichsten, der sie bewundert.

Der Jungfrau-Ochse

Mit dem kritischen Blick der Jungfrau und der Akribie des Ochsen sind dies Menschen, die schon mal zur Pedanterie neigen. Sie sind verantwortungsbewußt und aufgrund ihrer einmaligen Ehrlichkeit, Integrität und Korrektheit geachtet. Vielleicht sind sie nicht romantisch oder extravagant, aber auf jeden Fall zuverlässig und treu.

Der Waage-Ochse

Diese Ochsen sind kontaktfreudig und kompromißbereit, was sie sowohl zu guten Arbeitgebern als auch guten Arbeitnehmern macht. Sie sind liebenswürdig, friedliebend und kämen nie auf den Gedanken, für Unruhe zu sorgen. In der Liebe streben sie nach Vollkommenheit.

Der Skorpion-Ochse

Elan, Entschlossenheit und strenge Logik charakterisieren den Skorpion-Ochsen. Diese Ochsen sind bereit, für ihren Erfolg zu kämpfen. In der Liebe sind Skorpion-Ochsen von großer Leidenschaft erfüllt, aber sie geben sich nach außen hin stets cool.

Der Schütze-Ochse

Diese Ochsen verfügen über den Weitblick des Schützen. Sie sind Glückskinder und risikobereit, aber auch klug und umsichtig. Mit diesen Talenten können sie es zu angesehenen Positionen im Leben bringen und eine Menge Geld verdienen.

Der Steinbock-Ochse

Steinbock-Ochsen sind von echtem Schrot und Korn, energisch und unerbittlich. Durch anhaltenden Fleiß bringen sie es zu Wohlstand. Steinbock-Ochsen sind konservativ, durch und durch solide, verantwortungsbewußt und versuchen ihren Lieben einen guten Lebensstandard zu bieten.

Der Wassermann-Ochse

Der exzentrische Wassermann-Ochse ist oberflächlich. Dies verträgt sich kaum mit der soliden Natur des Ochsen, und Vertreter dieses Doppelzeichens tun, was sie wollen. Diese intelligenten Freigeister mögen die Abwechslung sowohl bei der Arbeit als auch in der Liebe.

Der Fische-Ochse

Einfühlsamkeit und Selbstbeobachtung mäßigen die Schroffheit des Ochsen und ergeben eine vielseitige Persönlichkeit mit einem unergründlichen kreativen Potential und Scharfblick. Fische-Ochsen sind künstlerisch veranlagt und arbeiten lieber hinter den Kulissen.

Berühmte Ochsen

Ochsen sind für ihre Ausdauer und Charakterstärke bekannt. Sie arbeiten hart und entschlossen für ihre Lebensziele und sind solide, zuverlässig und treu. Sie sind gewöhnlich große Traditionalisten und werden immer mutig für das eintreten, was sie für richtig halten.

Hans Christian Andersen

Auch der dänische Schriftsteller Hans Christian Andersen, Sohn eines Schusters und einer Wäscherin, ist ein im Jahr des Ochsen geborener Künstler, der sich durch Zielstrebigkeit und Fleiß aus armen Verhältnissen zu einem international bekannten Schriftsteller emporarbeiten konnte. Sein Rückgriff auf dänisches Volkstum bei fast allen seinen Geschichten macht seine Traditionsverbundenheit deutlich.

Margaret Thatcher

Margaret Thatcher, jetzt Baronin Thatcher von Kesteven, wurde 1975 Parteiführerin der britischen Konservativen Partei und war von 1979 bis 1990 britische Premierministerin. Selbst diejenigen, die politisch nicht mit ihr einverstanden waren, konnten ihr ihre großen Führungsqualitäten und ihre eiserne Entschlossenheit nicht absprechen. Die ultrakonservative, getreue Förderin traditioneller Werte machte sich mit ihrer knallharten, kompromißlosen Entschlossenheit rasch einen Namen.

Jackie Collins

Die Bücher dieser im Jahr des Ochsen geborenen Bestsellerautorin verkaufen sich in über 30 Ländern millionenfach. Ihrem glamourösen Image zum Trotz ist sie bei der Arbeit fleißig und konsequent. Wenn sie sich vorgenommen hat, einen neuen Bestseller zu schreiben, wird sie nichts von ihrem Vorhaben abbringen, ein Stück echtes Hollywood zu beschreiben.

Niki Lauda

Der ehemalige österreichische Rennfahrer besitzt die Zuverlässigkeit und die bis zur Sturheit reichende Entschlossenheit des Ochsen, um seine Ziele zu erreichen. Er verfügt ebenfalls über die für den Ochsen typische Integrität und Beliebtheit. Kurz nach seinem Unfall 1976, bei dem er schwere Verbrennungen erlitt, belegte er bei der Formel-1-Weltmeisterschaft den zweiten Platz. Dann baute er sich eine zweite Karriere auf und betreibt nun eine Fluglinie.

Meryl Streep

Meryl Streep ist eine der talentiertesten Schauspielerinnen mit der richtigen Portion Fleiß und Ausdauer. Mit welchem Maß an Fleiß und Sorgfalt sie bei der Sache ist, zeigt sich u.a. daran, daß sie eine Reihe von Akzenten fehlerfrei zu sprechen lernte. Es gelang ihr, zahlreiche Charaktere vollkommen überzeugend darzustellen, wobei sie jedoch jeder Rolle ihre eigene persönliche Note verlieh.

Der Tiger

Die Persönlichkeit des Tigers

Der Tiger soll Glück bringen, und Tigerpersönlichkeiten sind schillernd, dynamisch und attraktiv. Die Chinesen sagen, ein Tiger im Haus sei die beste Versicherung gegen Feuer, Diebstahl und böse Geister. Vielleicht liegt dies nicht nur am Glück der Tiger, sondern auch an ihrer Unerschrockenheit und Wachsamkeit, die sie zu tapferen Kriegern macht.

Das Zeichen des Tigers

Macht und Geld können den Tiger nicht beeindrucken. Tiger sind offen und ehrlich und erwarten von anderen dasselbe. Gleichzeitig reagieren sie jedoch empfindlich auf Kritik und brauchen die Anerkennung ihrer Mitmenschen, die ihnen im allgemeinen durch ihre gewinnende Art garantiert ist. Wenn sich der Tiger aber fallengelassen vorkommt und Mißbilligung spürt oder bei einem enthusiastisch begonnenen Projekt scheitert, kann ihn das sehr deprimieren.

Trotzdem springen Tiger nach Katzenart immer wieder auf, bereit für die nächste Herausforderung, und landen gewöhnlich auf ihren Beinen. Ihre unbezähmbare Energie läßt sie mit ihren Kräften Raubbau treiben und zu voreiligen Handlungen und zu großer Begeisterung neigen.

Die Daten des Tigers

Menschen, die im Jahr des Tigers geboren sind, teilen sich bestimmte Merkmale. Diese bringen jedoch lediglich den Persönlichkeitstyp auf einen kurzen Nenner. Hier die Daten und hervorstechenden Eigenschaften dieses Zeichens:

DATEN

Drittes Zeichen des Kreises ⋆ Chinesischer Name – HU, Zeichen des Mutes ⋆ Zeit – 3:00 bis 4:59 Uhr Monat – Februar ⋆ Westliche Entsprechung – Wassermann

CHARAKTERISTIKA

mutig ♥ enthusiastisch ♥ tapfer ♥ gesellig energiegeladen ♥ optimistisch

sprunghaft ✖ impulsiv ✖ ungeduldig ✖ hitzköpfig eitel ✖ dickköpfig

Jahre des Tigers

An dritter Stelle im Zyklus folgen die Tiger-Jahre denen des Ochsen und kehren alle zwölf Jahre wieder. Da das Datum des chinesischen Neujahrs jährlich wechselt, ist der Beginn eines jeden Tiger-Jahres im Kalender nachzusehen.

1902 ⋆ 1914 ⋆ 1926
1938 ⋆ 1950 ⋆ 1962
1974 ⋆ 1986 ⋆ 1998

Oben *Tiger sind voller Begeisterung und Optimismus, und gewöhnlich gelingen ihnen selbst voreilige Unternehmungen.*

Kampfgeist

Tiger sind unverbesserliche Wetteiferer, sie können einfach an keiner Herausforderung vorbeigehen, besonders wenn es um die Ehre geht, oder darum, seine Lieben zu beschützen. Tiger sind unberechenbar, und man darf ihre Reaktionen nicht unterschätzen. Sie können cool wirken, aber wie große Katzen nun einmal sind, greifen sie mit einem Satz an, wenn sie sich bedroht fühlen. Als geborene Anführer besitzen sie ein würdiges Auftreten, und wenn sie die entsprechenden Ränge einnehmen, sind sie mitunter eigensinnig und stur. In Machtpositionen können sie sich als sehr fordernd erweisen. Tiger sind aufgeweckt und weitsichtig. Sie haben den Finger am Puls der Zeit. Als gute Strategen führen sie oft einen geheimen Tagesplaner. Solange sie ihr Glück nicht zu oft riskieren und ihre Ruhelosigkeit unter Kontrolle halten, zahlen sich ihre Taktiken meistens aus.

IHR ELEMENT

Die Merkmale der unter dem Zeichen des Tigers geborenen Menschen, das alle zwölf Jahre wiederkehrt, werden von den fünf chinesischen Elementen – Metall, Wasser, Holz, Feuer, Erde – variiert, deren 5-Jahres-Zyklus den ursprünglichen 12-Jahres-Zyklus überlagert.

DER METALL-TIGER 1950 UND 2010

Das Element Metall macht das Denken und Tun des Tigers besonders scharfsinnig und lebhaft. Metall-Tiger heben sich gerne von der Masse ab. Mit steigendem Selbstbewußtsein und Kampfgeist setzen sie ihre Ziele immer höher und sind entschlossen und talentiert genug, sie zu erreichen. Die Metall-Tiger können hin und wieder unter Tigerlaunen leiden, und sie müssen aufpassen, daß ihre Impulsivität nicht allzuoft mit ihnen durchgeht. Sie sollten sich bemühen, die Dinge zu durchdenken.

DER WASSER-TIGER 1902 UND 1962

Das Element Wasser hat eine beruhigende Wirkung, so daß diese Tigertypen ruhiger und friedlicher sind als ihre Katzengefährten. Ihr großes Einfühlungsvermögen und ihre Offenheit macht die Wasser-Tiger sehr vernünftig und verständnisvoll. Durch ihre Fähigkeit zur Einsicht und ihre Intuition besitzen sie ein ausgezeichnetes Urteilsvermögen. Die Angewohnheit der Tiger, aufmerksam abzuwarten, läßt diese Tiger oft unentschieden sein. Sie können gelegentlich vor sich hindösen und das Leben an sich vorbeiziehen lassen, statt sich im kühnen Sprung ihren Preis zu holen.

DER HOLZ-TIGER 1914 UND 1974

Als ausgezeichnete Teamarbeiter haben Holz-Tiger nicht den unglaublichen Drang loszustürmen und die ersten zu sein. Das Holzelement macht sie mäßig und ausgeglichen, und damit geht eine Warmherzigkeit und Güte einher, die die Holz-Tiger bei ihren Freunden sehr beliebt macht. Sie gehen auch mit ihrer Zeit und ihrem Geld sehr großzügig um. Vielleicht fehlt ihnen ein wenig das Feuer des Tigers, aber dafür sind sie zuverlässig und praktisch. Doch haben sie durchaus das Talent, sich zurückzulehnen und andere für sich die Arbeit machen zu lassen.

Sie sollten sich vor ihrer bisweilen jähzornigen Sprunghaftigkeit in acht nehmen, denn sie tun sich schwerer als die anderen Tiger wieder auf die Beine zu kommen.

DER FEUER-TIGER 1926 UND 1986

Die vielseitig aktiven, dramatischen Feuer-Tiger sprühen vor Lebenskraft und Begeisterung. Sie sind extrovertiert, kommunikativ und optimistisch und stets voller Begeisterung für ihr neuestes Projekt. Sie verfügen über die natürlichen Führungsqualitäten des Tigers und die angeborene Fähigkeit, andere für etwas zu begeistern. Oft besitzen sie auch noch Witz, der ihrer charismatischen und einnehmenden Persönlichkeit die Krone aufsetzt. Angetrieben von ihrer eigenen Begeisterung und unerschöpflichen Energie, wirken sie mitunter sogar melodramatisch, und manchmal sind sie nicht in der Lage, vorsichtigere und nüchternere Positionen zu akzeptieren.

DER ERDE-TIGER 1938 UND 1998

Die realistischen, praktisch nüchternen Erde-Tiger lassen sich nicht so leicht von ihrem eigenen Enthusiasmus mitreißen. Sie besitzen das Verantwortungsbewußtsein, das die anderen Tiger noch zu kultivieren haben und sind nicht so leicht bereit, sich für ein großartiges Projekt nach dem anderen zu begeistern. Ihre solidere Lebenseinstellung, ihr Fleiß und ihre Fähigkeit, längerfristig bei einer Sache zu bleiben, macht sie erfolgreich. Sie müssen aufpassen, daß sie nicht ihren Sinn für Humor verlieren und sich nicht allzusehr über die Bedürfnisse und Gefühle der anderen hinwegsetzen.

Gesundheit und Wohnen

Gesundheit und Konstitution

Tiger spurten durchs Leben, packen alles mit kurzen Energieschüben an und brechen dann erschöpft zusammen. Normalerweise erholen sie sich rasch wieder, aber langfristig leidet ihre Gesundheit unter diesem Lebensstil. Sie müssen lernen, sich nicht so zu verausgaben, damit sie Durchhaltevermögen bekommen. Sie sind mit einer unverwüstlichen Gesundheit gesegnet und erholen sich rasch von Krankheiten, doch sind sie es sich selbst schuldig, etwas langsamer zu treten. Neben dieser chronischen Gefährdung ihrer Gesundheit machen den Tigern aufgrund ihres impulsiven Verhaltens hauptsächlich Unfälle und Verletzungen zu schaffen.

Der Tiger zu Hause

Tiger sind gerne etwas Besonderes, und dies läßt sich besonders an ihrer originell eingerichteten Wohnung erkennen. Tiger haben ein Talent, mit Farbe und Licht Atmosphäre zu schaffen. Ihr kühner Unternehmensgeist spiegelt sich in ausgefallenen Dekors wider. Ihre Reiselust wird an den buntgemischten Schätzen aus fernen Ländern deutlich: da gibt es Shaker-Tischdecken, tibetische Gebetsteppiche und afrikanische Skulpturen. Alles ist in unverwechselbar geschmackvoller Weise zusammengestellt.

Berufe für Tiger

Alle Menschen, die im Jahr des Tigers geboren sind, haben nicht nur ähnliche Begabungen, sondern auch ähnliche Ziele und Ambitionen im Leben. Hier die Berufe, die am besten zur Mentalität und zu den Fähigkeiten des Tigers passen:

Tiger sind ausgezeichnete

Schauspieler ★ *Komiker*
Musiker ★ *Rennfahrer*
Chauffeure ★ *Forscher*
Piloten ★ *Künstler*
Schriftsteller ★ *Stewards*
Reiseveranstalter
Werbeleiter ★ *Redner*
Politiker ★ *Missionare*
Büroleiter
Armeemitglieder
Verkäufer

Rechts *Tiger können ihre Gesundheit aufs Spiel setzen, wenn sie ihrer Energie allzu freien Lauf lassen.*

Karriere und Wohlstand

Der Tiger im Beruf

Mit ihrer aufgeweckten Intelligenz lernen Tiger schnell und können sich rasch Fertigkeiten aneignen. Alle Tiger schätzen die Herausforderung und gepaart mit ihrer Ruhelosigkeit erklärt dies, weshalb sie häufiger zu einem Berufswechsel neigen als die anderen Tierzeichen. Und falls Tiger nicht von Zeit zu Zeit dramatische berufliche Änderungen vornehmen, so üben sie wahrscheinlich mehrere Berufe gleichzeitig aus. Die meisten Tiger demonstrieren eine natürliche Autorität und kommen in Höchstform, wenn sie einflußreiche Positionen einnehmen.

Das Geld und der Tiger

Glück spielt bei den Finanzen der Tiger eine große Rolle. Sie verhalten sich beim Geldausgeben gerne in jeder Hinsicht großzügig. Sie können auch voreilig Geld ausgeben, doch wissen sie, daß sie jederzeit für Nachschub sorgen können. Irgendwie schaffen sie es immer, genau in dem Moment eine Goldgrube zu finden, in dem es mit ihnen endgültig bergab zu gehen scheint.

Passende Geschäftspartner

Ob sich Tiger ständig mit ihren Geschäftspartnern überwerfen oder gut mit ihnen zurechtkommen, hängt, wie in allen ihren Beziehungen, davon ab, ob die Tierzeichen harmonieren oder nicht. Sehr nützlich ist außerdem die Beachtung der Elementeverträglichkeit.

Tiger des Elements	Vertragen sich mit	Vertragen sich nicht mit
Metall	*Erde-Hunden*	*Feuer-Ochsen*
Wasser	*Metall-Schweinen*	*Erde-Schlangen*
Holz	*Wasser-Tigern*	*Metall-Hähnen*
Feuer	*Holz-Pferden*	*Wasser-Ratten*
Erde	*Feuer-Drachen*	*Holz-Affen*

Vorlieben und Abneigungen

TIGER MÖGEN

Bevorzugte Farbe
Mittelgrün

Edel- und Halbedelsteine
Rubin, Diamant, Tigerauge

Passende Geschenke
Kriminalromane, Mah-Jongg (chin. Gesellschaftsspiel), exotische Kochbücher, Segelflugstunden, Reiseführer, Maniküreset

Hobbys und Zeitvertreib
Leistungssport, Theater, Partys, Mode, Bridge und Schach, Abenteuerfilme, Krimis, Fotografie

Genauso wie die unter denselben Tierzeichen geborenen Menschen Charakterzüge und Lebenseinstellungen teilen, haben sie auch einen ähnlichen Geschmack. Begegnen sich zwei Tiger, werden sie rasch viele gemeinsame Vorlieben und Abneigungen feststellen.

TIGER MÖGEN NICHT

Kompromisse schließen

keine Verantwortung zu haben

schlechte Manieren

nicht die verdiente Unterstützung zu bekommen

Oben *Mit ihrer Aufgewecktheit ziehen Tiger stets neue Freunde an.*

Freizeit und Hobby

Der Tiger im Urlaub

Tiger brauchen den Nervenkitzel, das Abenteuer Natur. Es zieht sie in die Ferne, denn Herausforderung bringt sie erst richtig in Schwung. Ein Urlaub voller außergewöhnlicher Erlebnisse und sportlicher Unternehmungen ist genau das Richtige für sie. Anstrengende Expeditionen befriedigen den Tatendrang des Tigers, egal, ob es sich dabei um einen Abstecher in den Fernen Osten oder ein Ponytrecking in Europa handelt. Sie schießen schon mal über Stromschnellen hinweg oder wagen den freien Fall, wenn es um eine Mutprobe geht. Andererseits besichtigen sie gerne Pyramiden, gehen auf Safari, sonnen sich auf Bali oder amüsieren sich prima auf Honolulu. Tiger feiern im Urlaub bis spät in die Nacht, tanzen bis zum Tagesanbruch und werden sich auf keinen Fall ein ausgiebiges Sonnenbad am nahen Strand entgehen lassen!

Freunde und Feinde

Mit ihrer munteren, jovialen Art heitern Tiger selbst noch die trübseligsten Gemüter auf, die ihnen über den Weg laufen. Diese Veranlagung beschert ihnen laufend neue Freunde und Bekannte, und das ist gut so, denn ein Tiger ohne Gesellschaft ist wie ein Fisch auf dem Trockenen! Wie der Drache, der Affe und die Ratte fühlt sich der Tiger erst dann so richtig wohl, wenn ihn ein kleines Heer von Bewunderern umgibt.

Tiger sind außerordentlich warmherzige Freunde, die spontane Großzügigkeit walten lassen, sowohl finanziell als auch im Umgang mit ihrer Zeit und Aufmerksamkeit. Wenn ein Freund dringend mit ihm reden muß, wird der Tiger sofort seine Arbeit aus der Hand legen, um ihm eine Tasse Kaffee, ein offenes Ohr, einige Taschentücher und seine Schulter zum Ausweinen anzubieten. Als Freunde können nur wenige so unterstützend und ermutigend, so lustig und voller Überraschungen und so ehrlich besorgt sein wie der Tiger.

Geeignete Freunde

Obwohl jeder Mensch einmalig ist, machen die chinesischen Astrologen bezüglich der miteinander verträglichen und sich feindlich gegenüberstehenden Tiere präzise Angaben. Tiger möchten vielleicht gerne wissen, welche Zeichen für eine dauerhafte Freundschaft besonders vielversprechend sind und welche eher aufreiben.

BESTE FREUNDE	TODFEINDE
Pferde	*Affen*
Hunde	

Elternschaft und Nachwuchs

Tiger-Eltern verteidigen, wie ihre Katzenpendants, ihren Nachwuchs mit aller Schärfe und würden zum Schutz ihrer Jungen ihr Leben geben. Die ausgesprochen fürsorglichen Tiger-Eltern sind warmherzig und liebevoll. Sie überschütten ihre Sprößlinge mit Zuneigung und verwöhnen sie durch ihre Großherzigkeit. In ihrer kindlichen Verspieltheit haben diese Eltern große Freude an Familienspielen. Insgesamt haben sie ihre Kinder gerne um sich, wobei es stets lustig und beschwingt zugeht. Natürlich gibt es auch Anlässe, bei denen Tiger wie alle großen Katzen fauchen: wenn ihre Kinder in ihrem Übermut oder ihrer Frechheit ein wenig zu weit gegangen sind. Denn bei aller Offenheit und Experimentierfreude tolerieren die Tiger auf keinen Fall schlechte Manieren, Aufsässigkeit sowie einen mangelnden Respekt vor Älteren oder gegenüber Respektspersonen!

Die Tiger-Eltern nehmen ihre Erziehungsaufgabe sehr ernst, und sie sorgen mit Nachdruck für eine gute Ausbildung ihres Nachwuchses. Tiger teilen ihren Kindern, solange diese noch jung sind, gerne Erlebnisse aus ihrer eigenen Kindheit sowie andere Erfahrungen mit, in der Hoffnung, ihnen damit einige Lebensweisheiten mit auf den Weg geben zu können. Kinder lernen durch Nachahmung, sagen die Tiger, und darum sind sie stets um Vorbildlichkeit bemüht.

Der Tiger im Baby- und Kindesalter

Kinder, die unter dem Zeichen des Tigers geboren wurden, sind fröhliche und liebenswerte Naturen. Sie stürzen sich mit ungebremster Energie ins Leben. Die Jungen entwickeln oft ein Faible für Sport, und die Mädchen sind wild und unerschrocken. Diese Kinder haben von klein auf einen unbändigen Kampfgeist und lassen, ganz so wie die großen Tiger, keine Gelegenheit verstreichen, ihn zu schärfen. Es sind aufgeweckte, umgängliche und liebenswerte Kinder, die dem Leben gegenüber eine unersättliche Neugier besitzen. In der Schule fühlen sie sich zu Fächern hingezogen, die ihren lebhaften Charakter und ihre reiche Phantasie fordern.

Links unten *Tiger mögen Spaß in der Familie und tollen gerne mit ihren Kindern herum.*

Oben *Bei Tigern geht es in der Familie immer hoch her, voller Fürsorge und Wärme geben sie stets ein gutes Beispiel ab.*

Eltern/Kind-Beziehung des Tigers

Manche Eltern haben mit der Persönlichkeit ihrer Kinder keine Probleme. Bei anderen scheint, bei aller Liebe zu ihren Kindern, die Wellenlänge einfach nicht zu stimmen. Hier die Verträglichkeitsgrade zwischen Tiger-Eltern und ihrem Nachwuchs.

TIGER MIT	IM ZUSAMMENLEBEN	VERTRÄGLICHKEIT
Ratte	*Es müssen Kompromisse geschlossen werden*	✓✓
Ochse	*mühsam*	✓
Tiger	*ähnliche Einstellung*	✓✓✓
Kaninchen	*glückliche Zeit*	✓✓✓
Drache	*stolze Eltern*	✓✓✓✓
Schlange	*Jeder zerrt in die andere Richtung*	✓
Pferd	*viele Gemeinsamkeiten*	✓✓✓✓
Schaf	*trotz Unterschiede Zuneigung*	✓✓
Affe	*keine Übereinstimmung*	✓
Hahn	*völlig andere Vorstellungen*	✓
Hund	*starke Verbundenheit*	✓✓✓✓
Schwein	*viele Höhen, aber auch ein paar Tiefs*	✓✓✓

WERTUNGEN ✓ konfliktgeladen ✓✓ einige Schwierigkeiten ✓✓✓ gutes Auskommen miteinander ✓✓✓✓ dieselbe Wellenlänge

Partner und Ehegatten

Der Tiger in der Liebe

Die Tiger sind attraktiv, leidenschaftlich und robust. In der Liebe sind sie romantisch und unheimlich sexy. Sie besitzen eine spontane, kokette Art und bewahren sich stets ihre Leidenschaft. Wie eine Dschungelkatze strahlen sie jene Unberechenbarkeit aus, jenen Glanz der lauernden Gefahr, der sie so unwiderstehlich macht. Eine zu statische Beziehung macht den Tiger unruhig, und früher oder später wird sich seine Neugierde und seine Unternehmungslust sicher durchsetzen. Dies macht die Tiger nicht gerade zu den treuesten Gefährten.

Tiger brauchen einen Partner, der ihnen ihre Freiheit läßt und sie dennoch genügend zu fesseln versteht. Sie schöpfen aus ihrer Familie und einer festen Liebesbeziehung sehr viel Kraft. Vielleicht heiraten sie deswegen oft schon sehr früh.

Das Zusammenleben mit einem Tiger

Tiger sollten in ihrer Partnerschaft achtgeben, daß sie nicht allzu stark dominieren. Auch sollten sie sich mit allzu freimütiger Kritik zurückhalten. Doch werden diese Schwächen mehrfach aufgewogen durch die Wärme und Großzügigkeit, das altmodische Bestehen auf Höflichkeit, die mitreißende Lebensfreude und spontane Sexualität, die Tiger in eine Beziehung einbringen.

Der Liebespartner des Tigers

Tiger sind enorm begeisterungsfähig, und sie brauchen einen Partner, der mit ihnen Schritt halten kann. Der Liebespartner eines Tigers muß Verständnis für dessen Hochs und Tiefs aufbringen und ihm in Krisenzeiten tröstend zur Seite stehen. Das System der chinesischen Astrologie informiert uns über die Erfolgschancen unserer Beziehungen, indem es aussagt, welche Tiere harmonieren und welche nicht. Dies gilt für alle Beziehungen im Leben, einschließlich der beruflichen. Ehen werden im Himmel geschlossen, heißt das Sprichwort, aber auch wenn der Himmel die Richtung weist, liegt der Rest an uns. Der Kasten rechts zeigt, wie sich andere Tiere für eine Liebesbeziehung mit dem Tiger eignen.

Oben *Die berühmte Leidenschaft des Tigers sorgt für verführerische Liebespartner.*

LIEBESPARTNER

TIGER ♥ RATTE
Gehen Sie von einigen ordentlichen Krächen aus. Viel Freundschaft, aber wenig echte Leidenschaft.

TIGER ♥ OCHSE
Die Chinesen sagen, dies sei eine der ungünstigsten Verbindungen überhaupt, obwohl vor dem wahrscheinlichen Aus durchaus gegenseitige Anziehung da sein kann.

TIGER ♥ TIGER
Bei zwei derart dominanten Individualisten werden bestimmt die Funken fliegen.

TIGER ♥ KANINCHEN
Ein gutes Gespann.

TIGER ♥ DRACHE
Eine mutige Kombination, bei der einiger Krach die Leidenschaft nährt.

TIGER ♥ SCHLANGE
Eine andere Einstellung, ein anderer Lebensstil und andere Ziele verweisen auf geringe Verträglichkeit.

TIGER ♥ PFERD
Sehr viel Highlife in dieser dynamischen Beziehung garantiert ein aufregendes Zusammenleben.

TIGER ♥ SCHAF
Sehr viel Bewunderung, aber zuviel übertriebene Rücksichtnahme.

TIGER ♥ AFFE
Hier läßt einer den anderen an die Decke gehen.

TIGER ♥ HAHN
Probleme durch Mißverständnisse.

TIGER ♥ HUND
Gegenseitige Achtung und Bewunderung machen dieses Team unschlagbar.

TIGER ♥ SCHWEIN
Zuneigung, gemeinsame Interessen und Humor sorgen für eine vielversprechende Beziehung.

LIEBESPARTNER AUF EINEN BLICK

TIGER MIT	HINWEISE	VERTRÄGLICHKEIT
Ratte	*Kompromisse schließen lernen*	♥♥
Ochse	*widerstreitende Temperamente*	♥
Tiger	*zuviel Gerangel um die Oberhand*	♥♥
Kaninchen	*die Andersartigkeit verbindet*	♥♥♥
Drache	*ein dynamisches Duo!*	♥♥♥
Schlange	*es spricht einiges dagegen*	♥
Pferd	*heiß und pikant*	♥♥♥♥
Schaf	*funktioniert, ja – Ehe, nein*	♥♥
Affe	*zutiefst frustrierend*	♥
Hahn	*sprich oder geh!*	♥♥
Hund	*vorzüglich!*	♥♥♥♥
Schwein	*gute Laune herrscht vor*	♥♥♥

VERTRÄGLICHKEITSSTUFEN ♥ *Konflikt* ♥♥ *sich Mühe geben* ♥♥♥ *große Anziehung* ♥♥♥♥ *himmlisch!*

BEGEGNUNG ZWISCHEN OST UND WEST

Der Widder-Tiger

Widder-Tiger sind Minitornados, die ihre Tage mit so viel Action vollpacken wie nur möglich. Irgendwo steckenzubleiben ist der Alptraum der Widder-Tiger. Diese Hochleistungskanonen sind aber auch fürsorglich und heldenhaft und besitzen sehr viel Leidenschaft und Mut.

Der Stier-Tiger

Da sie ausdauernder und nüchterner als die anderen Tiger sind, können sie fast alles anpacken. Sie sind in der Lage, etwas durchzuziehen und sich lange genug ins Zeug zu legen, um sich ihre Träume zu erfüllen. In der Liebe sind sie treu und zugleich leidenschaftlich.

Der Zwilling-Tiger

Zwilling-Tiger sind gerne unterwegs. Sie brauchen fremde Plätze und fremde Gesichter. Mit ihrer Intelligenz und ihrem Witz sind sie umschwärmte Partyhelden, aber auch rasch gelangweilt. Die Bindung an einen Ort, einen Beruf oder einen Partner steht nicht auf der Tagesordnung dieser Tiger.

Der Krebs-Tiger

Die Krebs-Tiger sind romantische Individualisten, die hinter ihrer Barschheit sowohl geduldige Nachsicht als auch ungestümes Temperament verbergen. So gleichen diese Menschen Dschungelkatzen, die innerlich zart besaitete Miezekatzen sind und wirklich eine feste Liebesbeziehung und ein sicheres Zuhause brauchen.

Der Löwe-Tiger

Dies ist eine dynamische Kombination. Der Löwe-Tiger ist ganz Katze: mutig, kühn, feurig und charismatisch, eine starke Persönlichkeit von edler Art. Dieser Tiger verfügt über Respekt und gelangt mit Leichtigkeit an die Spitze. Im wahrsten Sinne der *noblesse oblige* erfüllen diese stattlichen Menschen mit Inbrunst und Großmut ihre Pflicht.

Der Jungfrau-Tiger

Die Vorsicht der Jungfrau bremst die Impulsivität dieser Katzen. Tiger sind nicht gerade wegen ihrer Akribie berühmt, aber Jungfrau-Tiger können sich für Einzelheiten begeistern und werden sich in Berufen hervortun, in denen ein detailgenauer Blick ein Muß ist. In ihren Beziehungen sind Jungfrau-Tiger mitunter sehr wählerisch.

Der Waage-Tiger

Diese Tiger leben mit einem Sinn für Gerechtigkeit und Fair play und erweisen sich als gute Richter, Verwaltungsbeamte, Diplomaten und Politiker. Aber leider sind sie in ihrem eigenen Leben oft zu unentschlossen.

Der Skorpion-Tiger

Niemand führt ein derart intensives Leben wie der Skorpion-Tiger mit seinem unergründlichen Tiefgang. Es sind entschlossene, willensstarke Menschen, die keinen Widerspruch dulden.

Der Schütze-Tiger

Die vielseitigen, lebenshungrigen Schütze-Tiger sind extrovertiert und abenteuerlustig. Oftmals handeln sie impulsiv, ohne die Konsequenzen bedacht zu haben. Freiheit und Unabhängigkeit sind für ihr Wohlbefinden wesentlich.

Der Steinbock-Tiger

Ohne Fleiß kein Preis, das wissen diese Tiger von klein auf, und halten deshalb ihren Erfolg auch für wohlverdient. Die konservativen und gesetzestreuen Steinbock-Tiger haben keine Probleme, sich einzuordnen. Für sie kommt zuerst die Arbeit und dann das Vergnügen.

Der Wassermann-Tiger

Wassermann-Tiger pfeifen auf Vorschriften und Konventionen und sind gleichzeitig Realisten. Sie haben ein Geschick, von Emotionen abzusehen und direkt zum Kern der Sache vorzustoßen. Dies läßt diese Tiger oft reserviert erscheinen.

Der Fische-Tiger

Die liebenswerten, freundlichen Fische-Tiger sind trotz der Leidenschaft, die tief in ihnen glüht, zugänglicher als die meisten ihrer Artgenossen. Sie sind einfühlsam und geduldig, wenn sie aber einmal ein Auge auf jemand geworfen haben, sind sie zu allem bereit.

Berühmte Tiger

Tiger sind kühn und gesellig, energiegeladen und voller Begeisterung. Sie können impulsiv und hitzköpfig und ganz bestimmt auch unberechenbar sein. Es sind aktive Menschen mit Mut und Talent, die furchtlos ihren Weg gehen werden.

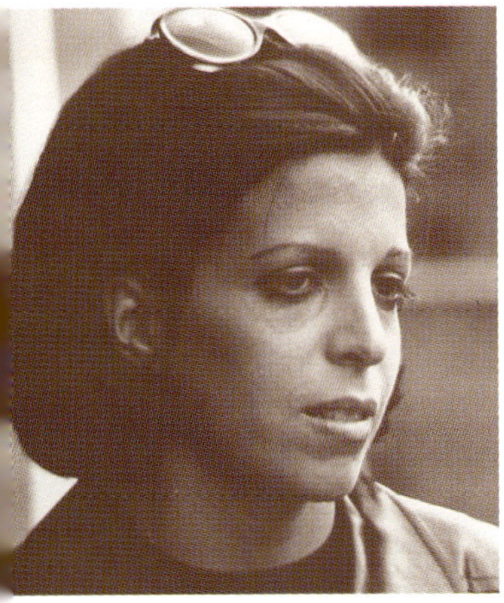

Christina Onassis

Die Tochter von Aristoteles bewies ihr Leben lang Kampfgeist im Bestreben, der vereinnahmenden Art ihres geliebten Vaters zu entkommen. Geboren in ein Leben des Luxus, ideal für das Temperament des Tigers, genoß sie die Partyszene rund um die Welt. Als sie das Imperium ihres Vaters erbte, bekam sie die Gelegenheit, ihre angeborenen Führungsqualitäten unter Beweis zu stellen.

Prinzessin Anne von England

Prinzessin Anne ist eines der unabhängigsten Mitglieder der britischen Königsfamilie, die tut und läßt, was sie will. Ihr Unternehmungsgeist und ihre hinreißende Art sind Tigerqualitäten, die ihr auf dem Wohltätigkeitssektor besonders nützen, wo sie sich unermüdlich für die armen Kinder dieser Welt einsetzt.

Demi Moore

Diese im Jahr des Tigers geborene Schauspielerin ist unter anderem wegen ihrer Eigenwerbung berühmt geworden. Sie erschien als Schwangere nackt auf der Titelseite eines Hochglanzmagazins. Dies tat ihrer Karriere keinen Abbruch, denn seit den 80er Jahren spielte sie in über einem Dutzend Filmen mit.
Tiger sind nun einmal attraktiv und möchten unbedingt beachtet werden.

Groucho Marx

Ein weiterer schlagfertiger, geistreicher und charismatischer Tiger, Groucho Marx, hatte das Tigerblitzen in den Augen. Man sagt, er hatte auch die Launen des Tigers, von denen sein Name (grouchy – griesgrämig) abgeleitet ist. Ein Aufmerksamkeit heischender Individualist bis zur Spitze seiner Zigarre.

Oscar Wilde

Wilde war brillant, extravagant und charismatisch. Für seine Zeit war Wilde außerordentlich mutig in seinen sexuellen Vorlieben. Dies und seine Dynamik, seine Hingabe für den Individualismus und seine Parteinahme für die künstlerische Freiheit stehen eng mit dem Zeichen des Tigers in Verbindung.

Das Kaninchen

Die Persönlichkeit des Kaninchens

Kaninchen haben eine ruhige, einfühlsame und unaufdringliche Art. Menschen, die unter diesem Zeichen geboren sind, scheuen eher das Rampenlicht. Es liegt ihnen nicht, das Leben im Sturm zu nehmen, da gefällt es ihnen hinter den Kulissen schon besser. Das heißt jedoch nicht, daß sie ein Einsiedlerdasein führen, eher im Gegenteil. Kaninchen sind sehr gesellige Naturen, stets bereit, ein kleines Schwätzchen zu halten. Im öffentlichen wie im privaten Leben sind sie gerne in Gesellschaft, allerdings ohne dabei großartig aufzufallen.

Das Zeichen des Kaninchens

Die Hauptmerkmale dieses Zeichens finden Sie rechts unten im Kasten. Vor allem aber ist dies das Zeichen des Friedens. So sind die Kaninchen die am wenigsten aggressiven unter den chinesischen Tieren, sie gehen Streitereien lieber aus dem Weg und versuchen, Unannehmlichkeiten jeder Art zu vermeiden. Selbst wenn sie ärgerlich sind, werden Sie niemals laut werden oder anderweitig die Beherrschung verlieren, denn den Kaninchen ist die Gabe der Diplomatie in die Wiege gelegt worden, durch die sie sich jeder heiklen Lage taktvoll entziehen können.

Kaninchen mögen zwar still sein und angespannte Situationen scheinbar leicht verkennen, aber das darf nicht dazu verleiten, sie für dumm zu halten. Diplomatisches Verhalten verlangt nicht nur sehr viel Intelligenz und psychologisches Einfühlungsvermögen, sondern auch Überredungskunst und Scharfsinn. Trotz ihres außerordentlich guten Benehmens und ihrer wirklichen Friedfertigkeit sind Kaninchen Meister der Raffinesse!

Mode und Stil

Das chinesische Zeichen der Kaninchen steht für Stil, und dieser drückt sich in allen Lebensbereichen aus. Kaninchen sind schick und gepflegt, als seien sie gerade einem Modejournal entsprungen, und sie sind in den besten Restaurants anzutreffen. Sie haben im allgemeinen auch eine starke künstlerische Ader, was bedeutet, daß Kaninchen in der Welt der Kunst keine Fremden sind. Natürlich sind auch ihre Wohnungen Ausdruck ihres guten Geschmacks und zeigen ihre Liebe zu schönen Dingen.

Jahre des Kaninchens

An vierter Stelle im Zyklus folgen die Kaninchen-Jahre denen des Tigers und kehren alle zwölf Jahre wieder. Da das Datum des chinesischen Neujahrs jährlich wechselt, ist der Beginn eines jeden Kaninchen-Jahres im Kalender nachzusehen.

1903 * 1915 * 1927
1939 * 1951 * 1963
1975 * 1987 * 1999

Links oben und unten
Das Kaninchen ist sowohl ruhig und friedliebend als auch umgänglich und künstlerisch veranlagt.

Die Daten des Kaninchens

Menschen, die im Jahr des Kaninchens geboren sind, teilen sich bestimmte Merkmale. Diese bringen jedoch lediglich den Persönlichkeitstyp auf einen kurzen Nenner. Hier die Daten und hervorstechenden Eigenschaften dieses Zeichens:

DATEN

Viertes Zeichen des Kreises ★ *Chinesischer Name – TU,*
Zeichen des Friedens ★ *Stunde – 5:00 bis 6:59 Uhr*
Monat – März ★ *Westliche Entsprechung – Fische*

CHARAKTERISTIKA

klug ♥ *wach* ♥ *hellsichtig* ♥ *sanftmütig*
rücksichtsvoll ♥ *kultiviert*

listig ✖ *vereinnahmend* ✖ *kleinlich*
obsessiv ✖ *versnobt*

IHR ELEMENT

Die Merkmale der unter dem Zeichen des Kaninchen geborenen Menschen, das alle zwölf Jahre wiederkehrt, werden von den fünf chinesischen Elementen – Metall, Wasser, Holz, Feuer, Erde – variiert, deren 5-Jahres-Zyklus den ursprünglichen 12-Jahres-Zyklus überlagert.

Das Metall-Kaninchen 1951 und 2011

Das Metallelement läßt diese Kaninchen robuster auftreten und verleiht ihnen ein größeres Durchsetzungsvermögen als den sonst recht scheuen Kaninchen. Sie sind sehr intuitiv, ambitioniert und intelligent und können in ihren Angelegenheiten mitunter ganz schön clever vorgehen. Metall-Kaninchen setzen sich stets ganz für eine Sache ein. In der Liebe sind sie gefühlvoll, ohne dabei jedoch zeigen zu müssen, wie tief ihre Gefühle und ihr Engagement reichen. Auch bei der Arbeit und gegenüber Kollegen treten sie im allgemeinen wesentlich distanzierter auf als sie es in Wirklichkeit sind – besonders, da Kaninchen aufgrund ihrer künstlerischen Begabung oft in einem kreativen Rahmen tätig sind, der beträchtlichen Fleiß und Hingabe verlangt.

Das Wasser-Kaninchen 1903 und 1963

Die einfühlsamen und zugänglichen Wasser-Kaninchen schwimmen zur Vermeidung von Meinungsverschiedenheiten oft mit dem Strom, da ihnen Konflikte jeder Art zutiefst zuwider sind. Sie können zeitweise ruhig und verschlossen wirken und sogar ein wenig abweisend sein, aber meistens sind sie gut gelaunt und nett. Sie besitzen ein großes Einfühlungsvermögen und sind gegenüber Menschen, mit denen sie alltäglich zusammentreffen, sehr hilfsbereit, was sie äußerst beliebt macht. Aber sie müssen lernen, sich wegen ihrer Freundlichkeit und Gutgläubigkeit nicht ausnutzen zu lassen. Sie sind ebenso sensibel wie einfühlsam, und manchmal können sie überempfindlich und allzu leicht verletzt sein.

Das Holz-Kaninchen 1915 und 1975

Holz-Kaninchen besitzen besonders viel von der für das Kaninchen typischen Friedfertigkeit. Obwohl sie liebenswürdig, umgänglich und großzügig sind, hält man sie leicht für Zauderer, für unentschlossene und schüchterne Menschen. Viel davon läßt sich jedoch auf ihre innere Friedfertigkeit und Freundlichkeit zurückführen, die diese Kaninchen besonders rücksichtsvoll und höflich macht. Holz-Kaninchen sind aktiv, lieben Gesellschaft um sich herum und gehören zu den Menschen, die stets bereit sind zu helfen, wenn andere in Not sind. Es täte dem Holz-Kaninchen manchmal gut, etwas entschiedener aufzutreten und seine Standpunkte und Gefühle stärker zu vertreten, da es dazu neigt, sich mehr anzupassen als ihm guttut.

Das Feuer-Kaninchen 1927 und 1987

Diese extrovertierten, enthusiatischen und mutigen Kaninchen macht das Feuerelement zu den dynamischsten und anziehendsten unter den Elemente-Kaninchen. Sie nehmen die Dinge gerne ohne großes Wenn und Aber in Angriff, und dies beschert ihnen, gepaart mit ihrer Unternehmungslust und ihrem diplomatischen Talent, im Leben oft Erfolg. Auch wenn sie sich bemühen, unangenehme Konfrontationen zu vermeiden, können sie jedoch recht temperamentvoll und mitunter launisch sein. Doch gewöhnlich verstehen sie es sehr gut, ihre wahren Gefühle charmant zu überspielen. Offene Meinungsäußerungen und Abgrenzungen sind für sie allerdings kein Problem, auch wenn sie sich ein lustiges Beisammensein nicht gerne mit ihren Launen verderben.

Das Erde-Kaninchen 1939 und 1999

Der praktische, nüchterne und solide Einfluß der Erde macht die Menschen, die in diesen Jahren geboren wurden, sowohl konsequent als auch umsichtig. Die Vernunft der Erde-Kaninchen und ihre Fähigkeit, gesunde Ratschläge zu erteilen, bringen ihnen das Vertrauen und den Respekt aller ein, die sie kennen. Sie sind häuslich und sehr auf Sicherheit bedacht. Eine komfortable Wohnung und vor allem ein Lebenspartner sind für sie ganz wesentlich. Diese Kaninchen können gut kalkulieren und ersparen sich auf ihre langsame und bescheidene Art gerne einen gewissen Wohlstand. Sie verstehen es recht gut, unauffällig ihre eigenen Interessen in den Vordergrund zu stellen, um sich abzusichern.

Berufe für Kaninchen

Alle Menschen, die im Jahr des Kaninchens geboren sind, haben nicht nur ähnliche Begabungen, sondern auch ähnliche Ziele und Ambitionen im Leben. Hier die Berufe, die am besten zur Mentalität und zu den Fähigkeiten des Kaninchens passen:

Kaninchen sind ausgezeichnete

Therapeuten ★ *Psychiater*
Ärzte ★ *Augenärzte*
Botaniker ★ *Masseure*
Rechtsanwälte ★ *Richter*
Diplomaten ★ *Wahlwerber*
Lehrer ★ *Schriftsteller*
Verleger ★ *Designer*
Schauspieler ★ *Musiker*
Verwaltungsbeamte
Fürsorger ★ *Pressesprecher*
Modeschöpfer ★ *Kosmetiker*

Gesundheit und Wohnen

Gesundheit und Konstitution

Obwohl Kaninchen mit einem langen Leben gesegnet sein sollen, haben sie eine zarte Konstitution. Sie neigen zu Allergien und Magenbeschwerden. Sie sind feinfühlig und Streß und emotionalem Druck jedweder Art schwer gewachsen. Ihr Hang zur Bequemlichkeit läßt sie manchmal zu wenig auf körperliche Ertüchtigung achten. Sie sollten Wert darauf legen, täglich an die frische Luft zu kommen.

Das Kaninchen zu Hause

Alle Kaninchen lieben ihr Zuhause, an das sie einige Ansprüche stellen, über alles. An oberster Stelle stehen Stil und Eleganz, da Kaninchen in einer geschmacklosen Umgebung depressiv werden. Sauberkeit und Ordnung sind ebenfalls wichtig und für Kaninchen ist weniger mehr. Die Möbel der Kaninchen sind vornehm und zeugen von ihrem feinem Gespür für schöne Dinge. Grün ist die bevorzugte Farbe der Kaninchen, und die Verwendung von Jadegrün oder Graugrün schafft eine Atmosphäre kühlen Schicks, der für den guten Geschmack der Kaninchen typisch ist. An schönen Gegenständen, Gemälden und Antiquitäten macht sich ihre künstlerische Begabung bemerkbar.

Rechts *Wegen ihrer Friedfertigkeit und Ausgeglichenheit haben Kaninchen gewöhnlich einen anmutigen Stil und sind gute Vermittler.*

Karriere und Wohlstand

Das Kaninchen im Beruf

Kaninchen trifft man bevorzugt in Berufen an, die ihr Verhandlungs- und Organisationstalent fordern. Wegen ihrer Diplomatie und Diskretion eignen sie sich auch für kommunikative Aufgaben hervorragend. Ob im diplomatischen Korps, in der Kirche, im Lehrerberuf oder in der Öffentlichkeitsarbeit, diese Menschen schätzen die Sicherheit einer großen Organisation. Doch mit ihrem Schönheitssinn und ihren künstlerischen Neigungen finden viele Kaninchen ihre Nische in der Musik, der Literatur oder den bildenden Künsten, vielleicht als Orchestermusiker, als Autor historischer Romane, als Schauspieler oder in der Werbebranche.

Das Geld und das Kaninchen

Kaninchen verhalten sich in Geldangelegenheiten meistens klug. Oft haben sie auch einfach nur Glück. Sie stecken viel Geld in Wohnung und Besitz, denn sie investieren lieber in Güter als in Aktien. Ihre ausgezeichnete Nase für echte Antiquitäten und Kunstwerke läßt sie auf diesen Gebieten einige gute Investitionen tätigen.

Passende Geschäftspartner

Ob sich Kaninchen ständig mit ihren Geschäftspartnern überwerfen oder gut mit ihnen zurechtkommen, hängt, wie in allen ihren Beziehungen, davon ab, ob die Tierzeichen harmonieren oder nicht.
Sehr nützlich ist außerdem die Beachtung der Elementeverträglichkeit.

Kaninchen des Elements	vertragen sich mit	vertragen sich nicht mit
Metall	*Erde-Schafen*	*Feuer-Drachen*
Wasser	*Metall-Hunden*	*Erde-Hähnen*
Holz	*Wasser-Kaninchen*	*Metall-Pferden*
Feuer	*Holz-Schlangen*	*Wasser-Tigern*
Erde	*Feuer-Schweinen*	*Holz-Affen*

Freizeit und Hobby

Das Kaninchen im Urlaub

Kaninchen sind Kulturfreaks und widmen ihr Leben der Schönheit und Harmonie. Von Natur aus freundlich und mit einem Künstlerblick ausgestattet, bereitet ihnen die Einrichtung ihrer Wohnung große Freude. Sie sind ganz zufrieden damit, ihren Urlaub mit dem Durchstöbern von Kunsthandwerkläden, Antiquitätenmessen oder Hinterhöfen zu verbringen, um ihre Inneneinrichtung mit dem farblich passenden Dekor oder dem passenden Möbelstück zu verschönern. Und betrachtet man die kulturellen Interessen der Kaninchen, stünden geschichtsträchtige Städte wie Paris, Florenz oder Athen ganz oben auf ihrem Besichtigungsprogramm. Andererseits gefiele den oft literarisch talentierten und an schönen Künsten interessierten Kaninchen auch ein Mal- oder Schreibkurs. In einem Olivenhain mit Blick auf das glitzernde, azurblaue Mittelmeer zu sitzen, einen Zeichenblock in der einen Hand und ein Glas guten Wein in der anderen, wäre ganz nach dem Geschmack der Kaninchen.

Vorlieben und Abneigungen

Kaninchen mögen

Bevorzugte Farbe
Blaßgrün

Edel- und Halbedelsteine
Perle, Kristall, Smaragd

Passende Geschenke
Delikateß-Geschenkkorb, Gobelinstickpackung, edler Wein, historische Romane, Originaldrucke, CDs

Hobbys und Zeitvertreib
Lesen, Schreiben, Gärtnern, Kochen, Malen, Wandern, Segeln, Plaudern

Genauso wie die unter denselben Tierzeichen geborenen Menschen Charakterzüge und Lebenseinstellungen teilen, haben sie auch einen ähnlichen Geschmack. Begegnen sich zwei Kaninchen, werden sie rasch viele gemeinsame Vorlieben und Abneigungen feststellen.

Kaninchen mögen nicht

Machoverhalten

plötzliche Veränderungen

exzessiven Sport

Unordnung

Links *Diese Menschen sind gesellig, aber bezüglich ihrer Freunde wählerisch.*

Freunde und Feinde

Kaninchen sind weder geneigt, sich in den Vordergrund zu spielen, wie dies etwa Drachen gerne tun, noch streben sie Führungspositionen an wie die Ratten oder wollen die Beliebtesten im Viertel sein wie die Affen. Dennoch sind sie gesellige Naturen. Es ist einfach so, daß Kaninchen lieber im Verborgenen wirken. Das Gruppenbedürfnis dieser Menschen treibt sie mehr als andere dazu, sich unterschiedlichen Klubs und Vereinen anzuschließen. Vielleicht liegt das daran, daß Kaninchen bei der Auswahl ihrer Freunde wählerisch sind und die Mitgliedschaft in einem Verband eine ausgezeichnete Möglichkeit darstellt, mit gleichgesinnten Menschen zusammenzukommen. Kaninchen erweisen sich als verbindliche Freunde und gute Ratgeber, an deren Schulter man sich wirklich ausweinen kann. Nichts macht Kaninchen mehr Spaß als ein Plausch im Freundeskreis!

Geeignete Freunde

Obwohl jeder Mensch einmalig ist, machen die chinesischen Astrologen bezüglich der miteinander verträglichen und sich feindlich gegenüberstehenden Tiere präzise Angaben. Kaninchen möchten vielleicht gerne wissen, welche Zeichen für eine dauerhafte Freundschaft besonders vielversprechend sind und welche eher aufreiben.

Beste Freunde	Todfeinde
Schafe	*Hähne*
Schweine	

Links *Eine Segeltour auf einer herrlichen Jacht bei ruhiger See entspricht ganz dem Geschmack des Kaninchens.*

Oben *Kaninchen-Eltern putzen ihre Babys gerne heraus und zeigen, trotz Zuneigung, oftmals ein distanziertes Verhalten.*

Eltern/Kind-Beziehung des Kaninchens

Manche Eltern haben mit der Persönlichkeit ihrer Kinder keine Probleme. Bei anderen scheint, bei aller Liebe zu ihren Kindern, die Wellenlänge einfach nicht zu stimmen. Hier die Verträglichkeitsgrade zwischen Kaninchen-Eltern und ihrem Nachwuchs.

Kaninchen mit	Im Zusammenleben	Verträglichkeit
Ratte	*es kommt zu Reibungen*	✓✓
Ochse	*für beide Seiten zumeist förderlich*	✓✓
Tiger	*Meinungsverschiedenheiten*	✓✓
Kaninchen	*es herrscht größte Harmonie*	✓✓✓✓
Drache	*kreatives Miteinander*	✓✓✓
Schlange	*große Zuneigung*	✓✓✓✓
Pferd	*zwischen beiden liegt eine tiefe Kluft*	✓
Schaf	*für beide Seiten angenehm*	✓✓✓✓
Affe	*einige schlaflose Nächte*	✓✓✓
Hahn	*Aufstand in den eigenen Reihen*	✓
Hund	*zärtliches Verständnis*	✓✓✓
Schwein	*erfreulich*	✓✓✓✓

Wertungen ✓ konfliktgeladen ✓✓ einige Schwierigkeiten ✓✓✓ gutes Auskommen miteinander ✓✓✓✓ dieselbe Wellenlänge

Elternschaft und Nachwuchs

Die Chinesen verbinden mit dem Zeichen des Kaninchens Fruchtbarkeit, und viele in diesem Zeichen geborene Menschen haben große Familien. Doch unabhängig davon, für wie viele Kinder sich Kaninchen-Mütter oder -väter entscheiden, steht ein glückliches Familienleben im Mittelpunkt ihres Interesses. Diese Menschen erweisen sich als treue und fürsorgliche Eltern, allerdings muß hinzugefügt werden, daß sie hin und wieder unzugänglich wirken. Viele ihrer Kinder können sich an Zeiten erinnern, in denen ihre Eltern distanziert bis unnahbar erschienen. Und doch behüten Kaninchen ihren Nachwuchs sehr, manchmal bis an den Rand der Vereinnahmung.

Kaninchen-Mütter werden ihre Sprößlinge im Kleinkindalter adrett herausputzen, und auf Höflichkeit und gute Manieren werden beide Elternteile bestehen. Anders als die Tiger oder die Hähne tendieren die Kaninchen des lieben Friedens willen zur Nachgiebigkeit, besonders wenn ihre Kinder ins schwierige Teenageralter kommen! Denn Menschen, die im Jahr des Kaninchens geboren sind, haben gegen Zank und Streit eine Abneigung.

Mit großer Fürsorglichkeit, die allen Kaninchen eigen ist, pflegen die Kaninchen-Eltern ihre Kleinen, wenn diese ihre Kinderkrankheiten durchmachen. Kaninchen haben stets Zeit für ihre Kinder, auch wenn diese älter werden. Sie haben für deren Probleme immer ein offenes Ohr und lassen es nie an weisen Ratschlägen fehlen.

Das Kaninchen im Baby- und Kindesalter

Junge Kaninchen sind sowohl physisch als auch psychisch zart besaitet. Feinfühligkeit ist eines der Hauptmerkmale dieses Zeichens, und die große Emotionalität zeigt sich schon im Babyalter. Daher weinen Kaninchenbabys oft, und in der Schule sind diese Jungen und Mädchen leichter aus der Fassung zu bringen als die anderen Kinder. Das hat zur Folge, daß Kaninchen-Kinder in der Schule gerne gehänselt und für weinerlich gehalten werden. Darüber hinaus hängen Kaninchen-Kinder sehr an der Mutter, besonders die Jungen, und ihre Verbundenheit bleibt meist lebenslang bestehen.

Die im Kaninchen-Jahr geborenen Kinder brauchen wahrscheinlich mehr als die unter den anderen Zeichen geborenen Kinder einen geregelten Alltag und ein stabiles Umfeld, um zu gedeihen. In der Schule zeigt sich rasch ihr Talent in künstlerischen Fächern und viele ragen im Musikunterricht hervor.

Partner und Ehegatten

Das Kaninchen in der Liebe

Kaninchen würden es sich nicht im Traum einfallen lassen, ihre Gefühle offen zu zeigen. Sie wirken distanziert, doch sind sie innerlich sinnlich und leidenschaftlich – eine harte Schale verbirgt ein zartes Inneres. Das Kaninchen ist zugleich romantisch und realistisch, großzügig und geschäftstüchtig. Kaninchen sind sehr Yin-betont und stehen, ob Frau oder Mann, mit dem weiblichen Teil ihrer Psyche in Einklang. Ihr mütterlicher Instinkt läßt sie andere bemuttern, und sie fühlen sich von Natur aus stark zu Heim und Familie hingezogen.

Yin-Dominanz

Die Yin-Dominanz äußert sich in der für die Kaninchen typischen Gefühlsseligkeit. Die sanften, romantischen und nostalgischen Kaninchen sind leicht gerührt und können manchmal nur schwer ihre Tränen zurückhalten. Sie neigen dazu, ihre Stimmung von der Gesellschaft abhängig zu machen, in der sie sich gerade befinden. Schon die Andeutung eines Streits ist für ein Kaninchen schlimm.

Kaninchen sind schön, charmant und weltmännisch. Ihre vornehme Eleganz macht jeden stolz, der sie an seiner Seite hat. Trotz ihres kühlen Auftretens gelten sie als sehr sexy, doch bleiben die meisten Kaninchen, wenn sie sich einmal die Hörner abgestoßen haben, lebenslang treu.

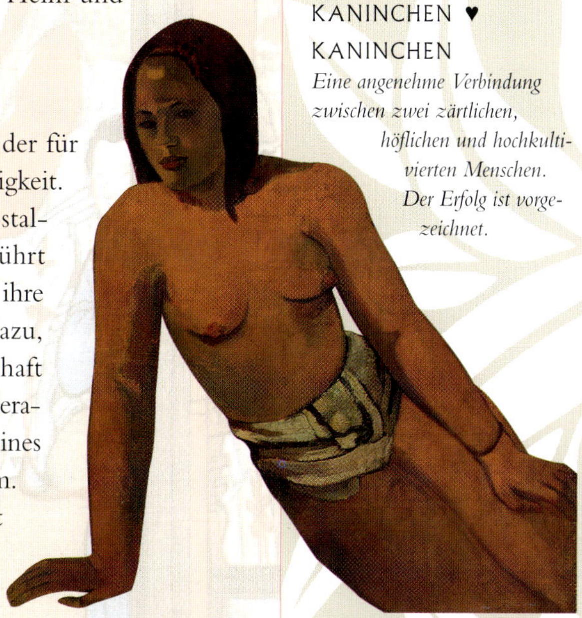

Oben *Kaninchen sind stille, zärtliche Partner und trotzdem sehr leidenschaftlich.*

Der Liebespartner des Kaninchens

Das sensible Kaninchen braucht einen Partner mit Herzenswärme (ein wenig Kleingeld wäre auch nicht schlecht, denn es hat keinen billigen Geschmack). Das System der chinesischen Astrologie informiert uns über die Erfolgschancen unserer Beziehungen, indem es aussagt, welche Tiere harmonieren und welche nicht. Dies gilt für alle Beziehungen im Leben, einschließlich der beruflichen. Ehen werden im Himmel geschlossen, heißt das Sprichwort, aber auch wenn der Himmel die Richtung weist, liegt der Rest an uns. Der Kasten rechts zeigt, wie sich andere Tiere für eine Liebesbeziehung mit dem Kaninchen eignen.

Liebespartner

Kaninchen ♥ Ratte
Ratten zerren an den Nerven der Kaninchen, so ist um sie besser ein Bogen zu machen.

Kaninchen ♥ Ochse
Diese Verbindung verspricht ein friedliches Zusammenleben.

Kaninchen ♥ Tiger
Ein gutes Gespann.

Kaninchen ♥ Kaninchen
Eine angenehme Verbindung zwischen zwei zärtlichen, höflichen und hochkultivierten Menschen. Der Erfolg ist vorgezeichnet.

Kaninchen ♥ Drache
Ihre Unterschiede werden sie entweder verbinden oder trennen.

Kaninchen ♥ Schlange
Große Leidenschaft sorgt für eine aufregende Verbindung!

Kaninchen ♥ Pferd
Trotz Streitigkeiten könnten sie es dennoch ganz gut miteinander aushalten.

Kaninchen ♥ Schaf
Wahre Liebe, gemeinsame Interessen, Respekt und Verständnis. Sie haben alles!

Kaninchen ♥ Affe
Das kann mit Tränen enden.

Kaninchen ♥ Hahn
Sie sind in fast jeder Hinsicht das Gegenteil.

Kaninchen ♥ Hund
Hier läuft vieles gut.

Kaninchen ♥ Schwein
Inniges Glück und sehr viele Annehmlichkeiten. Eine dauerhafte Liebe.

Liebespartner auf einen Blick

Kaninchen mit	Hinweise	Verträglichkeit
Ratte	*auf verschiedenen Wellenlängen*	♥
Ochse	*zärtlich und lieb*	♥♥♥
Tiger	*die Unterschiede schweißen zusammen*	♥♥♥
Kaninchen	*Zwillingsseelen*	♥♥♥♥
Drache	*müssen Geben und Nehmen lernen*	♥♥
Schlange	*großartiger Sex*	♥♥♥
Pferd	*schwierig, aber machbar*	♥♥
Schaf	*paradiesisch*	♥♥♥♥
Affe	*zerbrochene Herzen*	♥
Hahn	*keinerlei Gemeinsamkeiten*	♥
Hund	*gediegen*	♥♥♥
Schwein	*starke Zusammengehörigkeit*	♥♥♥♥

Verträglichkeitsstufen ♥ *Konflikt* ♥♥ *sich Mühe geben* ♥♥♥ *große Anziehung* ♥♥♥♥ *himmlisch!*

BEGEGNUNG ZWISCHEN OST UND WEST

Das Widder-Kaninchen
Die aktiven und unabhängigen Widder-Kaninchen sind gerne auf der Suche nach Gelegenheiten, was bedeutet, daß sie mehrmals in ihrem Leben die Richtung wechseln. Sie sind energiegeladener als die anderen Kaninchen, wobei sie ihre Ambitionen in gelassener und entspannter Form ausleben. Diese Menschen brauchen dringend ihren Freiraum.

Das Stier-Kaninchen
Dies sind tüchtige Menschen, die in ihrem Leben größte Aufmerksamkeit auf ihr leibliches Wohl richten und sowohl privat als auch im Beruf ein ansprechendes, kultiviertes Umfeld brauchen. Am zweitwichtigsten ist ihnen finanzielle Sicherheit.

Das Zwilling-Kaninchen
Die geselligen, allerdings schnell gelangweilten Zwilling-Kaninchen sind stets auf Anregungen angewiesen. Sie sind geschickte, beliebte Unterhaltungskünstler, deren Witz sich in einer großen Runde am besten entfalten kann.

Das Krebs-Kaninchen
Für das Krebs-Kaninchen ist das Zuhause dort, wo das Herz weilt. Außerdem fühlen sich diese Menschen ihrer Familie sehr verbunden und halten engen Kontakt mit ihren Eltern. Krebs-Kaninchen sind empfindsam, gefühlvoll, idealistisch und sehr verletzlich.

Das Löwe-Kaninchen
Die edle Haltung des Löwen und die Finesse des Kaninchens läßt diese Menschen selbstsicher, gelassen und kultiviert auftreten. Sie sind mit Charisma gesegnet, das sie sowohl bei ihren Freunden und Bekannten als auch bei ihren Kollegen außerordentlich beliebt macht.

Das Jungfrau-Kaninchen
Dies sind fähige, vielseitig praktisch veranlagte Menschen. Jungfrau-Kaninchen schätzen Genauigkeit, können aber manchmal auch zu genau sein. Ihr Ordnungssinn, ihre Tüchtigkeit und ihr methodisches Vorgehen macht sie sehr gründlich.

Das Waage-Kaninchen
Diese Mischung bringt brillante Persönlichkeiten hervor, die einen guten Geschmack haben und gerne kultiviert leben. Die anspruchsvoll charmanten, weltmännisch klugen Waage-Kaninchen sind Schmetterlinge der Gesellschaft mit feinen Manieren.

Das Skorpion-Kaninchen
Diese Kaninchen sind Kenner, und viele von ihnen zieht es zum Antiquitäten- oder Kunsthandel. Sie lassen sich nicht in die Karten sehen, doch verbirgt sich hinter ihrer kühlen Distanziertheit Gefühlstiefe und Charakterstärke.

Das Schütze-Kaninchen
Diese Kaninchen sind lebhafter, abenteuerlustiger und weniger häuslich. Sie neigen eher zur Leichtherzigkeit als zur Gefühlsseligkeit, sind optimistischer, weniger launisch und unbeschwerter. Außerdem besitzen sie Weitblick.

Das Steinbock-Kaninchen
Die praktisch veranlagten und ehrgeizigen Steinbock-Kaninchen sind extrem fleißig. Sie legen Wert auf Status, und ihr beharrlicher Einsatz wird mit entsprechenden Positionen belohnt. Sie sind nicht allzu gefühlvoll, aber zuverlässig und treu.

Das Wassermann-Kaninchen
Wassermann-Kaninchen sind extrovertierter. Es sind intelligente Menschen mit sehr viel Phantasie und Weitblick. Als Wassermänner interessiert sie mehr der Erwerb von Wissen als von Reichtum und materiellen Gütern. Aber als Kaninchen umgeben sie sich gerne mit schönen Dingen. Unweigerlich lassen sie es sich gutgehen.

Das Fische-Kaninchen
Mit seiner Sensibilität, Aufgewecktheit, Gewandheit, Freundlichkeit und Finesse sowie seinem Idealismus ist das Fische-Kaninchen ein unendlich vielschichtiges Wesen. Die Fische-Kaninchen sind künstlerisch hochtalentiert, arbeiten ungern unter Zeitdruck und bevorzugen kreative Berufe. Sie blühen in einer friedlichen, harmonischen Umgebung auf.

Berühmte Kaninchen

Diese Menschen sind für ihrer Friedfertigkeit und ihre scheinbare Sanftmut bekannt, doch darf man sie keineswegs unterschätzen. Sie können empfindsam und scheu sein, aber sie sind auch gesellig, klug und können durchaus überraschen.

Elisabeth Schwarzkopf

Viele Kaninchen sind große Kunstkenner und machen in der Musik, bildenden Kunst oder Literatur Karriere. Sie haben oft ein großes Interpretationstalent und einige, wie die Primadonna und Sopranistin Elisabeth Schwarzkopf, gelangen in der von ihnen gewählten Kunstform an die Spitze.

Arthur Miller

Dies ist ein Kaninchen, das schon für Überraschung sorgte. Dieser ruhige, kultivierte Intellektuelle, der mit Marilyn Monroe den Preis der Preise gewann, mag leicht verlegen wirken, aber Arthur Millers reserviertes Lächeln täuscht, denn hinter dieser strengen Brille versteckt sich jener leicht verwegene Blick.

Orson Welles

Kaninchen sind kultivierte, anspruchsvolle Künstler und mitunter beinahe detailversessen. Dieser Filmemacher gilt, trotz seiner wenigen Werke, als einer der größten Filmkünstler. In seinen hundertprozentig durchdachten Filmen stimmt alles bis ins kleinste Detail.

König Heinrich V.

Heinrich V. (oben als junger Prinz), der ein glänzender Führer wurde und England in der Schlacht von Agincourt zu einem Sieg über Frankreich verhalf, mag man nicht gerade für ein friedfertiges, schüchternes Kaninchen halten. Aber er war auch ein Diplomat und äußerst weltklug, denn er handelte einen Friedensvertrag aus, durch den er de facto die Macht über Frankreich erlangte. Durch seine Heirat mit Catherine von Valois, der Tochter des französischen Königs, wurde er offizieller Erbe des französischen Throns.

Billie Holiday

Lady Day, die große Blues- und Jazzsängerin, die bereits mit 18 Jahren berühmt wurde und in den besten Bigbands sang, hatte jene Kaninchenmischung von äußerlicher Unnahbarkeit und innerer Sinnlichkeit, von kühler Distanziertheit und großem Zartgefühl. Sie verfügte über tadellose Manieren und war eine imposante Erscheinung. Doch war sie den Anforderungen an ihr künstlerisches Talent nicht gewachsen, und ihre Karriere nahm durch Drogen ein frühes tragisches Ende.

Der Drache

Die Persönlichkeit des Drachen

Drachen sind mythische Wesen. Als exotisches Glückssymbol und Wahrzeichen der Macht wird der orientalische Drache stets für ein heiliges Tier gehalten, das sich völlig von dem bösartigen Ungeheuer des Westens unterscheidet. In der östlichen Philosophie wird der Drache nicht bekämpft und ermordet, sondern als Glücksbringer und Autorität angesehen, und so schätzt und achtet man die in den Drachen-Jahren geborenen Menschen dort sehr.

Jahre des Drachen

An fünfter Stelle im Zyklus folgen die Drachen-Jahre denen des Kaninchens und kehren alle zwölf Jahre wieder. Da das Datum des chinesischen Neujahrs jährlich wechselt, ist der Beginn eines jeden Drachen-Jahres im Kalender nachzusehen.

1904 * 1916 * 1928
1940 * 1952 * 1964
1976 * 1988 * 2000

Das Zeichen des Drachen

Drachen sind im wesentlichen die Freigeister des Tierkreises und tun, was sie wollen. Anpassung ist ihnen ein Greuel. Aus ihrer Sicht sind Vorschriften und Regeln für andere gemacht. Einschränkungen würden den kreativen Funken ersticken, der das Leben so reizvoll macht. Drachen müssen frei sein wie der Wind und die Wolken, die ihre Domäne sind.

Der Drache ist ein herrliches Wesen, so farbenprächtig und extravagant wie ein vergoldeter Drache in einem chinesischen Festzug. Ein Energiebündel, höchst extrovertiert, talentiert, originell und absolut nicht unterzukriegen, macht der Drache alles im großen Stil: große Ideen, große Gesten, große Ambitionen. Aber Drachen tun dies nicht aus Angabe, sie sind einfach sensationell. Und da sie Selbstvertrauen haben, enthusiastisch sind und sich vor keiner Herausforderung fürchten, haben sie fast immer Erfolg.

Drachen erreichen auf die eine oder andere Weise gewöhnlich immer den Gipfel. Doch müssen sie achtgeben, daß sie sich nicht durch zuviel Begeisterung und Schaumschlägerei vorzeitig erschöpfen und damit selbst ihre Ambitionen durchkreuzen. Auch kann sie ihr Stolz davon abhalten, Hilfe anzunehmen, die im Notfall immer für sie da ist.

Drachen tun sich durch ihre Großzügigkeit, ihren Stil und ihre pure Anziehungskraft nicht schwer, Freunde zu gewinnen, aber in ihrem Herzen können sie trotzdem recht einsam sein. Die Selbstgenügsamkeit der Drachen kann bedeuten, daß sie kein Bedürfnis nach engen Bindungen haben.

Die Daten des Drachen

Menschen, die im Jahr des Drachen geboren sind, teilen sich bestimmte Merkmale. Diese bringen jedoch lediglich den Persönlichkeitstyp auf einen kurzen Nenner. Hier die Daten und hervorstechenden Eigenschaften dieses Zeichens:

DATEN

Fünftes Zeichen des Kreises ★ Chinesischer Name – LONG, Zeichen des Glücks ★ Zeit – 7:00 bis 8:59 Uhr Monat – April ★ Westliche Entsprechung – Widder

CHARAKTERISTIKA

originell ♥ selbstsicher ♥ einfallsreich flexibel ♥ heldenmütig ♥ enthusiastisch

arrogant ✖ taktlos ✖ hitzköpfig ✖ kritisch unberechenbar ✖ aufbrausend

Oben *Der Drache ist der große Nonkonformist und charismatische Einzelgänger im chinesischen Horoskop.*

IHR ELEMENT

Die Merkmale der unter dem Zeichen des Drachen geborenen Menschen, das alle zwölf Jahre wiederkehrt, werden von den fünf chinesischen Elementen – Metall, Wasser, Holz, Feuer, Erde – variiert, deren 5-Jahres-Zyklus den ursprünglichen 12-Jahres-Zyklus überlagert.

DER METALL-DRACHE 1940 UND 2000

Sie sind ehrlich, aber intolerant, mutig, aber stur und ebenso direkt wie insensibel. Diese Drachen besitzen nicht nur Feuer, sondern auch extremen Trotz. Metall-Drachen gelingt alles durch Mut und Widerstandskraft. Sie sind knallhart und respektieren nur diejenigen, die sich ihnen gegenüber behaupten können, schwächere Mitmenschen werden von ihnen kurz abgefertigt. Sie erweisen sich als starke Verbündete und scharfe Gegner. Metall-Drachen können sich allein kraft ihrer Persönlichkeit durchsetzen. Ihr Tatendrang kennt keine Grenzen und alles läuft bestens, solange sie sich für etwas einsetzen, hinter dem sie hundertprozentig stehen. Sie übernehmen gerne und meist mit Erfolg die Führung, und sollten sie trotz ihres Charismas keine Unterstützung finden, kämpfen sie auch allein.

DER WASSER-DRACHE 1952 UND 2012

Das Wasser übt eine beruhigende Wirkung auf das verwegen feurige Temperament des Drachen aus. Es vermag zwar nicht das Drachenfeuer zu löschen, befähigt den Drachen aber zu größerer Besonnenheit und macht ihn verständnisvoller und kooperativer. Da diese Drachen die Kunst der Geduld beherrschen und nicht so dringend wie die anderen Drachen im Mittelpunkt stehen wollen, können sie eher Distanz halten und Situationen objektiv einschätzen. Daher urteilen sie klug und sind eher bereit, andere als ebenbürtig anzusehen. Trotzdem können ihnen Unternehmungen mißlingen, wenn sie sich zu oberflächlich informieren und neue Projekte starten, bevor sie die begonnenen zu Ende geführt haben.

DER HOLZ-DRACHE 1904 UND 1964

Das Holz wirkt sich mäßigend aus und bringt auch praktische Veranlagung und Vorstellungskraft mit sich. Die offenen und wißbegierigen Holz-Drachen diskutieren gerne neue Vorhaben und sind anderen Standpunkten gegenüber aufgeschlossen. Sie sind kreativ, erfinderisch sowie geschickt und schätzen die Kunst an sich. Holz-Drachen sind im allgemeinen weniger egoistisch als die anderen Drachen und mit ihrer besonderen Umgänglichkeit haben sie alles, was sie brauchen, um ein erfolgreiches, zufriedenes Leben zu führen. Auch mangelt es ihnen nicht an Freimütigkeit, doch können sie sich manchmal, selbst noch im freundschaftlichsten Gespräch oder kooperativsten Unterfangen, etwas zu sehr auf das letzte Wort versteifen.

DER FEUER-DRACHE 1916 UND 1976

Der Feuer-Drache verfügt über eine Kraft, die man wahrlich nicht übersehen kann. Er hat Energie für zwei und strotzt nur so vor Unternehmungslust. Der Feuer-Drache kann binnen weniger Augenblicke von Null auf Hundert sein. In einer Beziehung ist der Feuer-Drache immer sein eigener Feind: Diese Drachen sind einfach der Überzeugung, daß sie superwichtig sind und immer recht haben. Wenn sie wirklich recht haben, ist ihre Mischung aus Begeisterung und Kraft äußerst nützlich. Aber obwohl sie Objektivität schätzen, ziehen sie manchmal einfach die falschen Schlüsse. Wenn sie ihr Temperament, ihre Leidenschaft und ihren Kampfgeist allerdings in den Griff bekommen, können sie großen Einfluß auf andere haben.

DER ERDE-DRACHE 1928 UND 1988

Die konsequenten und nüchternen Erde-Drachen haben Organisationstalent und sind ausgezeichnete Manager. Auch sie wollen, ganz drachengemäß, das Sagen haben und bewundert werden, aber sie sind zugänglich und kooperativ und im Vergleich zu den anderen Drachen weniger geneigt, Feuer zu speien oder bei der geringsten Provokation wie ein Vulkan in die Luft zu gehen. Erde-Drachen arbeiten in ihrem Leben hart und zielstrebig, um ihre Ziele zu erreichen. Das Erde-Element fügt dem Drachencharakter ein vernünftiges und realistisches Moment hinzu, und mit einer größeren Portion Selbstbeherrschung erwirbt sich der Erde-Drache den Respekt, den er verdient. Im Leben und in der Liebe nehmen diese Drachen ihre Verantwortung ernst.

Gesundheit und Wohnen

Gesundheit und Konstitution

Drachen strotzen vor Gesundheit, obwohl sie ständig auf Hochtouren laufen, mit ihren Kräften Raubbau treiben und äußerst abenteuerlustig sind. Sie gehören zwar zu den robustesten unter den Tierzeichen, doch kann Streß auch sie krank machen. Sie leiden häufig unter Spannungskopfschmerzen und wegen ihrer leichten Erregbarkeit oftmals unter Depressionen oder hohem Blutdruck. Wenn sie allerdings Ordnung in ihr Leben bringen und Übungen machen, die sie sowohl geistig als auch körperlich beruhigen, können sie ihre hitzige Natur gut in den Griff bekommen.

Der Drache zu Hause

Drachen sind nicht gerade die häuslichsten Wesen und fühlen sich in der weiten Welt meist wohler als am heimischen Herd. Trotzdem sorgen ihre Kreativität und ihr ästhetischer Sinn dafür, daß sie ihre Wohnung, die ihren extravaganten Charakter erkennen läßt, eindrucksvoll einrichten. Das Zuhause des Drachen sollte ebenso imposant sein wie sein Charakter und ihm für seinen „feurigen Atem" genügend Platz bieten.

Karriere und Wohlstand

Der Drache im Beruf

Unter den vielen Talenten des Drachen ragt am stärksten seine Originalität hervor. Der Drache ist ausgesprochen kreativ und ein genialer Querdenker, der auch dort noch Wege findet, wo andere nur Mauern sehen. Drachen sind äußerst flexibel und für viele Berufe geeignet, besonders wenn sie im Rampenlicht stehen können. Und wofür sich der unternehmungslustige Drache auch entscheiden mag, er wird auf diesem Gebiet neue Wege gehen. Drachen sind tüchtig, aber sie arbeiten nicht gerne unter Anweisung. Sie sollten Berufe meiden, die sehr viel Routine beinhalten und sich statt dessen auf eine Arbeit konzentrieren, bei der ihre Selbständigkeit gefordert ist.

Das Geld und der Drache

Bei Drachen sitzt das Geld locker, aber sie sind zu anderen genauso großzügig wie zu sich selbst. Das Wort „Vorrat" sagt ihnen gar nichts, und sie haben auch kein Interesse daran, Geld zu horten. Viele Drachen werden mit ihrem Kapital bereitwillig große Risiken eingehen und manchmal auf ihr letztes Hemd setzen – und es verlieren. Sie haben jedoch etwas Midasähnliches an sich, deshalb kommt es selten vor, daß ein Drache über längere Zeit pleite ist. Drachen verhalten sich in finanziellen Angelegenheiten offen und ehrlich, und man kann ihnen immer trauen.

Links *Meditation und Yoga vermögen den überaktiven Drachen zu beruhigen und Streß vorzubeugen.*

Berufe für Drachen

Alle Menschen, die im Jahr des Drachen geboren sind, haben nicht nur ähnliche Begabungen, sondern auch ähnliche Ziele und Ambitionen im Leben. Hier die Berufe, die am besten zur Mentalität und zu den Fähigkeiten des Drachen passen:

Drachen sind ausgezeichnete

Informatiker ★ Erfinder
Ingenieure ★ Architekten
Rechtsanwälte
Philosophen
Psychoanalytiker
Börsenmakler ★ Manager
Verkäufer ★ Pressesprecher
Werbefachleute
Offiziere ★ Wahlwerber
Politiker

Passende Geschäftspartner

Ob sich Drachen ständig mit ihren Geschäftspartnern überwerfen oder gut mit ihnen zurechtkommen, hängt, wie in allen ihren Beziehungen, davon ab, ob die Tierzeichen harmonieren oder nicht. Sehr nützlich ist außerdem die Beachtung der Elementeverträglichkeit.

Drachen des Elements	vertragen sich mit	vertragen sich nicht mit
Metall	*Erde-Schlangen*	*Feuer-Tigern*
Wasser	*Metall-Affen*	*Erde-Schafen*
Holz	*Wasser-Hähnen*	*Metall-Ochsen*
Feuer	*Holz-Ratten*	*Wasser-Kaninchen*
Erde	*Feuer-Drachen*	*Holz-Hähnen*

Freizeit und Hobby

Vorlieben und Abneigungen

DRACHEN MÖGEN

Bevorzugte Farbe
Blaugrün

Edel- und Halbedelsteine
Opal, Saphir, Bernstein

Passende Geschenke
Tarotkarten, Kamera, Funkspielzeug, I Ging-Ausgabe, Spiegel, Familienemblem, Funktelefon

Hobbys und Zeitvertreib
Springreiten, Computerprogrammieren, Reden halten, Fossilien suchen, Astrologie

Genauso wie die unter denselben Tierzeichen geborenen Menschen Charakterzüge und Lebenseinstellungen teilen, haben sie auch einen ähnlichen Geschmack. Begegnen sich zwei Drachen, werden sie rasch viele gemeinsame Vorlieben und Abneigungen feststellen.

DRACHEN MÖGEN NICHT

Herumkommandiert werden

überflüssige Bürokratie

wenn sie als Schwärmer hingestellt werden

Menschen, die nicht hundertprozentig bei der Sache sind

Der Drache im Urlaub

Drachen zieht es zum Außergewöhnlichen, Unkonventionellen und Bizarren hin. Kein Drache, der etwas auf sich hält, würde auf normalen touristischen Pfaden wandeln wollen. Vielmehr gefallen ihm abgelegene Ziele, und nahe Orte müssen zumindest unbekannt sein. Drachen mögen (und brauchen) jedoch auch den Nervenkitzel, den sie etwa im improvisierten Winterurlaub beim Skilaufen finden. Im Sommer gehen sie dann vielleicht Steilwandklettern, Paragleiten oder Drachenfliegen. Oder sie bestehen eine Mutprobe und setzen sich in die größte Achterbahn des Landes. Und weil das Geheimnisvolle sie anzieht, wären die Weltwunder oder die Besichtigung eines Naturwunders passende Reiseziele, die sie über die Kühnheit des Menschen staunen ließen. Andererseits sind Drachen aber auch sehr gefühlvoll, so daß ihnen das Wiederaufsuchen der Stätten ihrer Kindheit oder zweite Flitterwochen ebenfalls sehr gefallen dürften.

Geeignete Freunde

Obwohl jeder Mensch einmalig ist, machen die chinesischen Astrologen bezüglich der miteinander verträglichen und sich feindlich gegenüberstehenden Tiere präzise Angaben. Drachen möchten vielleicht gerne wissen, welche Zeichen für eine dauerhafte Freundschaft besonders vielversprechend sind und welche eher aufreiben.

BESTE FREUNDE	TODFEINDE
Ratten *Affen*	*Hunde*

Freunde und Feinde

Drachen sind immer gerne gesehen, aber wegen ihrer starken Persönlichkeit scheinen sie es meistens fertigzubringen, genausoviel Kritik wie Bewunderung auf sich zu ziehen. Mit ihrer stürmischen Art und ihrem hitzigen Temperament sind Drachen für empfindlichere oder schüchternere Gemüter sicherlich nicht die angenehmsten Freunde. Aber wer Drachen kennt und schätzt, wird sie wohlwollend, freundlich und verläßlich finden und in ihnen in schwierigen Zeiten großartige Verbündete haben. Diese dynamischen Wesen sind keine Schönwetterfreunde, und haben sie einmal ihre Treue gelobt, so nehmen sie dies sehr ernst.

In der Drachenphilosophie ist ein Freund ein Freund fürs Leben. Die von Grund auf ehrlichen Drachen sind für ihre Integrität bekannt und insgesamt äußerst gutgläubig. Daß andere weniger moralisch handeln könnten, kommt ihnen kaum in den Sinn. Müssen sie dann erleben, daß sie jemand betrogen hat, macht sie das zwar recht traurig, aber auch um einiges lebensklüger.

RECHTS *Was der Drache im Urlaub auch unternimmt, es ist ziemlich abenteuerlich und ungewöhnlich.*

Elternschaft und Nachwuchs

Da Drachen intensiv mit dem Erklimmen der Karriereleiter beschäftigt sind, sich gerne einen Namen machen und finanziell abgesichert sein möchten, schieben sie ihren Kinderwunsch oft auf die lange Bank. Im Vergleich zu den anderen chinesischen Zeichen fällt ihnen die Elternschaft nicht ohne weiteres zu, und sie vergessen schon mal, daß auch der Zug für eine Familiengründung einmal abgefahren sein kann. Wenn Drachen jedoch Kinder bekommen, dann widmen sie sich dieser Aufgabe mit der für sie typischen Begeisterung. Sie sind auf ihren Nachwuchs genauso stolz wie auf sämtliche ihrer Errungenschaften, und sie preisen die Talente, Leistungen, hervorragenden Schulzeugnisse und natürlich das reizende Aussehen ihrer großartigen Sprößlinge, wo sie nur können.

Drachen sind bekanntlich äußerst großzügig und überschütten ihre Kinder mit Spielzeug, Bastelmaterial, Sportausrüstungen und Taschengeld. Man sagt, sie würden ihre Kinder lieber materiell belohnen als mit ihnen viel Zeit zu verbringen. Doch letztlich nehmen die Drachen ihre elterliche Verantwortung ernst. Sie sind freundlich, aber streng, hinsichtlich der Zukunft ihrer Kinder ambitioniert und um ihr Wohl besorgt. Sollte es Probleme geben oder den Kindern ein Mißgeschick widerfahren, wird der Drache sein metaphorisches Schwert ziehen und in Racheengelmanier das Übel beseitigen.

Der Drache im Baby- und Kindesalter

Wie die erwachsenen Drachen besitzen auch die Kinder, die im Jahr des Drachen geboren sind, einen vielseitigen Charakter und persönliche Größe. Diese von Anfang an selbständigen Kleinen tun bald ihre Bedürfnisse und breitgefächerten Interessen kund. Es lohnt sich, die reiche Phantasie dieser übermütigen Sprößlinge schon früh zu fördern. Aber gerade diese Phantasie und ein starker Erkundungsdrang können die jungen Drachen in ihrer Schulzeit sehr oft in Schwierigkeiten bringen, da ihr Unternehmungsgeist leicht mißverstanden wird und sie oftmals für frech oder hyperaktiv gehalten werden. Manchmal sind Drachen-Kinder Einzelgänger, die sich in ihre eigene Phantasiewelt zurückziehen.

Wie dem auch sei, Drachen-Kinder brauchen besondere Aufmerksamkeit und Fürsorge, um sich gut zu entwickeln. Man sollte ihr kreatives Talent fördern, indem man ihnen beispielsweise Privatunterricht in den Fächern, in denen sie eine besondere Begabung zeigen, geben läßt.

Eltern/Kind-Beziehung des Drachen

Manche Eltern haben mit der Persönlichkeit ihrer Kinder keine Probleme. Bei anderen scheint, bei aller Liebe zu ihren Kindern, die Wellenlänge einfach nicht zu stimmen. Hier die Verträglichkeitsgrade zwischen Drachen-Eltern und ihrem Nachwuchs.

Drachen mit	Im Zusammenleben	Verträglichkeit
Ratte	*Man ist sehr stolz aufeinander*	✓✓✓✓
Ochse	*wenig Verständnis*	✓
Tiger	*viel Abenteuer*	✓✓✓
Kaninchen	*entgegengesetzte Standpunkte*	✓
Drache	*wie der Vater so der Sohn*	✓✓✓✓
Schlange	*kaum Probleme*	✓✓✓✓
Pferd	*verschiedene Haltungen*	✓✓
Schaf	*zu empfindlich*	✓
Affe	*beidseitig erfüllend*	✓✓✓✓
Hahn	*ab und zu Krach*	✓✓✓
Hund	*Es gibt Schwierigkeiten*	✓
Schwein	*lieb, aber schwierig*	✓✓

Wertungen ✓ konfliktgeladen ✓✓ einige Schwierigkeiten ✓✓✓ gutes Auskommen miteinander ✓✓✓✓ dieselbe Wellenlänge

Unten *Drachen erweisen sich in ihrer Vielseitigkeit als großzügige und stolze Eltern, die viel mit ihrem Nachwuchs vorhaben.*

Gegenüber *Drachen können einen wirklich auf die Palme bringen, doch muß man sie wegen ihrer vielen guten Seiten einfach mögen.*

Partner und Ehegatten

Wenn man mit der negativen Seite beginnt: Der Drache ist ein vollendeter Egoist und ein das Rampenlicht liebender Angeber, Bescheidenheit ist nicht seine Stärke. Von allen chinesischen Tieren besitzt er den größten Jähzorn. Drachen können dogmatisch, tyrannisch und auftrumpfend sein. Sie hassen Ratschläge, sind mit ihrem Tadel schnell bei der Hand und können ihren Partnern gegenüber hoffnungslos taktlos und unsensibel sein.

Unwiderstehliche Anziehung

Warum liebt man die Drachen dann so sehr? Weil sie herzlich, großzügig, charismatisch und unwiderstehlich attraktiv sind. Außerdem besitzen sie soviel Mut und Stärke, daß man an ihrer Seite keine Angst kennt. Ihr unverwüstlicher Optimismus läßt selbst noch am grauesten Tag die Sonne scheinen, und ihre Begeisterung ist absolut ansteckend. Sie sind kühn und direkt und verhelfen anderen dazu, ihre Träume zu realisieren. Man liebt die Drachen deshalb, weil man sich in ihrer Nähe einfach wohler fühlt.

Drachen verlieben sich auf den ersten Blick, geben aber selten ihre Unabhängigkeit auf. Viele von ihnen sind entschiedene Singles. Dennoch vermag ein intelligenter, geistreicher und amüsanter Partner einen Drachen durchaus zur Eheschließung zu reizen. Und hat sich ein Drache gebunden, ist es sehr unwahrscheinlich, daß er jemals untreu wird.

Der Liebespartner des Drachen

Als Partner eines Drachen muß man hart im Nehmen, klug und äußerst gelassen sein, denn trotz ihrer Sentimentalität können sie grob, launisch und ausgesprochen gefühllos sein. Viele suchen vor dem Jähzorn des Drachen das Weite.

Das System der chinesischen Astrologie informiert uns über die Erfolgschancen unserer Beziehungen, indem es aussagt, welche Tiere harmonieren und welche nicht. Dies gilt für alle Beziehungen im Leben, einschließlich der beruflichen. Ehen werden im Himmel geschlossen, heißt das Sprichwort, aber auch wenn der Himmel die Richtung weist, liegt der Rest an uns. Der Kasten rechts zeigt, wie sich andere Tiere für eine Liebesbeziehung mit dem Drachen eignen.

LIEBESPARTNER

DRACHE ♥ RATTE
Ein ausgezeichnetes Gespann – viel Leidenschaft, geistige Verbundenheit und gegenseitiges Verständnis.

DRACHE ♥ OCHSE
Sturheit auf der ganzen Linie. Wo bleibt das gegenseitige Geben und Nehmen?

DRACHE ♥ TIGER
Eine mutige Kombination, bei der einiger Krach die Leidenschaft nährt.

DRACHE ♥ KANINCHEN
Ihre Unterschiede werden sie entweder verbinden oder trennen.

DRACHE ♥ DRACHE
Wenn sie lernen, sich das Rampenlicht zu teilen, steht ihnen die Welt offen.

DRACHE ♥ SCHLANGE
Klug und patent, attraktiv und schlagfertig, sie passen zusammen wie zwei Teile eines Puzzles.

DRACHE ♥ PFERD
Starke sexuelle Anziehung führt sie zusammen. Bringen Sie Verständnis füreinander auf, dann läuft die Partnerschaft spitze.

DRACHE ♥ SCHAF
Trotz der sexuellen Anziehung passen sie auf lange Sicht nicht zusammen.

DRACHE ♥ AFFE
Sie denken ähnlich und verstehen sich gut: eine glückverheißende, erfolgreiche Verbindung.

DRACHE ♥ HAHN
Diese beiden prächtigen Geschöpfe sind ein großartiges Paar, aber ihre Dominanz steht ihnen gerne im Weg.

DRACHE ♥ HUND
Ein wirklich stürmisches Verhältnis: wenig Aussicht auf Seelenfrieden.

DRACHE ♥ SCHWEIN
Eine warmherzige, ausgewogene und glückliche Partnerschaft.

LIEBESPARTNER AUF EINEN BLICK

DRACHEN MIT	HINWEISE	VERTRÄGLICHKEIT
Ratte	*im siebten Himmel*	♥♥♥♥
Ochse	*Die anfängliche Zuneigung endet abrupt*	♥
Tiger	*ein dynamisches Duo!*	♥♥♥
Kaninchen	*Geben und Nehmen lernen*	♥♥
Drache	*entweder der Himmel oder die Hölle*	♥♥
Schlange	*Spiegelbilder*	♥♥♥
Pferd	*großartiger Sex*	♥♥♥
Schaf	*andere Schicksale*	♥
Affe	*höchst erfrischende Beziehung*	♥♥♥♥
Hahn	*niemals langweilig*	♥♥
Hund	*Schadet Ihrer Gesundheit*	♥
Schwein	*sehr angenehm*	♥♥♥

VERTRÄGLICHKEITSSTUFEN ♥ *Konflikt* ♥♥ *sich Mühe geben* ♥♥♥ *große Anziehung* ♥♥♥♥ *himmlisch!*

BEGEGNUNG ZWISCHEN OST UND WEST

Der Widder-Drache
Diese sonnigen Drachen haben oft Glück. Sie laufen äußerst gerne auf Hochtouren und packen ihre Tage so voll es geht. Widder-Drachen sind Aufsteiger und bekommen meistens das, was sie wollen.

Der Stier-Drache
Der Stier erdet den Drachen, verleiht ihm Zielstrebigkeit und Ausdauer. Stier-Drachen legen sich für ihr leibliches Wohl und einen hohen Lebensstandard konsequent ins Zeug, da beides für ihr Wohlbefinden wichtig ist.

Der Zwilling-Drache
Diese Drachen sind Lebenskünstler, die Geselligkeit mögen und es am liebsten haben, wenn sie im Mittelpunkt stehen. Sie können ohne weiteres mehrere Gespräche gleichzeitig führen, doch bleiben sie dabei eher oberflächlich.

Der Krebs-Drache
Krebs-Drachen haben einen guten Geschmack und sind auf die eine oder andere Weise sehr kunstbegabt, was man an ihren Wohnungen sieht. Mit ihrer Warmherzigkeit und Einfühlsamkeit sind sie die am wenigsten eigennützigen Drachen, und für ihr Glück ist eine enge Beziehung und ein geregeltes häusliches Leben entscheidend.

Der Löwe-Drache
Der Löwe ist sowohl der König der Tiere als auch der Herrscher des westlichen Tierkreises. Der Drache ist das Zeichen des Kaisers, des dynastischen Herrschers. Löwe-Drachen haben einen natürlichen Adel und sind die geborenen Führer. Sie sind extravagant und unübertreffliche Angeber, doch macht ihre Wärme und Lebensfreude sie unwiderstehlich attraktiv.

Der Jungfrau-Drache
Den Jungfrau-Drachen ist sehr an Status und Prestige gelegen, und sie sind bereit, dafür hart zu arbeiten. Im Leben dieser ordentlichen und tüchtigen Menschen bleibt nichts dem Zufall überlassen. Sie planen alles ganz genau. Die Neigung der Drachen zur Launenhaftigkeit ist hier durch eine geregelte, praktisch orientierte Lebensführung gezügelt.

Der Waage-Drache
Waage-Drachen haben Klasse, sie sind kultiviert und elegant. Charme ist einer ihrer größten Vorzüge und zieht ihre Mitmenschen magnetisch an. Die Waage stoppt den impulsiven Drachen, und Waage-Drachen sind Fürsprecher des Volkes und große Verfechter des Fair play.

Der Skorpion-Drache
Die vielseitigen und exotischen Skorpion-Drachen sind energiegeladene Menschen mit sagenhaftem Feuereifer und großer Gefühlstiefe. Sie sind immer ganz bei der Sache. Wenn sie lieben, dann tun sie dies ausschließlich und erwarten dasselbe von ihrem Partner.

Der Schütze-Drache
Auch wenn der Schütze-Drache seine offene, direkte Art mit der besten Absicht auslebt, kann er mitunter gefühllos sein. Die Begeisterung dieser impulsiven, bisweilen indiskreten Drachen reißt alles und jeden mit. Ihre durch und durch optimistische Lebenshaltung ist einfach ansteckend.

Der Steinbock-Drache
Diese praktischen, tüchtigen und nüchternen Drachen wollen den Erfolg. Sie werden unablässig arbeiten, um den Gipfel langsam, aber sicher zu erklimmen. Für sie steht die Liebe und Romantik an zweiter Stelle, aber wenn sie sich einmal entschieden haben, sind sie äußerst zuverlässige und pflichtbewußte Partner.

Der Wassermann-Drache
Diese ausgefallenen, idealistischen, weitsichtigen und unkonventionellen Drachen lieben das Brandneue. Sie sind vor allem Intellektuelle, individualistisch und exzentrisch und ihrer Zeit voraus. Großzügig und tolerant, werden sie von allen geliebt.

Der Fische-Drache
Da sich hier der forschen Art des Drachen die Empfindsamkeit der Fische hinzugesellt, sind diese Drachen zwar lebhaft und feurig, aber weniger egozentrisch und den Bedürfnissen anderer gegenüber aufgeschlossener. Doch hat unter diesem scheinbar gelassenen Äußeren der Drache das Sagen.

Berühmte Drachen

Drachen tun, was sie wollen. Sie sind selbstbewußt und fürchten sich vor keiner Herausforderung. Diese herzlichen, energiegeladenen und charismatischen Menschen werden geliebt, bewundert und umschwärmt, aber sie können im Innersten Einzelgänger sein.

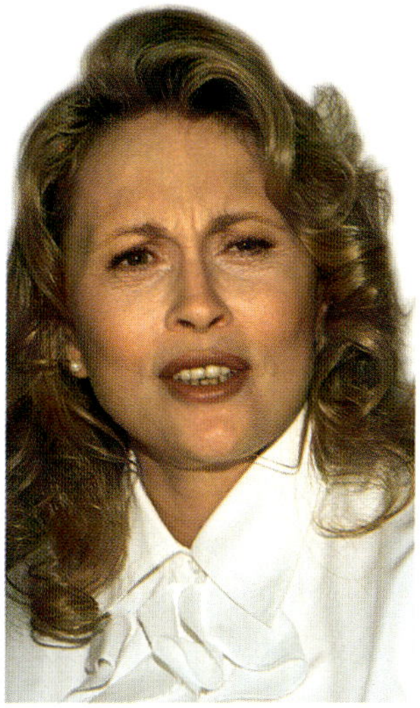

Faye Dunaway

Die amerikanische Schauspielerin wurde mit drachentypischer Rasanz schlagartig berühmt, als sie 1967 in ihrem ersten großen Film „Bonnie and Clyde" in der Rolle der temperamentvollen Bonnie glänzte. Während ihrer etwas exzentrischen Karriere ist sie ihren eigenen Weg gegangen und landete nicht in Hollywoods Schoß. Sie war stets unberechenbar und nahm nur ausgesuchte Rollen an.

Jeanne d'Arc

Sie war eine der außergewöhnlichsten Frauen in der Geschichte und hatte sich mit solcher Leidenschaft und Hingabe in den Dienst ihrer Sache gestellt, daß sie selbst den Tod nicht fürchtete. Jeanne d'Arc hatte das Charisma, ganze Armeen gestandener Männer anzuführen. Diese junge Frau war der Drache der Drachen.

Pele

Der international bekannte Fußballspieler Edson Arantes do Nascimento, kurz Pele genannt, bewies über zwanzig Jahre lang in unzähligen Spielen seine Drachenbrillanz. Während seiner Karriere schoß er über 1 200 Tore und in seinem Heimatland Brasilien wird er heute als Nationalheld verehrt.

Sarah Bernhardt

Die im Jahr des Drachen geborene französische Schauspielerin gehört zu den ganz Großen in der Welt des Theaters. Sie schlug mit ihrer großen Bühnenpräsenz die Zuschauer in ihren Bann und war in Europa und in den Vereinigten Staaten in ihren tragischen Rollen sehr gefragt. Selbst nachdem ihr Bein amputiert worden war, tourte sie durch den Westen und leistete vor stets vollen Häusern Erstaunliches.

Paul Getty

Der berühmte Milliardär und Präsident der Getty Oil Company hatte das Erfolgstalent des Drachen. Als Liebhaber schöner Dinge trug er eine erstaunliche Kunstsammlung zusammen, in der der drachentypische Hang zum stets Größten und Besten gänzlich zum Ausdruck kommt. Als Wasser-Drache besaß er ein gutes Urteilsvermögen, was sich zweifelsfrei auszahlte. Das Getty Museum gehört zu den angesehendsten Kunstgalerien der Welt.

Die Schlange

Die Persönlichkeit der Schlange

In China hält man seit alters eine Schlange im Haus für ein gutes Omen, da dies kontinuierlichen Wohlstand bedeutet. Mag dies nun an ihrer Geschäftstüchtigkeit, an ihrem intuitiven Verhandlungstalent oder ihrer geschickten Sparsamkeit liegen, um die Schlangen herum sammelt sich einfach Reichtum an. So erstaunt ihre Rolle als Schatzhüter überhaupt nicht. Doch muß sich der Wohlstand nicht nur auf den materiellen Reichtum beziehen, er kann auch metaphorische Bedeutung haben und auf die Klugheit und das tiefe Verständnis der Schlangen verweisen.

Jahre der Schlange

An sechster Stelle im Zyklus folgen die Schlangen-Jahre denen des Drachen und kehren alle zwölf Jahre wieder. Da das Datum des chinesischen Neujahrs jährlich wechselt, ist der Beginn eines jeden Schlangen-Jahres im Kalender nachzusehen.

1905 * 1917 * 1929
1941 * 1953 * 1965
1977 * 1989 * 2001

Oben *Ruhig und unscheinbar, doch im entscheidenden Moment blitzschnell aktiv, wirkt die Schlange mysteriös.*

Das Zeichen der Schlange

Unter den astrologischen Zeichen ist die Schlange die Philosophin und Mystikerin, sie ist einfühlsam, intuitiv, und man sagt ihr übersinnliche Kräfte nach. Schlangen sind unbestreitbar attraktiv. Dies liegt nicht nur an ihrem ausgesprochenen Schick, ihrer kultivierten Weltoffenheit und ihrer selbst in schwierigen Situationen gelassenen Art, sondern auch an ihrer Unergründlichkeit. Wer kann schon einem Geheimnis widerstehen?

Ein Einzelkämpfer

Die Schlange ist in ihrer ruhigen, gelassenen und reservierten Art ein Einzelkämpfer, der sich nicht gern in die Karten schauen läßt. Schlangen sind geborene Strategen. In ihrer geheimnisvollen bis unscheinbaren Art bahnen sie sich mit großem Geschick ihren Weg und nehmen dabei nicht immer Rücksicht auf andere. Ihr Verstand arbeitet unentwegt - entweder sind diese Menschen mit schwierigen, abstrakten Themen beschäftigt oder mit genauen Planungen für die nächsten Unternehmungen.

Schlangen sind nicht gerade kommunikativ, vor allem nicht auf einem oberflächlichen, alltäglichen Niveau. Dafür konzentrieren sie sich auf ihre intuitiven Kräfte, durch die sie viel erreichen. Im Geschäftsleben sind Schlangen für einige Überraschungen gut, denn sie spielen nicht immer mit offenen Karten. Schlangen sind trotz ihres durchaus logischen Verhaltens unberechenbar. Sie halten andere offensichtlich gerne auf Distanz, allerdings können sie in der Liebe äußerst besitzergreifend sein.

Die Daten der Schlange

Menschen, die im Jahr der Schlange geboren sind, teilen sich bestimmte Merkmale. Diese bringen jedoch lediglich den Persönlichkeitstyp auf einen kurzen Nenner. Hier die Daten und hervorstechenden Eigenschaften dieses Zeichens:

DATEN

Sechste im Tierkreis ★ Chinesischer Name – SHE, Zeichen der Klugheit ★ Zeit – 9:00 bis 10:59 Uhr ★ Monat – Mai Westliche Entsprechung – Stier

CHARAKTERISTIKA

feinsinnig ♥ klug ♥ geschickt ♥ diskret weise ♥ mitfühlend

stolz ✖ träge ✖ manipulativ ✖ eitel berechnend ✖ besitzergreifend

IHR ELEMENT

Neben den zwölf Tierzeichen, die jeweils alle zwölf Jahre wiederkehren, spielen auch die fünf chinesischen Elemente eine Rolle. Das bedeutet, daß der ursprüngliche 12-Jahres-Zyklus von einem 5-Jahres-Zyklus überlagert wird. Nach dem chinesischen Horoskop werden die wesentlichen Persönlichkeitsmerkmale zwar vom Tierzeichen des Geburtsjahres bestimmt, aber diese Charakteristika treten in jeder Schlangen-Generation je nach dem gerade herrschenden Element in etwas anderer Form auf.

DIE METALL-SCHLANGE 1941 UND 2001

Die vom Metallelement beeinflußten Schlangen sind besonders willensstark und zugleich scharfe Beobachter. Mit ihrem angeborenen Hang zum Luxus wissen sie geschickt die Gelegenheiten abzupassen, die ihnen die Erfüllung ihrer Herzenswünsche ermöglichen. Diese Schlangen verstehen es, sich so rasch und unauffällig durchzusetzen, daß man erst hinterher bemerkt, was passiert ist. Geld spielt für die Metall-Schlangen zwar eine Rolle, doch rangiert es bezüglich der Annehmlichkeiten des Lebens an zweiter Stelle. Obwohl Metall-Schlangen aufgeschlossen und mitunter auch großzügig sein können, neigen sie intuitiv zum Einzelgängertum.

DIE WASSER-SCHLANGE 1953 UND 2013

Wasser-Schlangen können aufgrund ihrer hochentwickelten Intuition und ihrem großen psychologischen Wissen sehr hellsichtig sein. Sie sind äußerst praktisch veranlagt und kombiniert mit ihrer Intellektualität liegt ihre Stärke im Management und in der Verwaltung. Wasser-Schlangen sind sehr geschäftstüchtig, zielstrebig und legen sich für ihre Hauptambitionen stark ins Zeug. Diese Schlangen arbeiten noch mehr als die anderen Elementeschlangen im Verborgenen. Und obwohl diese Menschen einen Hang zur Verschwiegenheit haben, ist ihr Verhalten ihrer Familie und ihren Freunden gegenüber stets offen, und ihre Treue ist in aller Munde.

DIE HOLZ-SCHLANGE 1905 UND 1965

Holz-Schlangen dürften die freundlichsten, umgänglichsten und altruistischsten unter den Elementeschlangen sein, weil sie nicht ganz so narzißtisch veranlagt sind. Das Holzelement sorgt für Ausgeglichenheit und macht diese Schlangen familiär und häuslich. Sie haben, obwohl sie ein ruhiges Leben schätzen, einen großen Bekanntenkreis, und ihre Meinung gilt sowohl in der Familie als auch bei den Freunden etwas. Holz-Schlangen sollten lernen, auch einmal einen Rat anzunehmen, statt mit allem alleine fertigwerden zu wollen. Sie besitzen den scharfen Verstand der Schlangen, großes Einfühlungsvermögen und sind sehr hilfsbereit. Viele setzen ihr Wissen zum Wohl der Menschheit ein und beweisen auf diesem Gebiet ihre Führungsqualitäten. Außerdem verfügen sie über einen ausgezeichneten Geschmack und ein hervorragendes Urteilsvermögen.

DIE FEUER-SCHLANGE 1917 UND 1977

Feuer-Schlangen haben eine charismatische Anziehungskraft und sind zudem ziemlich direkt, ehrgeizig und extrovertierter als die anderen Schlangen. Das Feuer sorgt für mehr Energie und Selbstvertrauen, und diese Schlangen haben in vielerlei Hinsicht das Zeug für einflußreiche Positionen. Durch ihre Ausdauer und ihre Überzeugungskraft haben sie einen starken Einfluß auf andere Menschen. Wie viele Schlangen besitzen sie einen guten, wenn auch oft trockenen und versteckten Humor, der ihre Härte ausgleicht. Der Wunsch nach Ruhm und Macht läßt sie meist rasch aufsteigen, und sie können ziemlich egozentrisch sein und sich schwertun, anderen Menschen Vertrauen oder Respekt entgegenzubringen.

DIE ERDE-SCHLANGE 1929 UND 1989

Aufgrund ihres konsequenten und nüchternen Verhaltens leiden Erde-Schlangen nicht unter dem für so viele Schlangen typischen Verfolgungswahn. Folglich treten sie entspannter und offener auf und sind gutgläubiger und netter, wenn nicht gar rücksichtsvoller und ehrlicher als ein Großteil der Schlangen. Sie mögen weniger risikofreudig sein, doch haben sie, wie alle Schlangen, einen Hang zum Geld und werden in der Welt der Hochfinanz durch vernünftige Investitionen statt durch riskante Einsätze Erfolg haben. Diese Schlangen sind tüchtig und zuverlässig. Ihre größte Stärke ist jedoch ihre Klugheit.

Gesundheit und Wohnen

Gesundheit und Konstitution

Schlangen brauchen viel Zeit und Freiraum für sich. Sie neigen zu Streßbeschwerden, wenn sie zu Hast und Eile gezwungen sind. Um laute, chaotische Situationen sollten sie am besten einen Bogen machen, denn diese bringen sie durcheinander und nehmen sie nervlich mit. Diese Menschen brauchen besonders viel Ruhe. Es mag ja durchaus Menschen geben, die ab und zu gerne der Gefahr ins Auge blicken und den damit verbundenen Adrenalinstoß brauchen, Schlangen jedoch ganz und gar nicht. Schlangen sollten niemals mit ihren Kräften Raubbau treiben, für sie ist viel Erholung und Schlaf der Schlüssel zu einem langen Leben.

Die Schlange zu Hause

Im Haushalt der Schlangen überwiegt Eleganz: von den Möbeln bis zu den Tapeten, immer steht Qualität an erster Stelle. Und obwohl mit dem Schlangenzeichen die Farbe Rot verbunden wird, wählen Schlangen Rot für ihre Inneneinrichtung nur in Schattierungen aus, und das spricht für ihren vornehmen Geschmack. Stoffe werden nach ihrer Schönheit, Möbel nach ihrem Komfort und das Dekor nach der besonderen Wirkung ausgesucht – dies alles bedeutet für Schlangen Luxus. Ein Wohnsitz scheint Schlangen nie zu genügen, entweder sie ziehen öfter um oder haben mehrere Wohnsitze.

Oben *Die Schlange hat einen Hang zum Orient, zu luxuriöser, exotischer Sinnlichkeit.*

Karriere und Wohlstand

Die Schlange im Beruf

Diese Menschen sind beruflich sehr beweglich, aber auch anspruchsvoll. Ganz gleich, was sie tun, sie bringen immer Konzentration, einen Blick für das Detail und laserartige Präzision ein. Schlangen gehen alles sehr ruhig an und mögen faul erscheinen, aber in Wirklichkeit sind sie äußerst gewissenhaft zu blitzschnellem Handeln fähig. Sie haben Organisationstalent und können Probleme sehr gut erkennen und auch lösen. Sie arbeiten gerne selbständig und wirken manchmal verschlossen und hart.

Das Geld und die Schlange

Solange Schlangen auf ihren Instinkt hören, werden sie wahrscheinlich finanziellen Erfolg haben. Sie müssen sich aber vor Spontankäufen oder raschen finanziellen Entscheidungen hüten, denn trotz ihrer Intuition kann wildes Spekulieren sie zu Fall bringen.

Berufe für Schlangen

Alle Menschen, die im Jahr der Schlange geboren sind, haben nicht nur ähnliche Begabungen, sondern auch ähnliche Ziele und Ambitionen im Leben. Hier die Berufe, die am besten zur Mentalität und zu den Fähigkeiten der Schlange passen:

Schlangen sind ausgezeichnete

Naturwissenschaftler
Technologen ★ *Forscher*
Psychoanalytiker ★ *Töpfer*
Maler ★ *Musiker* ★ *Juweliere*
Mystiker ★ *Silberschmiede*
geistige Führer ★ *Detektive*
Politiker ★ *Psychologen*
Chirurgen ★ *Soziologen*
Philosophen ★ *Astrologen*
Zauberkünstler
Ernährungswissenschaftler

Passende Geschäftspartner

Ob sich Schlangen ständig mit ihren Geschäftspartnern überwerfen oder gut mit ihnen zurechtkommen, hängt, wie in allen ihren Beziehungen, davon ab, ob die Tierzeichen harmonieren oder nicht. Sehr nützlich ist außerdem die Beachtung der Elementeverträglichkeit.

Schlangen des Elements	vertragen sich mit	vertragen sich nicht mit
Metall	*Erde-Ratten*	*Feuer-Hunden*
Wasser	*Metall-Kaninchen*	*Erde-Pferden*
Holz	*Wasser-Ochsen*	*Metall-Tigern*
Feuer	*Holz-Hähnen*	*Wasser-Schafen*
Erde	*Feuer-Schlangen*	*Holz-Affen*

Geeignete Freunde

Obwohl jeder Mensch einmalig ist, machen die chinesischen Astrologen bezüglich der miteinander verträglichen und sich feindlich gegenüberstehenden Tiere präzise Angaben. Schlangen möchten vielleicht gerne wissen, welche Zeichen für eine dauerhafte Freundschaft besonders vielversprechend sind und welche eher aufreiben.

BESTE FREUNDE	TODFEINDE
Ochsen	*Schweine*
Hähne	

Rechts oben *Schlangen brauchen Erholungsphasen, in denen sie für sich sein können.*

Freizeit und Hobby

Die Schlange im Urlaub

Schlangen mögen vor allem eines: im Luxus schwelgen. Schwelgen ist hier tatsächlich das passende Wort, denn, was die Schlangen betrifft, ist ihre größte Schwäche die Trägheit. Für die im Jahr der Schlange geborenen Menschen gehört das Nichtstun mit zu den schönsten Dingen im Leben. Im Urlaub suchen Schlangen jeden Alters vollkommene Ruhe und Erholung. Gesundheitsfarmen, besonders wenn es sich um exklusive Clubs handelt, dürften der Schlange sehr zusagen, und sowohl die männlichen als auch die weiblichen Vertreter des Zeichens würden das Behandlungsangebot voll ausnutzen. Ein Aufenthalt im Samadhi-Tank oder der Genuß einer Wasserbehandlung, Reflexzonenmassage oder Aromatherapie – diese Entspannungsmöglichkeiten sind für die Schlange hervorragend geeignet.

Alternativ dazu kehren Schlangen auch schon mal allem den Rücken zu und mieten sich ein Haus auf einer entlegenen ägäischen Insel oder eine Blockhütte in der Wildnis. Andere wiederum wenden sich spirituellen Dingen zu oder denken inmitten der Natur über den Sinn des Lebens nach.

Freunde und Feinde

Trotz ihres ruhigen, einsiedlerischen Charakters sind Schlangen gesellschaftlichen Zusammenkünften keineswegs abgeneigt, besonders, wenn es sich um wichtige Anlässe oder elegante Abendgesellschaften handelt. Und obwohl Schlangen keinen Small talk mögen, macht es ihnen viel Spaß, mal so richtig zu tratschen, vor allem dann, wenn dieser Tratsch reichlich mit Intrigen oder Skandalen gespickt ist. Da sie ihre Gefühle schlecht zeigen können, gewinnen Schlangen nicht sehr rasch Freunde. Den wenigen jedoch, denen sie sich anvertrauen, bleiben sie lebenslang verbunden. Doch selbst diese Auserwählten haben es oft schwer, denn Schlangen sind geheimnisvolle Wesen, die sich nicht gerne in die Karten schauen lassen.

Sie können es nicht ausstehen, wenn man sie in Beziehungen enttäuscht. Geschieht dies, werden sie gehässig und gemein. Schlangen werden immer alles daransetzen, ganz gleich, wie lange es dauert, die Rechnung zu begleichen.

Vorlieben und Abneigungen

SCHLANGEN MÖGEN

Bevorzugte Farbe
Rot

Edel- und Halbedelsteine
Topas, Jaspis, Heliotrop

Passende Geschenke
Solitär, Tarotkarten, Fernglas, Ikone, Betperlen, Brieftasche aus Schlangenleder, Badeöl, Diamantenbrosche, Briefmarkensammlung, Marmorbüste

Hobbys und Zeitvertreib
Angeln, Münzkunde, Fotografie, Kirchenbesichtigungen, Tauchen, Malen, Astrologie, Orientierungslauf

Genauso wie die unter denselben Tierzeichen geborenen Menschen Charakterzüge und Lebenseinstellungen teilen, haben sie auch einen ähnlichen Geschmack. Begegnen sich zwei Schlangen, werden sie rasch viele gemeinsame Vorlieben und Abneigungen feststellen.

SCHLANGEN MÖGEN NICHT

laute Menschenmengen

in Geschäfts- oder Liebesbeziehungen enttäuscht werden

Fehler machen

gestört werden

蛇

Elternschaft und Nachwuchs

Es heißt, daß die sinnliche Natur der Schlange den unter diesem Zeichen geborenen Menschen zu mehreren engen Partnerschaften im Leben verhilft. Dies ist wahrscheinlich der Grund, weshalb sich in den Haushalten der Schlangen, öfter als in denen der anderen chinesischen Zeichen, ein bunt gemischter Haufen Kinder und Stiefkinder aus zweiter und manchmal sogar dritter Ehe tummelt. Aber wie die Umstände auch sein mögen, Schlangen kümmern sich im allgemeinen um ihren Nachwuchs und sind zugunsten ihrer Kinder zu einigen Opfern bereit.

Die für Schlangen so typische drollige Art kommt ihnen im Umgang mit ihrem Nachwuchs sehr zugute. Da es ihnen nicht schwerfällt, die komische oder absurde Seite der Dinge zu sehen, können Schlangen-Eltern angespannte Situationen oft schlicht durch eine trockene Bemerkung oder eine lustige Geste entschärfen. Und obgleich sie ihre Kinder sehr lieben und instinktiv in Schutz nehmen, dürfte für sie das lautstarke Durcheinander, das mit Kindern verbunden ist, am schwersten zu ertragen sein. Balgereien sind nicht ihr Ding, und das geringste Anzeichen wilder Ausgelassenheit läßt sie das Weite suchen. So bleibt es meist dem Partner überlassen, für Ruhe und Ordnung zu sorgen und gegebenenfalls Strafen auszuteilen, und man kann nur hoffen, daß dieser keine Schlange ist.

Die Schlange im Baby- und Kindesalter

Schlangen sind insgesamt nicht sehr gesellig, und selbst in jungen Jahren spielen die unter diesem Zeichen geborenen Menschen meist lieber allein als mit einer Bande Kinder ausgelassen herumzutollen. Diese Kinder sind notorische Spätentwickler, und man muß ihnen dies unbedingt zugestehen. Folglich werden viele junge Schlangen während der Schulzeit Nachhilfeunterricht brauchen, damit ihnen jemand einfühlsam die nicht richtig verstandenen Lektionen und Lehrstoffe erklärt oder sie zur Entfaltung ihrer noch nicht entdeckten Talente ermutigt.

Kinder, die unter diesem Zeichen geboren sind, schmollen gerne. Fühlen sie sich sehr gekränkt, können sie wirklich nachtragend werden und plötzlich und wirkungsvoll angreifen, fast wie eine Schlange in der Wildnis.

Oben und links *Im Haushalt der Schlangen tummeln sich meist die eigenen Kinder mit denen der früheren Partner und den Kindern des Partners.*

Gegenüber *In der Liebe ist die Schlange äußerst besitzergreifend und umwerfend verführerisch.*

Eltern/Kind-Beziehung der Schlange

Manche Eltern haben mit der Persönlichkeit ihrer Kinder keine Probleme. Bei anderen scheint, bei aller Liebe zu ihren Kindern, die Wellenlänge einfach nicht zu stimmen. Hier die Verträglichkeitsgrade zwischen Schlangen-Eltern und ihrem Nachwuchs.

Schlangen mit	Im Zusammenleben	Verträglichkeit
Ratte	*Unabhängigkeit rettet den Tag*	✓✓
Ochse	*ziemlich einwandfrei*	✓✓✓
Tiger	*Streit*	✓
Kaninchen	*große Zufriedenheit*	✓✓✓
Drache	*glückliche Familien*	✓✓✓✓
Schlange	*ähnliche Einstellung*	✓✓✓
Pferd	*zu verschieden*	✓
Schaf	*nachgiebig*	✓✓✓
Affe	*was man nicht weiß…*	✓✓✓✓
Hahn	*insgesamt konstruktiv*	✓✓
Hund	*anschmiegsam*	✓✓✓
Schwein	*einfallslos*	✓

Wertungen ✓ konfliktgeladen ✓✓ einige Schwierigkeiten ✓✓✓ gutes Auskommen miteinander ✓✓✓✓ dieselbe Wellenlänge

Partner und Ehegatten

Die Schlange in der Liebe

Schlank, heißblütig und leidenschaftlich ist die Schlange die ursprüngliche *femme fatale* oder der geheimnisvolle, verschlossene Held, wie er in Liebesromanen vorkommt. Alle Schlangen sind attraktiv und umwerfend sexy. Immer gepflegt und elegant haben sie das gewisse Etwas, das die Leute so verführerisch finden, aber nicht direkt beschreiben können. Schlangen sind wirklich gewinnend, und sie bezaubern und berauschen alle Menschen in ihrer Nähe durch ihre feinsinnige Erotik.

Wenn es um Verabredungen oder um die Wahl eines Partners geht, sind Schlangen äußerst wählerisch und vorsichtig. Eine Beziehung mit ihnen ist ganz sicher vorteilhaft, nicht nur wegen ihres guten Aussehens, ihres Charmes und ihres kultivierten Geschmacks, sondern auch wegen ihrer Klugheit und ungezwungen humorvollen Art.

Geheime Liebschaft

In der Liebe können Schlangen fordernd, eifersüchtig und besitzergreifend sein, doch sind sie selbst gelegentlichen Seitensprüngen keineswegs abgeneigt. Sie haben eine Schwäche für geheime Liebschaften, und schon der Gedanke an ein heimliches Rendezvous läßt sie vor Erregung erschauern. Kommt jedoch eine Schlange dahinter, daß man sie hintergeht oder betrügt, wird sie sich mit ihren Rachegelüsten kaum zurückhalten und vor nichts zurückschrecken, um diese Kränkung heimzuzahlen.

Der Liebespartner der Schlange

Mit Schlangen kommt nicht jeder aus. Ihre Neigung zu leidenschaftlicher Nähe einerseits und Distanziertheit andererseits kann unkompliziertere Gemüter abschrecken. Dem richtigen Partner jedoch haben Schlangen mit ihrem Humor und ihrer Klugheit, ihrer feinen Lebensart und ihrer Gefühlstiefe viel zu bieten.

Das System der chinesischen Astrologie informiert uns über die Erfolgschancen unserer Beziehungen, und der Kasten rechts zeigt, wie sich andere Tiere für eine Liebesbeziehung mit der Schlange eignen.

LIEBESPARTNER

SCHLANGE ♥ RATTE
Wenn diese beiden an ihren Charakterdifferenzen arbeiten, können sie viel voneinander lernen.

SCHLANGE ♥ OCHSE
Sympathisch, verständnis- und liebevoll, sie haben dieselbe Wellenlänge, ihnen gehört die Welt!

SCHLANGE ♥ TIGER
Eine andere Einstellung, ein anderer Lebensstil und andere Ziele verweisen auf geringe Verträglichkeit.

SCHLANGE ♥ KANINCHEN
Große Leidenschaft sorgt für eine schöne, sexy Verbindung!

SCHLANGE ♥ DRACHE
Klug und patent, attraktiv und schlagfertig. Sie passen zusammen wie zwei Teile eines Puzzles.

SCHLANGE ♥ SCHLANGE
Intellektuell passen sie großartig zusammen. Emotional kommt ihnen die Eifersucht in die Quere.

SCHLANGE ♥ PFERD
Unterschiedliche Standpunkte und Tagesordnungen ergeben für diese Verbindung schlechte Aussichten.

SCHLANGE ♥ SCHAF
Sagenhafte Freunde und sexy Liebhaber.

SCHLANGE ♥ AFFE
Sie werden sich ständig verfehlen, weil sie etwas anderes vorhaben.

SCHLANGE ♥ HAHN
Was für ein großartiges Team!

SCHLANGE ♥ HUND
Gegenseitige Anziehung auf den ersten Blick.

SCHLANGE ♥ SCHWEIN
Leider kaum Gemeinsamkeiten.

LIEBESPARTNER AUF EINEN BLICK

SCHLANGE MIT	HINWEISE	VERTRÄGLICHKEIT
Ratte	*große Faszination*	♥♥♥
Ochse	*einfach perfekt*	♥♥♥♥
Tiger	*es spricht einiges dagegen*	♥
Kaninchen	*großartiger Sex*	♥♥♥
Drache	*Spiegelbilder*	♥♥♥
Schlange	*bleiben Einzelgänger*	♥♥
Pferd	*hier helfen klärende Gespräche*	♥♥
Schaf	*zutiefst befriedigend*	♥♥♥♥
Affe	*nur bei Zusammenarbeit*	♥♥
Hahn	*vorzüglich!*	♥♥♥♥
Hund	*erst das Körperliche, dann das Geistige*	♥♥♥
Schwein	*große Uneinigkeit*	♥

VERTRÄGLICHKEITSSTUFEN ♥ *Konflikt* ♥♥ *sich Mühe geben* ♥♥♥ *große Anziehung* ♥♥♥♥ *himmlisch!*

BEGEGNUNG ZWISCHEN OST UND WEST

Die Widder-Schlange
Die Sonne im Widder verleiht der Schlange Mut und Unternehmungsgeist. Widder-Schlangen sind Leistungstypen und vermögen durch ihre Scharfsinnigkeit sehr viel Geld zu verdienen. Sie sind großzügig und erweisen sich als glühende Liebhaber und glückliche Familienmenschen.

Die Stier-Schlange
Diese äußerst scharfsinnigen Schlangen gehören nicht zu den aktivsten Menschen, doch sind sie zäh und haben ein gutes Gedächtnis. Es zahlt sich nie aus, eine Stier-Schlange zu unterschätzen. Liebe, Komfort und Wohlstand sind für ihr Wohlbefinden wesentlich.

Die Zwilling-Schlange
Diese lebendigen Schlangen winden sich aus den schwierigsten Situationen heraus und haben einen derartigen Scharfsinn, daß sie alles mühelos durchschauen. Sie sind gebildet und verbreiten durch ihren Charme und ihren Witz auf Partys eine angenehme Atmosphäre.

Die Krebs-Schlange
Diese flotten, glamourösen Wesen wollen Ansehen und Prestige genießen. Krebs-Schlangen werden auf ihrem Gebiet hart arbeiten, um sich und ihren Lieben das Beste bieten zu können. Sie sind sehr häuslich, und ihre Familie und ihr Heim stehen im Mittelpunkt ihrer Welt.

Die Löwe-Schlange
Löwe-Schlangen sind stolze Wesen mit starkem Selbstbewußtsein und großem Selbstvertrauen. Sie hassen es, sich nach anderen richten zu müssen oder die Zweitbesten zu sein. Sie brauchen Ermutigung, Bestätigung und Bewunderung, aber nicht so viel, daß es ihnen zu Kopf steigt.

Die Jungfrau-Schlange
Die fleißigen und herrischen Jungfrau-Schlangen lieben Verantwortung. Mit Sachverstand und Organisationstalent versuchen sie ihren Status unermüdlich zu verbessern. Eher intellektuell und kühl veranlagt, sind sie in der Liebe nicht überschwenglich, aber sehr zuverlässig.

Die Waage-Schlange
Sie sind die attraktivsten Menschen des Schlange-Clans. Durch ihre sozialen Tugenden und ihren überzeugenden Charme erweisen sie sich als liebenswürdige, aufmerksame, umgängliche und geistreiche Gastgeber und Gäste. Waage-Schlangen sind in der Liebe romantisch und idealistisch, und es fehlt ihnen nie an Verehrern.

Die Skorpion-Schlange
Diese Kombination ergibt starke, geheimnisvolle Typen mit großer Gefühlstiefe. Skorpion-Schlangen sind wachsam und halten ihre Karten so geschickt, daß niemand außer ihnen selbst ihr Blatt kennt. Neben ihrer kühlen Selbstbeherrschung sind sie leidenschaftlich und benutzen ihren Stachel, wenn sie in der Liebe hintergangen werden.

Die Schütze-Schlange
Diese äußerst intuitiven Schlangen sind weitsichtig und beinahe hellseherisch. Sie haben einen hervorragenden Geschmack und sind elegant und erfolgreich, solange sie ihrem Instinkt folgen. Schütze-Schlangen suchen Partner mit ernsten spirituellen Interessen.

Die Steinbock-Schlange
Steinbock-Schlangen schaffen sich ihr Ansehen im Leben durch genaue Planung und Organisation. Sie warten geduldig den rechten Augenblick ab und haben es stets auf das Beste abgesehen. Man mag sie für snobistisch halten, doch haben sie das Herz auf dem rechten Fleck.

Die Wassermann-Schlange
Die ebenso kühle wie idealistische, offene wie vereinnahmende Wassermann-Schlange steckt voller Widersprüche. Diese Schlangen brauchen sehr viel Unterstützung durch den Partner, doch hassen sie Bevormundung.

Die Fische-Schlange
Diese Schlangen sind empfindsam, zart, sinnlich, verträumt und mitfühlend. Sie nehmen sich in ihrer feinen offenen Art alles zu Herzen. Wenn sie sich verlieben, beißen sie rückhaltlos an.

Berühmte Schlangen

Die typische Schlange ist geschmeidig, sinnlich, kultiviert, scharfsinnig und vor allem geheimnisvoll. Diese Menschen scheinen niemals in Eile zu sein. Gewöhnlich erreichen sie das, was sie wollen, doch können sie manchmal vor Wut überkochen.

Mae West

Berühmt wegen ihrer „Komm her zu mir"-Ausstrahlung, bewies sie sowohl in ihren Filmen als auch im Privatleben die typische Schlangengeschmeidigkeit. Im Film verkörpert sie nahezu den Archetyp der Schlange, doch nicht in bezug auf die finsteren Tendenzen dieses Zeichens, sondern mit dem Humor, der für die Schlange mitunter typisch ist.

Howard Hughes

Der berühmte, scheue Filmproduzent, Geschäftsmann und Multimillionär erreichte, was er wollte, und schuf sich in schlangenartiger Unnahbarkeit ein Vermögen. Fast unsichtbar kontrollierte er seine Finanzen und vermochte sich bis nach seinem Tod in den Schleier des Geheimnisses zu hüllen. Diese Schlange ist bis heute ein Rätsel geblieben.

Martin Luther King jr.

Der amerikanische Prediger, Bürgerrechtler und Friedensnobelpreisträger von 1964 war eine Erde-Schlange, was seiner charakterlichen Offenheit entsprach. Die kluge Gelassenheit der Schlange läßt sich gut an seinem entschiedenen Eintreten für die Gewaltlosigkeit im Kampf um Rassengleichheit erkennen. Zwei andere zur selben Zeit lebende und ebenfalls unter dem Zeichen der Schlange geborene große Führer waren John F. Kennedy und Chinas Mao Tse-tung.

Greta Garbo

Diese Schauspielerin offenbarte viele Seiten ihres Schlangenerbes. Ihre betörend kultivierte, erhabene Sinnlichkeit machte sie attraktiv und unnahbar zugleich. Der Wunsch „Ich möchte allein sein" ist ebenfalls typisch für die Schlange. Und man könnte sagen, daß sie etwas von der Eitelkeit und Liebe zum Reichtum mitbekommen hat.

Grace Kelly

Als eine jener wirklich niveauvollen, noblen Schlangen ließ Grace Kelly in allen ihren Filmrollen eine große innere Leidenschaft ahnen, die durch ihr kühles Äußeres nur um so verführerischer war. Nach nur sechs Jahren in Hollywood warf sie eine ihrer Schlangenhäute ab und wurde Fürstin von Monaco.

Das Pferd

Die Persönlichkeit des Pferdes

Unterhaltsam, vor Kraft strotzend und unverwüstlich optimistisch platzen Pferde in die Szene, werden mühelos zum Mittelpunkt einer Party und amüsieren jeden mit ihrem glänzenden Witz und ihrer Munterkeit. Dann, ohne Warnung, machen sie sich aus dem Staub zur nächsten Weide, ganz nach Lust und Laune.

Das Zeichen des Pferdes

Pferde sind äußerst impulsiv und sprunghaft, doch trotzdem auch patent. Sie haben einen scharfen Verstand, der sie im Nu neue Fertigkeiten erlernen läßt, und sie haben ein Talent, mehrere Gespräche gleichzeitig zu führen oder zwei oder drei Jobs auf einmal zu haben, wobei sie ihre Aufmerksamkeit immer ganz der anstehenden Sache schenken.

Jahre des Pferdes

An siebter Stelle im Zyklus folgen die Pferdejahre denen der Schlange und kehren alle zwölf Jahre wieder. Da das Datum des chinesischen Neujahrs jährlich wechselt, ist der Beginn eines jeden Pferde-Jahres im Kalender nachzusehen.

1906 * 1918 * 1930
1942 * 1954 * 1966
1978 * 1990 * 2002

Ein Leben im Galopp

Pferde erscheinen meist ebenso attraktiv wie elegant, stets sind sie gesellig und voller Schwung und Elan. Neue Fakten, Ideen und Situationen erfassen sie in Windeseile, und sie sind offen, ehrlich und ganz ohne Arglist. Sie lieben jedoch die Herausforderung und springen manchmal ab, wenn sie von neuen Weidegründen in der Ferne angelockt werden. Obwohl diese Menschen gegenüber Freunden und Kollegen zuverlässig und besonders Partnern gegenüber treu sind, behalten sie gerne ihre Freiheit und Unabhängigkeit, selbst wenn sie nur allein unter einem Baum grasen oder über die Hügel galoppieren möchten.

Insgesamt läßt sich mit Pferden gut auskommen, sie sind vertrauenswürdig und sympathisch – weder schüchtern, noch überempfindlich oder von sich eingenommen – und gebärden sich als Chef nicht herrisch. Allerdings können sie Anfälle von Sturheit haben, bei denen ihre Ich-Bezogenheit zutage tritt. Sie sind auch durchaus reizbar und können kräftig ausschlagen. Wenn sie explodieren, wie gerechtfertigt dies auch sein mag, wird dies gewöhnlich überproportional zum Anlaß wirken. Danach tut es ihnen zwar sehr leid, doch wird nicht jeder Verständnis für sie haben und den Vorfall verzeihen.

Oben *Das tatkräftige Pferd jongliert gerne mit Projekten, ist dabei aber auch sprunghaft.*

Die Daten des Pferdes

Menschen, die im Jahr des Pferdes geboren sind, teilen sich bestimmte Merkmale. Diese bringen jedoch lediglich den Persönlichkeitstyp auf einen kurzen Nenner. Hier die Daten und hervorstechenden Eigenschaften dieses Zeichens:

Daten

Siebtes Zeichen des Kreises ⋆ Chinesischer Name – MA,
Zeichen der Eleganz und des Eifers
Zeit – 11:00 bis 12:59 Uhr ⋆ Monat – Juni
Westliche Entsprechung – Zwillinge

Charakteristika

aufgeweckt ♥ vital ♥ geistreich ♥ unabhängig
fröhlich ♥ vornehm ♥ freundlich

egoistisch ✖ sprunghaft ✖ ungeduldig
unbeständig ✖ eitel ✖ leichtsinnig

IHR ELEMENT

Die Merkmale der unter dem Zeichen des Pferdes geborenen Menschen, das alle zwölf Jahre wiederkehrt, werden von den fünf chinesischen Elementen – Metall, Wasser, Holz, Feuer, Erde – variiert, deren 5-Jahres-Zyklus den ursprünglichen 12-Jahres-Zyklus überlagert. So bestimmt das Pferde-Geburtsjahr die wesentlichen Persönlichkeitsmerkmale, doch gibt es in jeder Generation kleine Unterschiede.

DAS METALL-PFERD 1930 UND 1990

Doppelt so abenteuerlustig, unabhängig und freiheitsliebend wie die anderen Pferde und in jeder Hinsicht kühn, fürchten Metall-Pferde das „Festgenagelt werden“, weshalb sie Verpflichtungen möglichst aus dem Wege gehen. Dieses Pferd ist der geborene Vagabund und zögert stets, Wurzeln zu schlagen und eine feste Beziehung einzugehen. Deshalb neigen Metall-Pferde zu häufigen Job- und Partnerwechseln. Dieser Pferdetyp wirkt mit seiner ungezähmten Wildheit besonders attraktiv und erweist sich als ein wirklich guter Freund, solange er, wenn ihn die Lust packt, jederzeit von dannen ziehen kann.

DAS WASSER-PFERD 1942 UND 2002

Das Fließende des Wassers bringt große Anpassungsfähigkeit mit sich, und Wasser-Pferde verstehen aus jeder Situation das Beste zu machen. Doch sind sie auch die unentschlossensten unter den Pferden. Oft schütteln sie nur kurz die Mähne, um sich etwas anders zu überlegen. Das ärgert Kollegen und Partner, die nie wissen, woran sie sind. Im günstigsten Fall läßt man dies als Spontaneität durchgehen, die einen auf Zack hält, doch kann dieses Verhalten auch als unerträgliche Inkonsequenz verstanden werden. Trotzdem, das Wasser-Pferd ist immer optimistisch und durch seinen sprühenden Geist und Humor stets gefragt.

DAS HOLZ-PFERD 1954 UND 2014

Dieser stabilisierende Einfluß hilft den Holz-Pferden bei der Mäßigung ihrer Sprunghaftigkeit und Abenteuerlust und macht sie weniger unruhig. Folglich sind sie im allgemeinen berechenbarer als die anderen Pferde und eher in der Lage, ihren übermäßigen Freiheitsdrang zu bändigen und das Leben disziplinierter anzugehen. Dies führt zu beruflichem Erfolg und beständigeren Partnerschaften. Alle Pferde sind harte Arbeiter, aber Holz-Pferde dürften wahrscheinlich eher bei der Sache bleiben und kooperativer sein als andere Pferdetypen. Sie sind gutmütig und intelligent, doch liegt es trotzdem in ihrer Natur, bei dem geringsten Anzeichen von Bevormundung umgehend das Weite zu suchen.

DAS FEUER-PFERD 1906 UND 1966

Feuer-Pferde sind eine Gattung für sich: impulsiv, extravagant und feurig. Man beobachtet einen wilden Zug in diesen Wesen, der sie das Leben voll auskosten lassen möchte. Die Chinesen sagen, Feuer-Pferde hinterließen, wo immer sie hingingen, eine Spur der Verwüstung. Diese Menschen haben entweder extremes Glück und einen Riesenerfolg, oder sie haben großes Pech und sind unglücklich. Feuer-Pferde mögen Veränderung und Aktion. Sie besitzen zwar großes Talent, aber wenig Durchhaltevermögen. Das Feuer macht sie temperamentvoll, und sie schenken einer Angelegenheit entweder ihre volle Aufmerksamkeit oder gar keine – halbe Sachen sind nicht ihr Ding. Man sollte niemals die Macht der Feuer-Pferde unterschätzen, denn gegebenenfalls können sie sehr furchteinflößend sein.

DAS ERDE-PFERD 1918 UND 1978

Erde-Pferde lassen sich wegen ihrer größeren Ausdauer eher mit Zugpferden als mit reinrassigen Rennpferden vergleichen. Sie arbeiten systematisch auf ihre Ziele hin. Trotz ihrer gelegentlichen Launenhaftigkeit in Liebesangelegenheiten, sind sie niemals leichtsinnig und impulsiv und wägen, bevor sie handeln, gewöhnlich stets die Folgen ihres Tuns ab. Dies kann zu Unentschlossenheit führen, wenn das Erde-Pferd anfängt, alles ganz genau mit seinem Für und Wider zu durchdenken. Bei der Arbeit und wichtigen Dingen setzt sich die rasche Auffassungsgabe dieser Pferde durch, aber in kleineren Angelegenheiten können sie endlos um den heißen Brei herumschleichen, als könnten sie sich nie entschließen. Freundlichkeit, Anpassungsfähigkeit und Gutmütigkeit garantieren ihnen ungezwungene und glückliche Beziehungen.

Gesundheit und Wohnen

Gesundheit und Konstitution

Gesundheitlich haben die unter diesem Zeichen geborenen Menschen eine wirkliche „Pferdestärke". Ihre optimistische Einstellung hält sie frisch und munter, während ihr aktiver Lebensstil für Fitneß, viel Bewegung und frische Luft sorgt. Haben sie nicht die Möglichkeit, viel im Freien zu sein, schlägt ihnen das aufs Gemüt, und sie sollten darauf achten, Sport in der Natur zu treiben, selbst wenn dies nur der Park sein sollte.
Diese Menschen müssen lernen, ein wenig lockerzulassen und sich vor dem für Pferde typischen Hang in acht zu nehmen, in Streßsituationen zu Alkohol und Nikotin zu greifen.

Das Pferd zu Hause

Gäste sind bei den Pferden immer herzlich willkommen, da sie nichts lieber mögen als Abende, an denen sie bei sich zu Hause unbeschwert plaudern und in angenehmer Gesellschaft tafeln können. Dort wird man ihr Geschick in bezug auf Handarbeit, Bastelarbeit oder Hausverschönerung in Hülle und Fülle bewundern können. Gelb- und Orangetöne sind ihre Lieblingsfarben, und sie haben ein Händchen dafür, eine dynamische, anregende Atmosphäre zu schaffen, die sowohl praktisch als auch komfortabel ist. Die Hausarbeit zählt allerdings nicht zu den Lieblingsbeschäftigungen der Pferde.

Berufe für Pferde

Alle Menschen, die im Jahr des Pferdes geboren sind, haben nicht nur ähnliche Begabungen, sondern auch ähnliche Ziele und Ambitionen im Leben. Hier die Berufe, die am besten zur Mentalität und zu den Fähigkeiten des Pferdes passen:

Pferde sind ausgezeichnete

Sprachlehrer ★ *Übersetzer*
Athleten ★ *Informatiker*
Bibliothekare
Journalisten
Reiseleiter ★ *Piloten*
Stewards ★ *Hoteliers*
Barkeeper ★ *Künstler*
Publizisten ★ *Springreiter*
Animateure
Handelsvertreter

Oben *Ihre Liebe zur freien Natur hält Pferde-Geborene bei guter Gesundheit.*

Karriere und Wohlstand

Das Pferd im Beruf

Wegen ihrer Flexibilität und grenzenlosen Energie sowie ihrer raschen Auffassungsgabe und Experimentierfreude sind Pferde für fast alle Berufe geeignet, solange diese nicht nur aus Routine oder Zuarbeiten bestehen. Sie arbeiten gerne auf Gebieten, die sie mit vielen Menschen in Kontakt bringen. Sie sind unabhängig und selbständig, so daß sie gerne das Sagen haben. Sie dürften sich auf dem Kommunikationssektor am wohlsten fühlen, da sie von Natur aus mitteilsam sind, mit Leichtigkeit zu anderen durchdringen und oft auch ziemlich sprachbegabt sind.

Das Geld und das Pferd

Finanziell sind Pferde ebensowenig unterzukriegen wie auf allen anderen Gebieten. Wenn es um Geld geht, so verdienen sie es, um es wieder auszugeben. Geld macht ihnen große Freude, aber sie sind nicht geizig oder übermäßig darum besorgt. Wenn sie es haben, genießen sie es. Ist es fort, ziehen sie einfach los, um neues heranzuschaffen. Oft lassen sie sich auf Risiken ein und spielen, aber mehr aus Spaß als wegen eines möglichen Gewinns.

Passende Geschäftspartner

Ob sich Pferde ständig mit ihren Geschäftspartnern überwerfen oder gut mit ihnen zurechtkommen, hängt, wie in allen ihren Beziehungen, davon ab, ob die Tierzeichen harmonieren oder nicht. Sehr nützlich ist außerdem die Beachtung der Elementeverträglichkeit.

Pferde des Elements	vertragen sich mit	vertragen sich nicht mit
Metall	*Erde-Schafen*	*Feuer-Schlangen*
Wasser	*Metall-Hunden*	*Erde-Schweinen*
Holz	*Wasser-Hähnen*	*Metall-Ratten*
Feuer	*Holz-Pferden*	*Wasser-Kaninchen*
Erde	*Feuer-Tigern*	*Holz-Affen*

Freizeit und Hobby

Das Pferd im Urlaub

Menschen, die im Jahr des Pferdes geboren sind, packt oft das Fernweh, so daß das Reisen eine ihrer Lieblingsbeschäftigungen ist. Sie können nicht weit und nicht schnell genug fortkommen. Pferde sind Spontanurlauber. Ganz nach Lust und Laune packen sie einfach ihre Sachen und ziehen los. Egal, ob Vollblut oder Zugpferd, ihnen gefallen Sport- und Aktivurlaube, bei denen ihnen der Wind durchs Haar streichen kann, während sie etwa übers offene Land galoppieren. Campingtouren im Zelt oder Wohnwagen, Wandern und Land- oder Seerundreisen sind ebenfalls für Pferde geeignete Urlaubsaktivitäten. Diese Menschen, die selbst ausgezeichnete Unterhalter sind, mögen auch gerne unterhalten werden. Allerdings läßt ihre große Originalität sie nach ungewöhnlichen Unterhaltungsformen Ausschau halten. Ein Avantgarde-Theaterstück, ein Jazzkonzert-Besuch oder ein Flug zum Karneval nach Rio dürften genau das Richtige sein.

Vorlieben und Abneigungen

PFERDE MÖGEN

Bevorzugte Farbe
Gelborange

Edel- und Halbedelsteine
Amethyst, Türkis, Topas

Passende Geschenke
Kompaß, Drachen, Seidenhemd, Kamera, exotisches Kochbuch, Stickpackung, Funktelefon, Pediküre, Reisetasche, Mah-Jong-Spiel

Hobbys und Zeitvertreib
Leichtathletik, Reiten, Modern Dance, Theater, Blasinstrumente spielen, Modellflugzeuge

Genauso wie die unter denselben Tierzeichen geborenen Menschen Charakterzüge und Lebenseinstellungen teilen, haben sie auch einen ähnlichen Geschmack. Begegnen sich zwei Pferde, werden sie rasch viele gemeinsame Vorlieben und Abneigungen feststellen.

PFERDE MÖGEN NICHT

ignoriert werden

sich festgefahren fühlen

Eifersucht

ihre Unabhängigkeit verlieren

Geeignete Freunde

Obwohl jeder Mensch einmalig ist, machen die chinesischen Astrologen bezüglich der miteinander verträglichen und sich feindlich gegenüberstehenden Tiere präzise Angaben. Pferde möchten vielleicht gerne wissen, welche Zeichen für eine dauerhafte Freundschaft besonders vielversprechend sind und welche eher aufreiben.

BESTE FREUNDE	TODFEINDE
Tiger	*Ratten*
Hunde	

Oben und rechts
Das Pferd gewinnt leicht Freunde.

Freunde und Feinde

Trotz ihrer großen Freiheitsliebe sind Pferde auch sehr gesellig. Sie sind zwar impulsiv und sprunghaft, fühlen sich aber unglücklich, wenn sie längere Zeit allein sind. Tatsächlich brauchen Pferde einen festen Freundeskreis um sich, der sie unterstützt. Glücklicherweise sind sie heitere Gemüter, zu denen man sich hingezogen fühlt, und so gewinnen sie leicht Freunde. Auch tritt der Herdeninstinkt der Pferde in dem Bedürfnis dieser Menschen zutage, sich Clubs und Vereinen anzuschließen, um unter Gleichgesinnten zu sein. Da Geselligkeit ihre starke Seite ist, bereitet es ihnen große Freude, sich mit Freunden auf einen netten Plausch zu treffen, und obwohl sie gerne wetteifern, genügt es ihnen manchmal völlig, einfach mit von der Partie zu sein.

Elternschaft und Nachwuchs

Die Menschen, die unter dem Zeichen des Pferdes geboren sind, sind dafür bekannt, zwei oder drei Jobs gleichzeitig zu haben, mehrere Gespräche auf einmal zu führen, ohne den Faden zu verlieren, und verschiedene Projekte im Kopf zu behalten, während sie sich um das aktuelle Geschehen kümmern. Da, wie alle Mütter und Väter nur zu gut wissen, die Elternschaft ein vielseitiges Unternehmen ist, kommen diese Begabungen den Pferden sehr zugute, wenn es um das Aufziehen ihrer Kinder geht.

Was die Elternschaft der Pferde betrifft, so liegen ihnen zwei Grundsätze besonders am Herzen: ihre Kinder zur Phantasie anzuregen und zum selbständigen Denken zu ermutigen. Im Zeichen des Pferdes geborene Mütter und Väter bringen ihrem Nachwuchs schon in frühen Jahren Selbständigkeit und die Wertschätzung ihrer Rechte und ihrer Freiheit bei.

Man könnte einwenden, daß es, da Pferde vor Fesseln und Einschränkungen zurückscheuen, ihr eigener Freiheitsdrang ist, der ihre Kinder dazu zwingt, schon in relativ jungen Jahren auf eigenen Beinen zu stehen. Viele Pferde erweisen sich tatsächlich als kühle, unsentimentale Eltern, die ihre Arbeit häufig ihren elterlichen Pflichten gleichstellen. Aber in Wirklichkeit sind sie enthusiastische Eltern, deren Kinder mit Forschergeist und unbezähmbarer Abenteuerlust aufwachsen.

Das Pferd im Baby- und Kindesalter

Ein hervorstechendes Merkmal dieser Kleinen ist, daß sie schon sehr bald stundenlang zufrieden vor sich hin plappern. Sie entdecken früh ihre Leidenschaft für Sprache und auch später, in der Schule, zeichnen sich diese Kinder auf allen kommunikativen Gebieten aus.

Kinder, die im Zeichen des Pferdes geboren sind, entwickeln schnell ihre eigene Persönlichkeit, besonders, wenn sie in einem Feuerjahr geboren wurden, da dieses Element die Lebhaftigkeit und Abenteuerlust dieses Tierzeichens noch um einiges steigert. Unabhängigkeit ist ihr größtes Bestreben, und sie werden mit aller Kraft für ihre Freiheitsrechte kämpfen. Wenn sie zu sehr eingeschränkt werden, fangen sie an zu rebellieren – und das im großen Stil. Und in der Tat haben diese Jugendlichen, egal, wie glücklich sie zu Hause sind, den Ruf, das elterliche Nest so schnell wie möglich zu verlassen.

Oben *Pferde-Geborene ermutigen ihre Kinder zum selbstständigen Denken.*

Eltern/Kind-Beziehung des Pferdes

Manche Eltern haben mit der Persönlichkeit ihrer Kinder keine Probleme. Bei anderen scheint, bei aller Liebe zu ihren Kindern, die Wellenlänge einfach nicht zu stimmen. Hier die Verträglichkeitsgrade zwischen Pferde-Eltern und ihrem Nachwuchs.

Pferde mit	Im Zusammenleben	Verträglichkeit
Ratte	*andere Ambitionen*	✓
Ochse	*zufriedenstellend*	✓✓
Tiger	*kein Generationskonflikt*	✓✓✓✓
Kaninchen	*widerstreitende Ansichten*	✓✓
Drache	*viel Schwung*	✓✓✓
Schlange	*bessert sich mit der Zeit*	✓✓✓
Pferd	*Unabhängigkeit überwiegt*	✓✓
Schaf	*gegenseitiges Verständnis*	✓✓✓✓
Affe	*viel gegenseitiger Respekt*	✓✓✓
Hahn	*keine Übereinstimmung*	✓
Hund	*verträglich*	✓✓
Schwein	*angenehm*	✓✓✓

Wertungen ✓ konfliktgeladen ✓✓ einige Schwierigkeiten ✓✓✓ gutes Auskommen miteinander ✓✓✓✓ dieselbe Wellenlänge

Partner und Ehegatten

Das Pferd als Liebhaber

Das behende, quicklebendige Pferd ist der Peter Pan der chinesischen Tierzeichen: ewig jung, stürmt es seinen Instinkten gehorchend durchs Leben. Dies ist das Zeichen der Leidenschaft, der eleganten Rede und äußeren Erscheinung. Diese Menschen können mit ihrer Wortgewandheit und Überzeugungskraft alles erreichen, und nur wenige sind ihnen ebenbürtig. Sie sind überschäumend und berauschend wie Champagner, und ihre Heiterkeit und Begeisterung steckt alle an, denen sie guten Mutes begegnen. Die Fähigkeit des Pferdes, das Leben in vollen Zügen zu genießen, inspiriert dazu, es ihnen gleichzutun.

Blind in der Liebe

Pferde-Geborene lassen meist Vernunft walten, aber nicht, wenn es um die Liebe geht. Pferde verlieben sich stets Hals über Kopf und verwerfen dann alle Bedenken. Die beiden Aphorismen „Liebe macht blind" und „In Eile gefreit, in Muße bereut" könnten auf Pferde gemünzt sein.

Diese Menschen verlieben sich allzu rasch und meistens viel zu häufig. Und jedesmal ist es die große Liebe. Sie werfen alles über den Haufen, um dem Gegenstand ihrer Träume zu folgen, und jedesmal sagen sie, diesmal sei es für immer. Aber die chinesischen Astrologen behaupten, die Beziehungen der Pferde hätten erst in reiferen Jahren mehr Aussicht auf Erfolg.

Der Liebespartner des Pferdes

Pferde lieben es, mit dem Kopf voran durchs Leben zu stürmen. Überall, wo sie auftauchen, begleitet sie ein Wirbel voll Aktivität. Oft werden die Begriffe Unermüdlichkeit und Rastlosigkeit gebraucht, um den Pferdecharakter zu beschreiben, da diese Menschen mit scheinbar unbegrenzter Energie an einem Tag mehr erledigen können als andere in Wochen.

Nach dem System der chinesischen Astrologie sind die Erfolgschancen der beruflichen und privaten Beziehungen zwischen Pferde-Geborenen und den übrigen Tierzeichen unterschiedlich. Der Kasten rechts zeigt, wie sich andere Tiere für eine Liebesbeziehung mit dem Pferd eignen.

Oben *Scheinbar launenhaft, verliebt sich das Pferd nun mal öfter.*

LIEBESPARTNER

PFERD ♥ RATTE
Keine Sympathie zwischen den beiden.

PFERD ♥ OCHSE
Passen besser beruflich als in der Liebe zusammen.

PFERD ♥ TIGER
Sehr viel Highlife in dieser dynamischen Beziehung garantiert ein aufregendes Zusammenleben.

PFERD ♥ KANINCHEN
Trotz Auseinandersetzungen könnten sie ganz gut miteinander auskommen.

PFERD ♥ DRACHE
Starke sexuelle Anziehung führt sie zusammen.

PFERD ♥ SCHLANGE
Unterschiedliche Standpunkte und Tagesordnungen ergeben für diese Verbindung schlechte Aussichten.

PFERD ♥ PFERD
Machtkämpfe dürften ein rasches Aus bedeuten.

PFERD ♥ SCHAF
Der Liebe auf den ersten Blick folgt glühende Leidenschaft. Diese Bindung hat Bestand.

PFERD ♥ AFFE
Eine heikle Kombination, besser für eine Freundschaft geeignet als für die Ehe.

PFERD ♥ HAHN
Trotz zeitweiliger Machtkämpfe sind sie ein gutes Team.

PFERD ♥ HUND
Die richtige Wahl für dauerhaftes Glück.

PFERD ♥ SCHWEIN
Eine lockere Affäre mit viel Spaß, aber wer zahlt die Rechnungen und geht einkaufen?

LIEBESPARTNER AUF EINEN BLICK

PFERDE MIT	HINWEISE	VERTRÄGLICHKEIT
Ratte	*unsichere Verbindung*	♥
Ochse	*konfliktgeladen*	♥
Tiger	*heiß und pikant*	♥♥♥♥
Kaninchen	*schwierig, aber machbar*	♥♥
Drache	*großartiger Sex*	♥♥♥
Schlange	*hier helfen klärende Gespräche*	♥♥
Pferd	*große Liebe, aber leider nur kurzfristig*	♥♥
Schaf	*füreinander geschaffen*	♥♥♥♥
Affe	*Freundschaft ja, Sex nein*	♥♥
Hahn	*Streit unterminiert ihre Liebe*	♥♥♥
Hund	*sie haben alles, was sie brauchen*	♥♥♥♥
Schwein	*reizvoll, aber unrealistisch*	♥♥

VERTRÄGLICHKEITSSTUFEN ♥ *Konflikt* ♥♥ *sich Mühe geben* ♥♥♥ *große Anziehung* ♥♥♥♥ *himmlisch!*

BEGEGNUNG ZWISCHEN OST UND WEST

Das Widder-Pferd
Diese Pferden nehmen das Leben im Sturm. Sie können couragierte Führer oder einfach etwas draufgängerisch sein. Neue Ideen und Unternehmen ziehen sie an, aber es besteht die Gefahr, daß viele Projekte halbfertig liegenbleiben. Widder-Pferde ragen heraus, wenn mutiges Durchgreifen und Innovationen gefordert sind.

Das Stier-Pferd
Der gesunde Menschenverstand und praktische Zug des Stiers läßt diese Pferde umsichtiger, vorsichtiger und mehr auf das leibliche Wohl bedacht sein, was sie eher seßhaft macht. Sie sind phantasievoll und haben großes kreatives Talent.

Das Zwilling-Pferd
Zwilling-Pferde sind lebhaft, klug, redegewandt und witzig. Sie eignen sich gerne ein breites Allgemeinwissen an. Charmant, bezaubernd und mit jugendlichem Äußeren stehen sie oft im Mittelpunkt der Aufmerksamkeit. Emotional neigen sie zur Unreife und Unbeständigkeit in der Liebe.

Das Krebs-Pferd
Diese großherzigen Pferde machen besonders häufig einfach kehrt, um dem Sonnenuntergang entgegenzugaloppieren. Krebs-Pferde stellen hohe Ansprüche und finden entweder sehr jung den Mann oder die Frau fürs Leben, oder sie suchen ihr Leben lang nach dem idealen Partner. Es sind großmütige Menschen, die viel Liebe zu geben haben.

Das Löwe-Pferd
Diese prächtigen Menschen verbreiten überall Sonnenschein. Löwe-Pferde sind dynamische, äußerst selbstsichere Menschen von nobler Haltung und ebensolchem Betragen. Sie haben ein angeborenes Selbstvertrauen, und nichts wird sie von ihren Zielen abhalten. Löwe-Pferde macht die Liebe blind.

Das Jungfrau-Pferd
Diese Pferde sind sensibler, patenter und fleißiger als die meisten anderen. Der Jungfrau-Einfluß wirkt der Sprunghaftigkeit des Pferdes entgegen und läßt es gelassener sein. Jungfrau-Pferde beweisen im allgemeinen in der Liebe und bezüglich ihren Verpflichtungen reife Verantwortung.

Das Waage-Pferd
Freunde spielen im Leben der Waage-Pferde eine wichtige Rolle. Ihr Charme, ihr scherzhaftes Geplänkel und ihre sprudelnde Art lassen sie gesellschaftlich sehr gefragt sein. Waage-Pferde haben Schwung und Flair.

Das Skorpion-Pferd
Der Skorpion verleiht Konzentrationsfähigkeit, die diese Pferde ihre Projekte zu Ende führen läßt, da sie sich ganz und gar ihren Ideen widmen. Die witzige Art des Pferdes mildert dabei die Strenge des Skorpions.

Das Schütze-Pferd
Dies ist eine Verbindung zwischen zwei ebenso impulsiven wie freiheitsliebenden Pferden. Schütze-Pferde sind spontane, sehr aufgeschlossene Menschen, deren Begeisterung, Abenteuerlust und Optimismus nicht kleinzukriegen sind. Sie neigen jedoch dazu, ihre Fähigkeiten zu überschätzen.

Das Steinbock-Pferd
Das Steinbock-Pferd strebt vor allen Dingen nach Erfolg. Geld und Status sind für diese Menschen besonders wichtig, und der Fleiß des Steinbocks gleicht die Sprunghaftigkeit des Pferdes wieder aus. Steinbock-Pferde sind treu, zuverlässig und sehr erfolgreich.

Das Wassermann-Pferd
Diese Menschen dürften die vielschichtigsten unter den Pferde-Geborenen sein. Sie sind äußerst witzig, unkonventionell und unübertreffliche Exzentriker. Sie behalten stets den Horizont im Blick, sind weitsichtige Denker und begabte Erfinder mit viel kreativem Flair.

Das Fische-Pferd
Die Fische ergänzen das Feuer des Pferdes mit Freundlichkeit, Mitgefühl und großer Fürsorglichkeit. Fische-Pferde sind leicht zu beeindruckende Menschen, die in Idealen völlig aufgehen oder ihr Leben der Wohltätigkeit opfern können.

Berühmte Pferde

Pferde-Geborene sind voller Schwung und Lebenskraft. Sie sind fröhlich und selbständig, können aber auch sprunghaft und mitunter leichtsinnig sein. Das Pferd ist ein großer Jongleur.

Mike Tyson

Der US-Schwergewichtsboxer Mike Tyson ist ein Beispiel für das athletische Pferd. 1986 wurde er jüngster Weltmeister im Schwergewichtsboxen, und er konnte mit seinem wendig-forschen Boxstil diesen Titel von 1987 bis 1990 verteidigen. Sein lebhafter Charakter und ist unstrittig und seine Unberechenbarkeit offenbar auch.

Leonard Bernstein

Den amerikanischen Musiker Leonard Bernstein kennt man hauptsächlich als grandiosen Dirigenten, doch entfaltete er, dem Charakter des Pferdes entsprechend, sein musikalisches Talent sehr vielseitig. Sein Optimismus, seine Flexibilität und enorme Leistungsfähigkeit sind ganz und gar pferdetypisch. Er komponierte Musicals, darunter die West Side Story, Symphonien und Ballette sowie eine Gedächtnismesse für J.F. Kennedy. Außerdem war er ein fähiger Pianist und aktiver Förderer junger Musiker.

Rita Hayworth

Die temperamentvolle Filmschauspielerin Rita Hayworth besaß das für Pferde-Geborene so typische strahlende Aussehen. Sie war ein äußerst lebhafter Mensch und spielte die verschiedensten Rollen.
Sie war fünf Jahre mit Orson Welles verheiratet, und ihre Beziehung galt als äußerst schwierig.

Billie Graham

Der energiegeladene Prediger Billy Graham verstand es, selbst das Gebet zu inszenieren und seine Predigten zur publikumswirksamen Unterhaltungskunst zu machen.
So stürmte er von einer Zusammenkunft zur nächsten und bekehrte Scharen von Menschen zu Gott. Ob er wohl auch etwas von der Eitelkeit mitbekommen hatte, die mit diesem Geburtszeichen bisweilen verbunden ist?

Boris Jelzin

Boris Jelzin, der seit 1990 russischer Präsident ist, verfügt über das Feuer und die Führungsqualitäten, die dem Zeichen des Pferdes zugeschrieben werden. Er besitzt auch die direkte Art und die unmittelbare Überzeugungskraft, die mit diesem Geburtszeichen verbunden sind.

Das Schaf

Die Persönlichkeit des Schafs

Dem gelassenen Schaf (bzw. der Ziege, wie dieses Zeichen manchmal genannt wird) ist das Leben zu kurz, um sich gegen das System aufzulehnen. Schafe schwimmen nicht gerne gegen den Strom, sie lenken lieber ein, lassen sich vom Zeitgeist tragen und tun in ihrer ruhigen, kreativen Art dennoch, was sie wollen. Oft sind sie Idealisten und unpraktisch, und nichts wünschen sie sich mehr, als ein friedliches, behagliches Zuhause, wo man sich fern vom weltlichen Getriebe ganz der Natur und der Kunst widmen kann.

Jahre des Schafs

An achter Stelle im Zyklus folgen die Schaf-Jahre denen des Pferdes und kehren alle zwölf Jahre wieder. Da das Datum des chinesischen Neujahrs jährlich wechselt, ist der Beginn eines jeden Schaf-Jahres im Kalender nachzusehen.

1907 * 1919 * 1931
1943 * 1955 * 1967
1979 * 1991 * 2003

Das Zeichen des Schafs

Die Grundzüge dieses Zeichens sind stark mit der „weiblichen“ oder Yin-Seite unseres Wesens verbunden. Dieser Einfluß ist für unser Bedürfnis, sich um andere zu kümmern und liebevoll zu umsorgen, verantwortlich. Milde, Sanftmut und Empfänglichkeit kennzeichnen sowohl die männlichen als auch die weiblichen Vertreter dieses Zeichens. Schafe sind rücksichtsvoll, aufmerksam und friedfertig und verabscheuen jede Art von Konfrontation, Aggression oder Gewalt. Sie fühlen sich in Gesellschaft am wohlsten und möchten nicht glänzen oder aus der Menge hervorstechen. Diese Menschen zieht es nicht in die Ferne und in ihrer stillen Brust lauern keine Machtgelüste. Doch können Schafe mit ihrer ruhigen Art im Leben großen Erfolg haben und manchmal auf ihren Weidegängen weiterkommen als ihnen bewußt ist.

Die Daten des Schafs

Menschen, die im Jahr des Schafs geboren sind, haben bestimmte Merkmale gemeinsam. Diese bringen jedoch lediglich den Persönlichkeitstyp auf einen kurzen Nenner. Hier die Daten und hervorstechenden Eigenschaften dieses Zeichens:

DATEN

Achtes Zeichen des Kreises ⋆ Chinesischer Name – YANG, Zeichen der Schöpferkraft ⋆ Zeit – 13:00 bis 14:59 Uhr Monat – Juli ⋆ Westliche Entsprechung – Krebs

CHARAKTERISTIKA

kreativ ♥ kultiviert ♥ liebenswürdig ♥ friedfertig intelligent ♥ einfühlsam

übergenau ✖ maßlos ✖ unselbständig trotzig ✖ unsicher ✖ schmeichlerisch

Kunstliebende Menschenfreunde

In diesem Zeichen geborene Menschen neigen sehr zu Güte, aber abgesehen davon besitzen sie eine überaus schöpferische Ader, in der sie anderen haushoch überlegen sind. So zieht es Schafe oft in die Welt der Musik und der schönen Künste. Sie sind niveauvoll, brillant, haben gute Manieren und beeindrucken alle durch ihren Feinsinn.

Anderen Menschen gegenüber sind Schafe freundlich und großzügig bis zum Äußersten, und manchmal kann dies sogar dazu führen, daß sie sich ausnutzen lassen. Trotzdem können sie ihren Willen durchsetzen, und sie tun das auf eine so subtile Weise, daß der andere es oft gar nicht bemerkt.

Oben *Das idealistische Schaf liebt die Schönheit und die Natur.*

IHR ELEMENT

Neben den zwölf Tierzeichen, die jeweils alle zwölf Jahre wiederkehren, spielen auch die fünf chinesischen Elemente – Metall, Wasser, Holz, Feuer, Erde – eine Rolle. Das bedeutet, daß der ursprüngliche 12-Jahres-Zyklus von einem 5-Jahres-Zyklus überlagert wird. Nach dem chinesischen Horoskop werden die wesentlichen Persönlichkeitsmerkmale zwar vom Tierzeichen des Geburtsjahres bestimmt, aber diese Charakteristika treten in jeder Schaf-Generation je nach dem gerade herrschenden Element in etwas anderer Form auf.

DAS METALL-SCHAF 1931 UND 1991

Oberflächlich gesehen verleiht das Metall dem Charakter des Schafs etwas Abweisendes. Diese Schafe geben sich oft unerbittlich, aber sie tun dies nur, weil sie sich aufgrund ihrer Weichherzigkeit mit einer Schutzmauer umgeben müssen. Wer mit Metall-Schafen auf vertrautem Fuß steht, wird nicht auf diese Verteidigungsmaßnahme hereinfallen und direkt in ihr goldenes Herz sehen. Metall-Schafe müßten sich keinen solchen Panzer zulegen, wären sie nicht so leicht verwundbar. Sie neigen dazu, andere so zu behandeln, wie sie es selbst gerne hätten, und sie können diejenigen, die sie zu versorgen haben, allzusehr verwöhnen. Die Liebe zur Kunst, die bei allen Schafen anzutreffen ist, ist bei Metall-Schafen besonders ausgeprägt.

DAS WASSER-SCHAF 1943 UND 2003

Die freundlichen und entgegenkommenden Wasser-Schafe passen sich gerne an, und dies macht das Leben mit ihnen besonders angenehm. Wasser-Schafe sind allgemein beliebt. Sie haben etwas derart Liebenswürdiges an sich, daß man ihnen unbedingt helfen und sie in Schutz nehmen möchte. Wie die anderen Schafe brauchen sie ein Zuhause, das ihnen viel Geborgenheit gibt, und normalerweise sind sie sehr seßhaft. Trotz ihrer Schüchternheit können sie sich durchaus gut und klar ausdrücken, und sie besitzen viel Humor. Was sie brauchen, ist einfach ein bißchen mehr Selbstvertrauen. Wasser-Schafe möchten, daß man ihnen ihren Willen läßt, und wenn dies nicht der Fall ist, sind sie gern beleidigt.

DAS HOLZ-SCHAF 1955 UND 2015

Diese Menschen sind sowohl beruflich als auch privat gerne mit anderen Menschen zusammen, und es mangelt ihnen in der Regel nicht an Freunden und Bekannten. Durch ihre Hilfsbereitschaft und ihr übergroßes Einfühlungsvermögen scharen sich allerdings auch viele verlassene und unglückliche Menschen um sie, die Trost und Unterstützung brauchen. Und da Schafe stets bereitwillig auf andere eingehen und dabei manchmal auch übertreiben, laufen diese Menschen Gefahr, in ihrer Liebenswürdigkeit mißbraucht zu werden. Aber obwohl sich ihre Freundlichkeit und Güte meist positiv auszahlt, täte es diesen Menschen gut, gelegentlich zuerst an sich zu denken.

DAS FEUER-SCHAF 1907 UND 1967

Das Feuer verleiht den Wesenszügen des Schafs einen interessanten Glanz. Feuer-Schafe sind extrovertierter und individualistischer als die anderen Schafe und brauchen daher weniger Unterstützung. Sie sind nicht so leicht zu verletzen und nehmen sich Mißerfolge nicht so sehr zu Herzen. Außerdem treten sie für sich selbst ein und bahnen sich ihren Weg lieber außerhalb der Herde. Mit ihrem großen schauspielerischen Talent zieht es viele von ihnen zu den darstellenden Künsten. Feuer-Schafe sind lebhaft und phantasievoll und genießen ihren großen Freundes- und Bekanntenkreis. Ihr Bedürfnis nach Harmonie kann manchmal dazu führen, daß sie sich selbst etwas vormachen und unangenehme Wahrheiten einfach übersehen.

DAS ERDE-SCHAF 1919 UND 1979

Abgesehen von einem leichten Mangel an Selbstvertrauen besitzt das Schaf bereits einen gefestigten Charakter, und das Erdelement unterstützt diese Ausgeglichenheit noch. Es macht die Erde-Schafe fleißig, unabhängig und einfallsreich, allerdings auch ein bißchen konservativ. Es sind zähe, bodenständige Menschen, die hart im Nehmen sind und ihre genießerische Art in Grenzen zu halten wissen. Ehe und Familie spielen im Leben der Erde-Schafe eine Hauptrolle, und sie werden für das Wohlergehen ihrer Lieben hart arbeiten. Erde-Schafe haben neben ihrer eher konventionellen, vorsichtigen Art auch ein sonniges Gemüt, das sie überall beliebt macht.

Gesundheit und Wohnen

Gesundheit und Konstitution

Trotz seines zarten Auftretens ist das Schaf ziemlich robust. Schafe sind sehr auf ihr leibliches Wohl bedacht und mögen ein bißchen wehleidig sein, aber ihre ruhige, gefaßte Art schützt sie vor den meisten Gesundheitsproblemen. Schwierig wird es jedoch bei Eheproblemen, da ihr Wohlbefinden sehr von der Unterstützung eines verständnisvollen Partners abhängt. Sollte ihnen diese Liebe, die sie so sehr brauchen, aus irgendeinem Grund entzogen werden, werden Schafe sofort krank. Derartiges Unglück schlägt ihnen auf den Magen.

Das Schaf zu Hause

„Traditionell" ist das Adjektiv, das die häusliche Umgebung des Schafs am besten beschreibt. Schafe-Geborene haben an der klassischen Hausfrauenrolle ihre wahre Freude: Sie lieben es, Marmelade zu kochen, Blumen zu arrangieren, Vorhänge zu nähen und ihre Kinder in den Schlaf zu wiegen. Sie glauben an die Werte der Familie, und dies spiegelt sich in ihren Wohnungen mit offenem Kamin und bequemen Möbeln wider. Schafe, ob männlich oder weiblich, bevorzugen das ruhige, häusliche Leben. Ihre Liebe zum Komfort und ihr Sinn für Kunst kommen ihrer Inneneinrichtung zugute, die erlesen elegant und zeitlos klassisch ist. Und da sie die Annehmlichkeiten des Lebens lieben, werden in ihrer Wohnung sicherlich keine modernen Geräte fehlen.

Karriere und Wohlstand

Das Schaf im Beruf

Diese Menschen arbeiten gerne mit anderen zusammen und haben an Machtpositionen kein Interesse. Sollten sie dennoch ein hohes Amt bekleiden, üben sie ihre Pflichten äußerst umsichtig und taktvoll aus. Allerdings behagen ihnen Führungspositionen nicht besonders, weshalb sich Schafe normalerweise keinen Starberuf aussuchen. Sie fühlen sich in einer „Nebenrolle" wesentlich wohler.

Das Geld und das Schaf

Obwohl Schafe Sicherheit und häuslichen Komfort lieben, sind sie keineswegs nur auf Geld aus. Dennoch scheinen sie es magisch anzuziehen – und das ist gut so, denn die meisten von ihnen sind entsetzliche Verschwender. Ob sie das Geld nun leicht verdienen, einen Partner mit einer dicken Brieftasche oder einfach nur Glück haben, sie wohnen immer komfortabel und sind stets gut gekleidet.

Berufe für Schafe

Alle Menschen, die im Jahr des Schafs geboren sind, haben nicht nur ähnliche Begabungen, sondern auch ähnliche Ziele und Ambitionen im Leben. Hier die Berufe, die am besten zur Mentalität und zu den Fähigkeiten des Schafs passen:

Schafe sind ausgezeichnete

Architekten ★ Kartographen
Städteplaner ★ Floristen
Landschaftsarchitekten
Kunsthistoriker
Museumsaufseher
Illustratoren ★ Lektoren
Musiker ★ Schauspieler
Hutmacher ★ Innenarchitekten
Kunstauktionatoren
Dekorateure ★ Friseure
Kindergärtner ★ Kinderärzte

Links *Diese Charaktere, ob männlich oder weiblich, fühlen sich zu Hause am wohlsten und schätzen Geborgenheit und Ruhe.*

Passende Geschäftspartner

Ob sich Schafe ständig mit ihren Geschäftspartnern überwerfen oder gut mit ihnen zurechtkommen, hängt, wie in allen ihren Beziehungen, davon ab, ob die Tierzeichen harmonieren oder nicht. Sehr nützlich ist außerdem die Beachtung der Elementeverträglichkeit.

Schafe des Elements	vertragen sich mit	vertragen sich nicht mit
Metall	*Erde-Schafen*	*Feuer-Affen*
Wasser	*Metall-Kaninchen*	*Erde-Hähnen*
Holz	*Wasser-Pferden*	*Metall-Tigern*
Feuer	*Holz-Schweinen*	*Wasser-Ochsen*
Erde	*Feuer-Schlangen*	*Holz-Hunden*

Geeignete Freunde

Obwohl jeder Mensch einmalig ist, machen die chinesischen Astrologen bezüglich der miteinander verträglichen und sich feindlich gegenüberstehenden Tiere präzise Angaben. Schafe möchten vielleicht gerne wissen, welche Zeichen für eine dauerhafte Freundschaft besonders vielversprechend sind und welche eher aufreiben.

BESTE FREUNDE	TODFEINDE
Kaninchen	*Ochsen*
Schweine	

Oben *Schafe lieben das Wasser. Ruhige Bootsferien mit guten Freunden wären ideal.*

Freizeit und Hobby

Das Schaf im Urlaub

Sicherheit ist der Schlüssel zur Psyche der Schafe. Wenn diese Menschen also verreisen, dann wollen sie vor allem wissen, was sie erwartet. Sie würden weder die entlegenen Orte genießen, die die kühne Ratte so liebt, noch liegen ihnen die tollkühnen Abenteuer, die der feurige Drache sucht, und auf keinen Fall wären die spontanen Ausflüge des Pferdes etwas für sie. Schafe möchten lieber bei ihrer Herde bleiben und ziehen deshalb Gruppenreisen vor.

Studienreisen lieben diese Menschen besonders, aber auch Urlaube mit einem praktischen Hintergrund, wie beispielsweise eine Rundreise zu berühmten Gärten oder die Besichtigung berühmter Bauten. Abgesehen davon zieht es Schafe auch zum Wasser, so daß ein Urlaub am Meer oder Bootsferien an einem See ideal für sie wären. Eine Kreuzfahrt in der Karibik, eine Reise zu den Fjorden Norwegens, den Geysiren in Neuseeland oder Island, den sensationellen Niagarafällen oder den glitzernden Seen Norditaliens würde diesen sanften Wesen sehr gefallen.

Freunde und Feinde

Menschen, die im Jahr des Schafs geboren sind, sind klug und diplomatisch. Sie sind ausgezeichnete Gastgeber, da sie beste Umgangsformen besitzen und auf ihren Besuch einzugehen wissen. Wenn ein Schaf eine Party gibt, wird man diese so schnell nicht vergessen! In Sachen gepflegte Unterhaltung führt das Schaf die Liste der chinesischen Tiere an, doch gehören diese freundlichen Wesen nicht zu den Menschen, die sich gerne in den Vordergrund spielen oder das Herz auf der Zunge tragen. Vielmehr müssen sie sich ihrer Sache ganz sicher sein, bevor sie mit Freunden offen über ihre Gefühle sprechen. Folglich müssen die Menschen, die wirkliches Interesse an einer Freundschaft mit Schaf-Geborenen haben, jede Menge Geduld aufbringen. Die wenigen, die dazu bereit sind, werden allerdings Freunde fürs Leben bleiben. Der Rest wird einfach als Bekanntschaft abgehakt.

Vorlieben und Abneigungen

SCHAFE MÖGEN

Bevorzugte Farbe
Rosa, Lila

Edel- und Halbedelsteine
Mondstein, Saphir, Jade

Passende Geschenke
Ein Bademantel aus Seide, Theaterkarten, Massagen, Kristallkaraffe, Kameenbrosche, Champagner, Muscheln, Pfefferminzöl

Hobbys und Zeitvertreib
Schwimmen, Tennis, Lesen, Bridge, Essen, Kleider kaufen, Schlafen, Filme

Genauso wie die unter denselben Tierzeichen geborenen Menschen Charakterzüge und Lebenseinstellungen teilen, haben sie auch einen ähnlichen Geschmack. Begegnen sich zwei Schafe, werden sie rasch viele gemeinsame Vorlieben und Abneigungen feststellen.

SCHAFE MÖGEN NICHT

von ihren Lieben getrennt sein

Inkompetenz

Aggressionen und Streit

keinen Partner an ihrer Seite

羊

Elternschaft und Nachwuchs

Menschen, die unter dem Einfluß des Schafs geboren sind, sind die geborenen Mütter und Väter. Deshalb ist es für sie ein leichtes, ihren Elternpflichten nachzukommen. Schafe-Mütter und -Väter sind sehr familienorientiert, und sie wollen, wenn möglich, mehr Kinder als der Durchschnitt. Sie überschütten ihren Nachwuchs allzusehr mit Liebe, die oftmals erdrücken kann.

Aber so wie Schafe ihren Kindern sehr nahestehen, so halten sie auch eine sehr enge Beziehung zu ihren eigenen Eltern aufrecht. Viele bleiben in unmittelbarer Nähe ihres Elternhauses oder überlassen ihren Verwandten möglicherweise sogar eine Wohnung im eigenen Haus. Schafe mögen einen großen Familienkreis um sich herum und ermutigen ihre Kinder zu einem herzlichen Kontakt mit den Großeltern.

Vornehm und kultiviert, wie sie nun einmal sind, verabscheuen Schafe-Eltern schlechte Manieren, so daß sie bei ihren kleinen Lämmern von Anfang an auf Höflichkeit und gute Umgangsformen drängen.

Eltern/Kind-Beziehung des Schafs

Manche Eltern haben mit der Persönlichkeit ihrer Kinder keine Probleme. Bei anderen scheint, bei aller Liebe zu ihren Kindern, die Wellenlänge einfach nicht zu stimmen. Hier die Verträglichkeitsgrade zwischen Schafe-Eltern und ihrem Nachwuchs.

SCHAFE MIT	IM ZUSAMMENLEBEN	VERTRÄGLICHKEIT
Ratte	*entgegengesetzte Auffassungen*	✓
Ochse	*auf Wutanfälle aufpassen*	✓
Tiger	*bessert sich mit der Zeit*	✓✓
Kaninchen	*einfühlsam und herzlich*	✓✓✓
Drache	*stolze Eltern*	✓✓✓✓
Schlange	*förderliche Beziehung*	✓✓✓
Pferd	*herzliches Verhältnis*	✓✓✓✓
Schaf	*vollkommenes Verständnis*	✓✓✓✓
Affe	*andere Vorgehensweise*	✓✓
Hahn	*eine schwierige Verbindung*	✓✓
Hund	*langanhaltende Liebe*	✓✓✓
Schwein	*Liebe und Verständnis*	✓✓✓✓

WERTUNGEN ✓ konfliktgeladen ✓✓ einige Schwierigkeiten ✓✓✓ gutes Auskommen miteinander ✓✓✓✓ dieselbe Wellenlänge

Das Schaf im Baby- und Kindesalter

Die Kinder, die unter dem Zeichen des Schafs geboren sind, haben viel mit den Kaninchen gemeinsam, da beide Tiere sehr sanftmütig sind. Wie die Kaninchen sind Schafe zart besaitet und haben nahe am Wasser gebaut. Und in der Tat lernen diese Kinder schon sehr früh, daß sie oft das erreichen, was sie wollen, wenn sie auf ihre Tränendrüsen drücken – ein Trick, den viele auch im Erwachsenenalter beibehalten!

Diese Kinder sind anhänglich, vertrauensselig und empfindsam, aber auch sehr liebenswert. Nichts macht ihnen mehr Freude, als sich an Mama oder Papa anzukuscheln und sich eine beruhigende Geschichte vorlesen zu lassen. Wenig Selbstvertrauen zu haben ist eine ihrer Schwächen, deshalb brauchen alle kleinen Lämmer viel Ermutigung, damit sie ihre Talente entwickeln. In ihrer nachgiebigen und respektvollen Art scheuen sie vor Streit und aggressivem Verhalten zurück. Außerdem wagen sie sich nie zu weit von zu Hause weg.

OBEN *Schafe lieben ihre Familie und knüpfen sowohl zu ihren Eltern als auch zu ihren Kindern starke Bande.*

GEGENÜBER *Hinter der Familienfreundlichkeit der Schafe verbirgt sich große Leidenschaft in der Liebe.*

Partner und Ehegatten

Das Schaf in der Liebe

Schafe fürchten das Alleinsein und neigen zu Schüchternheit, Befangenheit und Unsicherheit. Sie sind sehr familiär eingestellt, und ein Lebenspartner ist für ihr Glück und Wohlbefinden absolut notwendig.

Einige orientalische Astrologen behaupten, dies sei das Zeichen der Ziege, und Ziegen seien kapriziös, da sie in ihrem Übermut herumspringen, wie es ihnen paßt, bis man sie anbindet. Das kommt auf dasselbe hinaus, da nichts mehr bindet als eine feste Liebesbeziehung.

Ein wenig mehr Vertrauen

Es stimmt, an schlechten Tagen können Schafe anhänglich und unselbständig, ja sogar schmeichlerisch und verlockend sein, bis sie ihren Willen bekommen. Sie sind allerdings äußerst romantisch veranlagt, und man kann ihrer weichherzigen, mitfühlenden Art schwer widerstehen. Liebevolle partnerliche Unterstützung hilft dem Schaf, seine brillanten Eigenschaften zu entfalten, Selbstvertrauen zu gewinnen und ein ausgeglichener Mensch zu werden, der vor Witz sprüht.

Der Liebespartner des Schafs

Da sie zart und empfindsam sind und ihre vielen Talente sogar vor sich selbst verstecken können, brauchen diese Menschen unbedingt die liebevolle Unterstützung eines Partners. Bekommen sie diese Ermutigung, blühen sie auf. In einer glücklichen Partnerschaft schöpfen Schaf- bzw. Ziege-Geborene Vertrauen und wagen zu glänzen.

LIEBESPARTNER

SCHAF ♥ RATTE
Hin und wieder Krach, obwohl mit beiderseitigem guten Willen die Beziehung funktionieren kann.

SCHAF ♥ OCHSE
Auch wenn sich die Körper treffen, alles andere geht aneinander vorbei.

SCHAF ♥ TIGER
Sehr viel Bewunderung, aber zuviel übertriebene Rücksichtnahme.

SCHAF ♥ KANINCHEN
Wahre Liebe, gemeinsame Interessen, Respekt und Verständnis.

SCHAF ♥ DRACHE
Trotz der sexuellen Anziehung passen sie vom Temperament nicht zusammen.

SCHAF ♥ SCHLANGE
Sagenhafte Freunde und sexy Liebhaber.

SCHAF ♥ PFERD
Der Liebe auf den ersten Blick folgt gegenseitiges Begehren. Diese Bindung hat Bestand.

SCHAF ♥ SCHAF
Sie sind zwei Genießer, die perfekt zusammenpassen.

SCHAF ♥ AFFE
Es könnte trotz der Verschiedenartigkeit klappen, wenn beide sich anstrengen.

SCHAF ♥ HAHN
Dauernde Schwierigkeiten machen diese Verbindung wenig aussichtsreich.

SCHAF ♥ HUND
Eine ermüdende Verbindung.

SCHAF ♥ SCHWEIN
Viel Verständnis und gegenseitige Liebe machen dieses Team unschlagbar.

LIEBESPPARTNER AUF EINEN BLICK

SCHAFE MIT	HINWEISE	VERTRÄGLICHKEIT
Ratte	*Differenzen*	♥
Ochse	*nur erträumt!*	♥
Tiger	*Kollegen ja – Ehe nein*	♥♥
Kaninchen	*paradiesisch*	♥♥♥♥
Drache	*entweder der Himmel oder die Hölle*	♥♥
Schlange	*zutiefst befriedigend*	♥♥♥
Pferd	*füreinander geschaffen*	♥♥♥♥
Schaf	*ein Erfolgsrezept*	♥♥♥
Affe	*lernen Sie voneinander*	♥♥
Hahn	*heikel*	♥
Hund	*Persönlichkeitskonflikt*	♥
Schwein	*Champagner und Kaviar*	♥♥♥♥

VERTRÄGLICHKEITSSTUFEN ♥ *Konflikt* ♥♥ *sich Mühe geben* ♥♥♥ *große Anziehung* ♥♥♥♥ *himmlisch!*

BEGEGNUNG ZWISCHEN OST UND WEST

Das Widder-Schaf

Widder-Schafe sind kühner als die anderen Schafe, agieren jedoch trotzdem lieber hinter den Kulissen. In der Liebe sind sie besitzergreifend und anspruchsvoll, finden allerdings erst in einer festen Beziehung ihre Hochform, wenn sie von einem starken Partner bewundert werden.

Das Stier-Schaf

Stier-Schafe haben einen erlesenen Geschmack, sind äußerst rational und unglaubliche Genießer. Sie sind keineswegs geldgierig, aber für sie steht ihr eigenes Wohlbefinden und ihre eigene Sicherheit einfach an erster Stelle. Wirklich glücklich sind sie erst mit einem Ehepartner, der sie verwöhnt.

Das Zwilling-Schaf

Diese geselligen, unwiderstehlich charmanten Schafe sind brillante Unterhalter. Das merkurische Element der Zwillinge verleiht ihnen eine rasche Auffassungsgabe und ein hervorragendes Gedächtnis. Zwilling-Schafe plaudern gerne und viel, ob am Telefon oder anderswo, und genießen nichts mehr als gemütliche Abende im Freundes- und Familienkreis.

Das Krebs-Schaf

Die liebenswürdigen, einfühlsamen Krebs-Schafe sind urtypische Familienmenschen, die jedoch zu Ängstlichkeit neigen und auf die Unterstützung ihrer Lieben angewiesen sind. Die unter diesem Zeichen geborenen Kinder sind liebenswert und stehlen sich nie zu weit von zu Hause fort.

Das Löwe-Schaf

Löwe-Schafe sind lustige und heitere Gesellen. Der Löwe-Einfluß bringt größere Unabhängigkeit und Begeisterung in dieses normalerweise eher ruhige Zeichen. Der Löwe ist anständig und gerecht, immer großzügig und hilfsbereit und stattet das Schaf mit Vornehmheit und großen Idealen, aber auch mit einem starken Hang zum Luxus aus.

Das Jungfrau-Schaf

Diese Schafe stellen besonders hohe Ansprüche und haben ein hervorragendes Urteilsvermögen, können allerdings übergenau und pedantisch sein. Obwohl dieser Ordnungssinn in vielen Situationen angebracht ist, kann er den Jungfrau-Schafen in der Liebe manchmal schaden.

Das Waage-Schaf

Intelligent und vornehm, weltmännisch und elegant sind Waage-Schafe der Inbegriff kultivierten Schicks. Sie sind attraktiv, angenehm und brillant, und alles, was sie tun, hat Stil.

Das Skorpion-Schaf

Der Skorpion strafft die Muskeln des friedlichen Schafs und läßt es selbständiger und entschiedener auftreten. Dies ergibt eine Mischung, die Skorpion-Schafe äußerst verführerisch macht. Doch Achtung: Hinter ihrem sanften Äußeren verbirgt sich großes Durchsetzungsvermögen!

Das Schütze-Schaf

Solange alles nach ihrem Kopf geht, sind Schütze-Schafe glücklich. Sie haben gerne viele Projekte, um die sie sich kümmern können, und stehen mit größerem Selbstvertrauen als die anderen Schafe auf eigenen Beinen.

Das Steinbock-Schaf

Ehrgeiz, Fleiß, Elan und praktische Veranlagung geben diesem Schaf die nötige Kraft, seine Ziele zu erreichen. Aber Steinbock-Schafe sind voller Überraschungen: normalerweise eher selbstbeherrscht, können sie völlig aus sich herausgehen.

Das Wassermann-Schaf

Diese Menschen mit ihrem brillanten Witz lassen sich einfach nicht festnageln. Wassermann-Schafe gehören zu den vielseitigen Freigeistern, sie sind schwer faßbar und elektrisierend. Sie leben in den Tag hinein und erwarten von anderen dasselbe.

Das Fische-Schaf

Die Sensibilität der Fische gepaart mit der Kreativität des Schafs ergibt perfekte Künstler. Fische-Schafe sind sanft, sehr zurückhaltend und können ihr Potential besser entfalten, wenn ein Partner sie unterstützt.

Berühmte Schafe

Gelassen, idealistisch und kultiviert, liebenswürdig und freundlich, sensibel und künstlerisch sehr begabt, lieben Schaf-Geborene ihr Zuhause und widmen sich hingebungsvoll ihrer Familie. Sie tun sich häufig im Bereich der Kunst hervor, die im allgemeinen ungestümere Gemüter anzieht.

Leslie Caron

Diese sehr feminine Tänzerin und Schauspielerin besitzt eine Aura voll Sanftmut und Zartheit und das künstlerische Talent des Schafs. Sie genoß ihre Hausfrauen- und Mutterrolle, und als sie in ihrer Glanzzeit als internationaler Filmstar ständig unter Druck stand, widerstrebte dies ihrem sanften Wesen.

Jane Austen

Für diese große englische Schriftstellerin war Häuslichkeit in jeder Hinsicht das Thema ihres Lebens. Obwohl ihre Bücher Betrachtungen des Bürgertums zum Inhalt haben, zeigen sie ein breites Verständnis der menschlichen Natur und jenen goldenen Humor, der für Schafe so typisch ist, wenn sie sich geliebt fühlen. Jane Austen heiratete nie, aber sie war familiär und hielt mit ihren Eltern, Geschwistern, Neffen und Nichten eine herzliche Beziehung aufrecht.

Buster Keaton

Dieser brillante Stummfilmkomiker zeigt in seinen Filmen stets ein lachendes und ein weinendes Auge. Wie viele Schafe hatte er großes künstlerisches Talent und konnte im Rampenlicht glänzen. Bei ihm kam die zurückhaltende Art und der Perfektionismus des Schafs zum Ausdruck. Er führte bei allen seinen großen Filmen Regie, dachte sich jeden Gag selbst aus und war bei seinen perfekt getimten Nummern sein eigener Stuntman.

Margot Fonteyn

Margot Fonteyns Karriere als Ballettänzerin erreichte während ihrer Partnerschaft mit Rudolf Nurejew ihren Höhepunkt. Ihr sanftes, friedliebendes Wesen muß seine für Tiger typische stürmische Art besänftigt haben, denn sie waren lange exzellente Bühnenpartner. Margot Fonteyn bewies ihre Liebe zu den Menschen, indem sie sich nach ihrer Ballettkarriere weltweit für arme, unterprivilegierte Kinder einsetzte.

Laurence Olivier

Laurence Olivier (später Sir Olivier), einer der überragenden Schauspieler Großbritanniens, war, so wie es sich für ein Schaf gehört, wahrhaft kultiviert und künstlerisch. Trotz seines Talents und seiner großen Bühnenpräsenz war er ein Mensch, der gut in der Gruppe arbeiten konnte und sich nicht stets in den Mittelpunkt stellte. Er war über ein Jahrzehnt Regisseur am Nationaltheater in London und spielte sowohl in modernen als auch in klassischen Stücken mit oder führte Regie.

Der Affe

Die Persönlichkeit des Affen

Schlagfertigkeit und Witz sind die Markenzeichen dieses Zeichens, und Affen können sich rühmen, jeden in die Tasche stecken zu können. Affen verstehen schnell und verarbeiten Informationen im Handumdrehen. Der typische Affe-Mensch ist blitzgescheit, leichtfüßig und fähig, nahezu jede Aufgabe zu lösen – je verwickelter und verzwickter sie ist, desto besser. Ihr scharfer Verstand und ihr Sinn für Humor läßt Affen ständig auf der Suche nach neuen Abenteuern sein.

Das Zeichen des Affen

Die Hauptmerkmale des Affen sind unten im Kasten aufgeführt. Der Schlüssel zur Persönlichkeit dieser Menschen liegt wohl darin, daß sie einen unerschütterlichen Sinn für Humor und offensichtlich von klein auf ihre helle Freude an Streichen, Späßen und Witzen haben. Allerdings haben sie auch oft Unfug im Kopf, besonders, wenn sie sich langweilen. Dann bekommen sie dieses schelmische Blitzen in ihre Augen und fangen an, ein wenig Unruhe zu stiften. Ist ihnen dies geglückt, genießen sie an vorderster Stelle das Feuerwerk. Außerdem führt der Affe andere schon mal gerne an der Nase herum – bloß aus Spaß, versteht sich – und erwartet, daß man ihm seine Streiche nicht übelnimmt. Merkwürdigerweise kann man ihm tatsächlich selten böse sein.

Die Wissbegierde des Affen

Manche nennen es Wissensdurst, andere halten es für reine Neugierde. Der Affe wird sagen, es handele sich nur um ein gesundes Interesse. Doch wie immer man es auch nennt, die Wißbegierde des Affen ist unersättlich.

Diese Menschen sind zwar mit großen Verstandeskräften ausgestattet, aber Intuition und Einfühlungsvermögen liegen bei ihnen nicht an erster Stelle. Trotz ihrer erstaunlichen Klugheit scheinen sie immer alles wörtlich zu nehmen und können sich schwer in andere hineinversetzen. Dennoch sind sie ihren Mitmenschen durchaus wohlgesonnen und haben in der Regel viele Freunde und Bewunderer. Sie sind redegewandt und patent, allerdings sind sie leicht gelangweilt und abgelenkt.

Die Daten des Affen

Menschen, die im Jahr des Affen geboren sind, teilen sich bestimmte Merkmale. Diese bringen jedoch lediglich den Persönlichkeitstyp auf einen kurzen Nenner. Hier die Daten und hervorstechenden Eigenschaften dieses Zeichens:

DATEN

Neuntes Zeichen des Kreises ⋆ Chinesischer Name – HOU, Zeichen der Phantasie ⋆ Zeit – 15:00 bis 16:59 Uhr Monat – August ⋆ Westliche Entsprechung – Löwe

CHARAKTERISTIKA

phantasievoll ♥ geschickt ♥ findig ♥ vielseitig überzeugend ♥ humorvoll

spitzbübisch ✖ hinterlistig ✖ unruhig ✖ unverschämt oberflächlich ✖ verlogen

Jahre des Affen

An neunter Stelle im Zyklus folgen die Affen-Jahre denen des Schafs und kehren alle zwölf Jahre wieder. Da das Datum des chinesischen Neujahrs jährlich wechselt, ist der Beginn eines jeden Affen-Jahres im Kalender nachzusehen.

1908 ⋆ 1920 ⋆ 1932
1944 ⋆ 1956 ⋆ 1968
1980 ⋆ 1992 ⋆ 2004

Oben *Das intelligenteste und wendigste aller Tiere ist schlagfertig und ein guter Redner.*

IHR ELEMENT

Neben den zwölf Tierzeichen, die jeweils alle zwölf Jahre wiederkehren, spielen auch die fünf chinesischen Elemente – Metall, Wasser, Holz, Feuer, Erde – eine Rolle. Das bedeutet, daß der ursprüngliche 12-Jahres-Zyklus von einem 5-Jahres-Zyklus überlagert wird. So bestimmt das Affen-Geburtsjahr die wesentlichen Persönlichkeitsmerkmale, doch in jeder Generation gibt es kleine Unterschiede.

DER METALL-AFFE 1920 UND 1980

Überzeugend, klug und sehr ambitioniert, sind Metall-Affen lebhaft, nach außen hin herzlich und sehr leidenschaftlich. Beruflich haben diese Menschen den Erfolg gepachtet, da sie zu harter Arbeit bereit sind, um an die Spitze zu kommen. Diese Affen sind ehrgeizig, sie haben einen starken Willen und neigen zum Einzelgängertum. Sie besitzen Intelligenz und die für dieses Zeichen typische Schlagfertigkeit und scheuen keinerlei Anstrengung, um ihre Ziele zu erreichen. In der Liebe offenbart sich ihre leidenschaftliche Natur, und zudem sind sie treu, zuverlässig und fürsorglich.

DER WASSER-AFFE 1932 UND 1992

Das Wasser fügt dem Charakter des Affen eine große Portion Empfindsamkeit hinzu, was bedeutet, daß diese Affen leicht zu verletzen sind. Also verbergen sie ihre Gefühle, um sich zu schützen. Im allgemeinen halten Wasser-Affen mit sehr vielen Dingen hinter dem Berg, und kaum einer kennt ihre Pläne. Mit ihren Talenten und Qualitäten stehen ihnen zwei Wege offen: Entweder sie konzentrieren sich auf eine Sache und bündeln ihre intellektuellen Kräfte, dann können sie mit Geduld und Methode erfolgreich sein und als echte Trendsetter originelle Anregungen geben. Oder aber sie bleiben unentschlossen und völlig ihren Launen ergeben, um dann mit Vorliebe in den Geschäften anderer Leute mitzumischen.

DER HOLZ-AFFE 1944 UND 2004

Holz-Affen besitzen den für Affen typischen Scharfsinn und Witz in vollem Ausmaß und sind mit großer Logik, einem instinktiven Wissen um die Funktion der Dinge und einer praktischen Veranlagung gesegnet. Dies prädestiniert sie für die Wissenschaft, sie sind jedoch auch gute Redner, und so tun sie sich auf den Gebieten der Kommunikation, Sprachwissenschaft, Computertechnologie und Informatik hervor. Man könnte sagen, daß sie eine größere Integrität besitzen als die meisten anderen Affen und ein besonderes Talent im Umgang mit Menschen haben. Ihrem Ehrgeiz kommt dies sehr zugute, denn mit etwas Anstrengung und Fleiß können sie mit ihrem diplomatischen Geschick in höhere Ränge aufsteigen.

DER FEUER-AFFE 1956 UND 2016

Das Feuer stattet den Affen mit zusätzlicher Kraft und Entschlossenheit aus. Der Feuer-Affe besitzt ein unglaubliches Durchhaltevermögen, und er ist unvergleichlich kühn und einfallsreich. Diese Menschen wollen stets die Oberhand behalten und nichts geht ihnen über eine Spitzen-Position. Sie erobern gerne das andere Geschlecht, woraus sie sich schon mal einen Spaß machen, doch haben diejenigen, die das Leben und die Liebe ernster nehmen, für diese Art von Spaß nicht immer Verständnis. Gleichzeitig dulden diese Menschen gegenüber ihren eigenen Lebenszielen und Ambitionen keinen Spaß. Feuer-Affen sollten sich an ein östliches Sprichwort erinnern: „Je weiter ein Affe den Baum hochklettert, desto verletzlicher wird er." Setzen sie ihre Talente und ihre Energie richtig ein, haben sie nicht nur beruflich großen Erfolg, sondern auch Glück in der Liebe.

DER ERDE-AFFE 1908 UND 1968

Erde-Affen legen Wert auf Anstand, sie sind aufrichtig, seriös, intelligent und haben geistige Interessen. Sie sind ruhiger als ihre Artgenossen und zeigen mehr Fürsorglichkeit und Güte. Außerdem können sie sich besser beherrschen, sind gelassener und insgesamt zuverlässiger. Sie handeln stets ehrlich und widmen ihre Zeit den Menschen, die in ihrer Obhut stehen. Doch denken Affen-Geborene trotz ihrer Selbstlosigkeit und Verläßlichkeit auch an sich. Respekt wissen sie zu schätzen, und sie sind beleidigt, wenn er ihnen nicht in gleichem Maße entgegengebracht wird. Manchmal sind sie so unglaublich gesetzestreu, daß es fast ihrer Art widerspricht. Als Partner sind sie treu und sehr verständnisvoll.

Gesundheit und Wohnen

Gesundheit und Konstitution

Affen ist das Leben viel zu kurz, um krank zu sein. Mit ihrem unbezähmbaren Kampfgeist halten sie Krankheiten in Schach und sich selbst stets auf Trab. Affen scheinen tatsächlich nicht oft krank zu werden und wenn doch, dann legen sie erstaunliche Genesungskräfte an den Tag. Meist sind es nervös bedingte Störungen oder im höheren Alter Herz- und Kreislaufprobleme, die ihnen zu schaffen machen, da sie sich häufig stark unter Druck setzen. Es täte Affen gut, etwas mehr Sport zu treiben als immer nur zu denken.

Der Affe zu Hause

Den meisten Affen sagt das geschäftige Treiben in der Stadt mehr zu als das ruhige Landleben. Sie möchten stets am Puls der Zeit sein. Es macht ihnen großes Vergnügen, das bunte Straßenleben zu beobachten, womit sie Stunden verbringen können. So wäre eine Wohnung mit Blick auf ein belebtes Viertel, vielleicht sogar in einem auf einem Berg gelegenen Haus, ideal. Vernünftige Affen investieren ihre Zeit und Kraft in Hobbys, und vielleicht gibt es in ihren Wohnungen sogar einen Hobbyraum, in dem die Modelleisenbahn, der Computer, die Nähmaschine oder dergleichen steht, je nachdem, für was sie sich gerade interessieren.

Links *Affen lieben Zimmer mit Blick auf das bunte Treiben der Stadt.*

Karriere und Wohlstand

Der Affe im Beruf

Anpassungsfähigkeit und ein gutes Gedächtnis sind das Handwerkszeug des Affen. Mit ihrem scharfen Verstand eignen sie sich im Handumdrehen Fertigkeiten an, um sie dann für ihre Zwecke zu nutzen. Wenn es einen Job gibt, der sich in der Hälfte der Zeit und für das doppelte Geld erledigen läßt, dann wird der Affe das sicher herausfinden. Viele Affen arbeiten in der Finanzwelt, denn sie lieben schnelle Geschäfte und das Stimmengewirr der Börse, und aufgrund ihres Redetalents sind viele ausgezeichnete Verkäufer.

Das Geld und der Affe

Affen wissen zwar, wie man Geld verdient, geben dieses Geld aber genauso rasch wieder aus. Diese Menschen sind keine besonders guten Sparer, da sie lieber in den Tag hineinleben und nicht darüber nachdenken, was morgen ist. So wäre es nicht schlecht, gelegentlich auch für die Zukunft vorzusorgen.

Berufe für Affen

Alle Menschen, die im Jahr des Affen geboren sind, haben nicht nur ähnliche Begabungen, sondern auch ähnliche Ziele und Ambitionen im Leben. Hier die Berufe, die am besten zur Mentalität und zu den Fähigkeiten des Affen passen:

Affen sind ausgezeichnete

Wissenschaftler ★ *Ärzte*
Ingenieure ★ *Schriftsteller*
Lektoren ★ *Journalisten*
Fluglotsen ★ *Kritiker*
Filmregisseure
Schauspieler ★ *Komiker*
Croupiers ★ *Kuriere*
Börsenmakler ★ *Juweliere*
Kunsthandwerker
Finanziers ★ *Händler*
Handelsvertreter
Einkäufer

Passende Geschäftspartner

Ob sich Affen ständig mit ihren Geschäftspartnern überwerfen oder gut mit ihnen zurechtkommen, hängt, wie in allen ihren Beziehungen, davon ab, ob die Tierzeichen harmonieren oder nicht. Sehr nützlich ist außerdem die Beachtung der Elementeverträglichkeit.

Affen des Elements	vertragen sich mit	vertragen sich nicht mit
Metall	*Erde-Pferden*	*Feuer-Hähnen*
Wasser	*Metall-Schweinen*	*Erde-Schafen*
Holz	*Wasser-Drachen*	*Metall-Tigern*
Feuer	*Holz-Affen*	*Wasser-Schlangen*
Erde	*Feuer-Ratten*	*Holz-Kaninchen*

Oben *Affen erwarten vom Urlaub Sensationen, sie lieben das Nachtleben, Städte und Menschen.*

Freizeit und Hobby

Der Affe im Urlaub

Menschen, die im Jahr des Affen geboren sind, reden leidenschaftlich gerne, und folglich brauchen sie stets Gesellschaft um sich. Wenn es also um Urlaubspläne geht, lockt es sie weder in die Einsamkeit der Berge noch in karge Ebenen. Diese ganz und gar geselligen Menschen zieht es in die Stadt. Die Stadt mit ihren hellen Lichtern, ihrem ständigen Verkehrsgetöse und ihrem Menschengewirr bringt Affen-Geborene wieder in Schwung, schärft ihre Sinne und beflügelt ihre Phantasie. Hätten sie die Wahl, wäre sicherlich New York die Stadt, die sie unbedingt sehen wollten. Alternativ dazu würde das pulsierende Leben von Hauptstädten wie London, Paris, Hongkong, Sydney oder Rom sicherlich ihre Neugierde befriedigen. Und weil sie Glück im Spiel haben, würden ihnen die Casinos in Monte Carlo oder Las Vegas gerade die Spannung und Würze liefern, die sie zur Anregung brauchen.

Freunde und Feinde

Daß diese umgänglichen und geselligen Menschen einen großen Freundeskreis und unglaublich viele Bekannte haben, davon zeugt ihr überquellendes Adressbuch. Affen sind leicht gelangweilt, und deshalb brauchen sie viele verschiedene Kontakte, um je nach Bedarf die richtige Unterhaltung zu bekommen. Es fällt keinem anderen Tier unter den chinesischen Zeichen so leicht wie dem Affen, über alle Klassen, Rassen und Typen hinweg mit den verschiedensten Menschen ins Gespräch zu kommen. Genauso wie für die Affen im Urwald das Geschnatter typisch ist, so gefällt den im Zeichen des Affen geborenen Menschen nichts besser, als mit Freunden zu plaudern, zu lachen und den ein oder anderen Witz auszutauschen. Mit ihrem Scharfsinn, Einfallsreichtum und großartigen Humor sind sie einfach überall beliebt. Und wer sie als Freund hat, darf sie als geistreiche, amüsante und durch und durch unterhaltsame Gesellschafter erleben.

Geeignete Freunde

Obwohl jeder Mensch einmalig ist, machen die chinesischen Astrologen bezüglich der miteinander verträglichen und sich feindlich gegenüberstehenden Tiere präzise Angaben. Affen möchten vielleicht gerne wissen, welche Zeichen für eine dauerhafte Freundschaft besonders vielversprechend sind und welche eher aufreiben.

Beste Freunde	Tod-Feinde
Drachen	*Tiger*
Ratten	

Vorlieben und Abneigungen

Affen mögen

Bevorzugte Farben
Gelb, Goldgelb

Edel- und Halbedelsteine
Quarzkristall, Aquamarin, Topas, Achat

Passende Geschenke
Bücher, goldene Stifte, Mobiltelefon, Computer, Spielkarten, Kosmetika, Witzbuch, Puzzle

Hobbys und Zeitvertreib
Klavier- oder Gitarrespielen, Tischtennis, Poker, Wortspiele, Tanzen, Kunsthandwerk, Karaoke

Genauso wie die unter denselben Tierzeichen geborenen Menschen Charakterzüge und Lebenseinstellungen teilen, haben sie auch einen ähnlichen Geschmack. Begegnen sich zwei Affen, werden sie rasch viele gemeinsame Vorlieben und Abneigungen feststellen.

Affen mögen nicht

Einsamkeit

Menschen, die keinen Spaß vertragen

den Mund verboten zu bekommen

nicht der Beliebteste im Viertel zu sein

Elternschaft und Nachwuchs

Hat man einen Affen-Geborenen zum Vater oder zur Mutter, so ist das eher so, als hätte man einen großen Bruder oder eine große Schwester. Es heißt, Affen hätten Peter Pan-Eigenschaften, da sie ihr ganzes Leben jugendlich blieben und niemals völlig erwachsen würden. Daß sie im Herzen so jung bleiben, kommt ihnen als Eltern zugute, weil sie ihren Kindern auf deren Ebene begegnen können. In einer Familie, in der entweder der Vater oder die Mutter zu diesem Zeichen gehört, gibt es keine Generationsprobleme. Zudem sind Affen wirklich gerne mit Kindern zusammen, spielen mit ihnen, teilen ihre Begeisterung und nehmen an ihren Gesprächen teil. Sollten Affen-Eltern gerade mal nicht mit ihren Kindern in ihrer aufgeschlossenen, amüsanten Art plaudern oder ihnen Witze erzählen, dann kuscheln sie wahrscheinlich mit ihnen auf dem Sofa, während sie den Kleinen noch eine spannende Gutenacht-Geschichte vorlesen.

Aber Affen sind auch Partygänger mit einem dicken Adressbuch, das auf ihr reges gesellschaftliches Leben hinweist. Sie gehören nicht zu der Art Menschen, die jeden Abend vor dem häuslichen Kamin ihre heiße Schokolade schlürfen wollen. Sollten ihnen die Elternpflichten einmal etwas im Weg stehen, wird das nie zu lange der Fall sein, denn diese genialen Menschen werden bald den am besten funktionierenden Babysitterplan in der ganzen Stadt ausgearbeitet haben. Oder sie packen ihre Kleinen, wenn es die Situation erlaubt, und nehmen sie, ohne viel Getue zu machen, einfach mit.

Eltern/Kind-Beziehung des Affen

Manche Eltern haben mit der Persönlichkeit ihrer Kinder keine Probleme. Bei anderen scheint, bei aller Liebe zu ihren Kindern, die Wellenlänge einfach nicht zu stimmen. Hier die Verträglichkeitsgrade zwischen Affen-Eltern und ihrem Nachwuchs.

Affen mit	Im Zusammenleben	Verträglichkeit
Ratte	*innige Zuneigung*	✓✓✓✓
Ochse	*förderlich*	✓✓✓
Tiger	*gegensätzliche Auffassungen*	✓
Kaninchen	*zärtliche Verbindung*	✓✓✓
Drache	*harmonisches Verhältnis*	✓✓✓✓
Schlange	*kühl, aber verständnisvoll*	✓✓
Pferd	*einige Zusammenstöße*	✓✓
Schaf	*positive Gefühle*	✓✓✓
Affe	*vertragen sich optimal*	✓✓✓✓
Hahn	*gelegentliche Reibereien*	✓✓
Hund	*widersprüchliche Ideale*	✓
Schwein	*große Liebe*	✓✓✓✓

WERTUNGEN ✓ konfliktgeladen ✓✓ einige Schwierigkeiten ✓✓✓ gutes Auskommen miteinander ✓✓✓✓ dieselbe Wellenlänge

Der Affe im Baby- und Kindesalter

Junge Affen sind aufgeweckt. Intelligent und unglaublich erkundungsdurstig, wollen sie alles wissen, was in der Welt vor sich geht, und sie können kaum längere Zeit Ruhe geben. Mit ihrem Scharfsinn und ihrer raschen Auffassungsgabe fällt ihnen das Lernen und damit die Schule leicht. Die meisten Affen können sich von klein auf geschickt ausdrücken und sehr gut anpassen. Aber ihre Verschmitztheit und ihr Sinn für Humor können sie in der Schule auch schon mal in Schwierigkeiten bringen, denn Menschen dieses Zeichens müssen einfach hin und wieder einen Streich spielen. In die Enge getrieben können Affen die Wahrheit perfekt zu ihren Gunsten wenden.

Oben *Es kommt vor, daß Affen-Eltern ihr Baby zu einer Abendgesellschaft mitnehmen.*

Gegenüber *Affen haben oft viele Affären, denn es fehlt ihnen nicht an Angeboten.*

Partner und Ehegatten

Der Affe in der Liebe

Die aufgeweckten, flinken Affen können auch in punkto Liebe sehr flexibel sein. Und tatsächlich findet man bei keinem anderen astrologischen Tierzeichen einen so häufigen Partnerwechsel. Affen können flirten, das steht fest, besonders in ihren jüngeren Jahren; vielleicht spielen dabei die Langeweile oder das Bedürfnis nach neuen Erfahrungen eine Rolle. Oder vielleicht sehen sie darin eine Leistung, eine Art Balanceakt, mehrere Geliebte und Verehrer auf einmal zu haben.

Affen haben einen Sinn für Unsinn, große Freude an Spielregelverletzungen und die Fähigkeit, die Wahrheit zu ihrem eigenen Vorteil zu wenden. Manchmal können sie auch skrupellos manipulieren und geschickte Spurenverwischer sein – alles Fähigkeiten, die sie bei ihren Liebesabenteuern einsetzen können.

Leidenschaftliche Schäkerer

Als Liebhaber sind Affen innig und leidenschaftlich. Sie können ebensogut als Vamp auftreten wie als Scherzbold. Affen wissen zu bezaubern, zu verführen und mit ihrem glänzenden Witz und ihrer Schlagfertigkeit zu amüsieren und zu unterhalten. Sie sind sehr sinnlich und traumhaft sexy. Wenn sie sich für einen Partner entscheiden, erweisen sie sich als außergewöhnlich treu und zuverlässig.

Der Liebespartner des Affen

Der ideale Partner für einen Affen ist unbekümmert und schlagfertig. Bei zu großer Empfindlichkeit geht der Partner ein, und zu viel Ernst paßt dem Affen überhaupt nicht. Der Kasten rechts zeigt, wie sich andere Tiere für eine Liebesbeziehung mit dem Affen eignen.

LIEBESPARTNER

AFFE ♥ RATTE
Eine ähnliche Einstellung und gegenseitiges Verständnis ebnen ihnen den Weg.

AFFE ♥ OCHSE
Stimmt die Beziehung, wird sich das Leben von seiner heiteren Seite zeigen.

AFFE ♥ TIGER
Hier läßt wahrscheinlich einer den anderen an die Decke gehen.

AFFE ♥ KANINCHEN
Das kann mit Tränen enden.

AFFE ♥ DRACHE
Sie denken ähnlich und verstehen sich gut – eine glückverheißende, erfolgreiche Verbindung.

AFFE ♥ SCHLANGE
Intellektuell sind sie ein tolles Team. In der Liebe kommt ihnen die Eifersucht in die Quere.

AFFE ♥ PFERD
Eine heikle Kombination. Besser für eine Freundschaft geeignet als für die Ehe.

AFFE ♥ SCHAF
Es könnte trotz der Verschiedenartigkeit klappen, wenn beide sich anstrengen.

AFFE ♥ AFFE
Glänzendes Verhältnis!

AFFE ♥ HAHN
Die Liebe könnte zum Reinfall werden.

AFFE ♥ HUND
Nicht schlecht getroffen. Bei so viel gegenseitigem Interesse stehen die Chancen gut.

AFFE ♥ SCHWEIN
Gelegentlicher Krach steigert die gegenseitige Anziehung.

LIEBESPARTNER AUF EINEN BLICK

AFFEN MIT	HINWEISE	VERTRÄGLICHKEIT
Ratte	*unwiderstehliche Anziehung*	♥♥♥♥
Ochse	*ein sich ergänzendes Paar*	♥♥
Tiger	*zu viele Behauptungskämpfe*	♥♥
Kaninchen	*gebrochene Herzen*	♥
Drache	*höchst erfrischende Beziehung*	♥♥♥♥
Schlange	*nur wenn beide zusammenhalten*	♥♥
Pferd	*Freundschaft ja, Liebe nein*	♥♥
Schaf	*ein Erfolgsrezept*	♥♥♥
Affe	*gemeinsam wird das Leben zu den großen Ferien*	♥♥♥♥
Hahn	*sooo viel auszusetzen*	♥
Hund	*ergänzen sich gut*	♥♥♥
Schwein	*ein bewegtes Verhältnis*	♥♥♥

VERTRÄGLICHKEITSSTUFEN ♥ *Konflikt* ♥♥ *sich Mühe geben* ♥♥♥ *große Anziehung* ♥♥♥♥ *himmlisch!*

BEGEGNUNG ZWISCHEN OST UND WEST

Der Widder-Affe
Diese Menschen gehören zu den schwatzhaftesten überhaupt. Sie sind sehr extrovertiert und brauchen unbedingt Gesellschaft um sich. Sie sind witzig und amüsant, aber auch aktiv und zielstrebig. Langeweile ist ihr ärgster Feind.

Der Stier-Affe
Da der Stier die Nervosität des Affen mäßigt, sind Stier-Affen recht ausgeglichen. Sie haben einen Hang zum Luxus und einen Blick für das Schöne. In der Liebe kann es Schwierigkeiten geben, da sie sich einerseits ein geordnetes Leben und eine feste Beziehung wünschen, sich andererseits aber nach Freiheit und Unabhängigkeit sehnen.

Der Zwilling-Affe
Die Aufgewecktheit und Vielseitigkeit dieser Menschen reicht für zwei – Zwilling-Affen begreifen schneller als der Blitz. Sie sind energiegeladen und haben so viel Schwung, daß sie wie ein Derwisch durchs Leben wirbeln. In der Liebe wollen sie bewundert werden.

Der Krebs-Affe
Affen sind gerne einmal hier und dort und am besten überall und gelten nicht gerade als häuslich. Der Krebs-Einfluß macht sie häuslicher und wesentlich familiärer. Geld ist wichtig für sie, und glücklicherweise sind sie, was die Finanzen betrifft, Zauberer.

Der Löwe-Affe
Der Löwe und der Affe möchten beide stets im Mittelpunkt stehen, da sie sehr viel Zuwendung und Bestätigung brauchen. Löwe-Affen sind große Schaumschläger, hinreißend, talentiert und stets bei der Sache. Sie sind liebevolle Partner, tüchtig, leidenschaftlich und treu.

Der Jungfrau-Affe
Jungfrau-Affen beschäftigen sich gerne mit Einzelheiten. Sie sind Perfektionisten, die auf jeden I-Punkt achten. Wie es für Affen typisch ist, eignen auch sie sich Fertigkeiten im Handumdrehen an. Der Einfluß der Jungfrau macht sie so scharfsinnig, daß ihnen aber auch gar nichts entgeht.

Der Waage-Affe
Charme dürfte wohl die größte Stärke der Waage-Affen sein. Sie wissen instinktiv zu schmeicheln, Positives zu erzählen und jede Situation zu ihrem Vorteil zu wenden. Diese Menschen sind klug, gewandt, unaufdringlich und ausgezeichnete Vermittler.

Der Skorpion-Affe
Skorpion-Affen sind lebenslustig und im großen und ganzen amüsant. Jedoch aktiviert der Skorpion einige negative Aspekte des Affen. Unter seinem Einfluß kann die Genialität des Affen in List umschlagen, der Einfallsreichtum in Verlogenheit und die Gewandtheit in reine Schläue.

Der Schütze-Affe
Diese Verbindung ergibt kluge, heitere und dennoch tiefsinnige Personen. Schütze-Affen planen gerne im Großen. Und warum auch nicht, wo ihnen doch die Welt offensteht. Mit der Weitsichtigkeit des Schützen und dem Einfallsreichtum des Affen gelingt ihnen einfach alles.

Der Steinbock-Affe
Die klugen, tüchtigen Steinbock-Affen sind gefestigter und entschlossener als die meisten anderen Affen. Sie setzen ihre Talente konsequent ein und haben folglich sowohl beruflich als auch privat enormen Erfolg.

Der Wassermann-Affe
Die vielseitigen, exzentrischen, forsch-fröhlichen, mit einem ultrascharfen Verstand ausgestatteten Wassermann-Affen versuchen im täglichen Miteinander vermittelnd tätig zu sein. Diese Affen sind enorm wissensdurstig und beeindrucken durch ihre Fähigkeit, Probleme zu lösen.

Der Fische-Affe
Fische-Affen haben etwas ungemein Niedliches an sich, das über einen klugen und berechnenden Kopf hinwegtäuscht. Fische-Affen sind fein, vornehm, kultiviert und äußerst vielseitig talentiert. Aber sie können auch eine gewisse Gekünsteltheit an den Tag legen und sind Meister im Geschichtenerzählen.

三四

Berühmte Affen

Affen können Schelme sein: bevor man sie bemerkt, sind sie schon wieder fort. Sie sind aufgeweckt, sprachlich und technisch begabt und sehr wißbegierig. Sie müssen immer auf Trab sein. Affen-Geborene sind zudem gesellig, anpassungsfähig und scharfsinnig, und sie haben meist sehr viel Humor.

Bob Marley

An diesem großen jamaikanischen Reggae-Musiker zeigt sich das Sprach- und Kommunikationstalent des Affen. Mit Heiterkeit und Charme vermittelte er mit seinen lockeren, freien Liedtexten und eingängigen Rhythmen der ganzen Welt seine Lebensphilosophie des Rastafari und die Kultur der Westindischen Inseln.

James Stewart

James Stewart, ein weiterer Affe-Geborener, der ein arbeitssüchtiger Schauspieler war, begann seine Filmkarriere 1935 und spielte in über 50 Jahren in Hunderten von Filmen mit. Selbst 1991, als über Achtzigjähriger, war er noch (mit seiner Stimme) bei einem Film dabei. An seinem Zitat: „Ob ich meine Karriere gerne wiederholen würde? Ja, doch vielleicht ein bißchen schneller“ wird deutlich, unter welchem Zeichen er geboren wurde.

Martina Navratilova

Da Affen-Geborene sowohl geistig als auch körperlich sehr beweglich sind, ist Tennis genau der richtige Sport für sie, denn er fordert alle diese Eigenschaften und verlangt Kampfgeist. Affen sind von Natur aus keine großen Teamspieler. Wie viele Affen-Geborene ist Martina Navratilova nicht nur auf dem Platz, sondern auch sonst stets temperamentvoll und versteht es, ihren Willen durchzusetzen und zu gewinnen.

Joan Crawford

Joan Crawford, geborene Lucille le Sueur, die sich zunächst Billie Cassin nannte, gehört zu den berühmtesten Filmschauspielerinnen Amerikas. Immer auf Trab und offensichtlich mit der robusten Gesundheit des Affen ausgestattet, spielte sie von den 20er Jahren an bis 1970 in Dutzenden von Filmen eine Hauptrolle. Ihre Bemerkung: „Untätigkeit beleidigt das Leben“ ist typisch für Affen-Geborene.

Omar Sharif

Der ägyptische Schauspieler wurde durch seine Rolle in dem Film *Lawrence von Arabien*, der in den 60ern ein großer Kinoerfolg war, international bekannt.
Er scheint die Unruhe des Affen zu besitzen, da er sich nirgendwo fest niedergelassen hat. Mit seinen großen dunklen Augen fiel es ihm nie schwer, Frauen zu erobern, und er ist ein geschickter Spieler.
Omar Sharif ist heute ein Bridge- und Backgammon-Profi.

Der Hahn

Die Persönlichkeit des Hahns

Wer unter dem zehnten chinesischen Tierzeichen geboren wurde, hat einen temperamentvollen, extravaganten Charakter. Der Hahn ist ein unverwüstlicher Geselle: zäh, zuverlässig und willensstark. Hahn-Menschen sind stolz, extrovertiert und theatralisch. In der Tat sind viele Hähne ausgesprochene Angeber, die gerne herumstolzieren. Aber um ihnen gerecht zu werden: Sie sind auch offen und ehrlich. Sie nennen das Kind beim Namen und das mit dem größten Vergnügen.

Jahre des Hahns

An zehnter Stelle im Zyklus folgen die Hahn-Jahre denen des Affen und kehren alle zwölf Jahre wieder. Da das Datum des chinesischen Neujahrs jährlich wechselt, ist der Beginn eines jeden Hahn-Jahres im Kalender nachzusehen.

1909 ⋆ 1921 ⋆ 1933
1945 ⋆ 1957 ⋆ 1969
1981 ⋆ 1993 ⋆ 2005

Das Zeichen des Hahns

Listigkeit oder Hinterhältigkeiten jeder Art entsprechen nicht den Hähnen, die Täuschung und Betrug verabscheuen. Sie legen gerne die Karten offen auf den Tisch und schätzen es, wenn andere dasselbe tun. Trotz ihrer direkten, unverblümten Art sind Hähne keineswegs nur brav und bieder. Sie lieben es, in Gesellschaft zu sein und verstehen es, dort glanzvoll aufzutreten. Sie können mit ihrem Witz und ihrer Unterhaltungskunst zur Seele jedes gesellschaftlichen Ereignisses werden. Und am wohlsten fühlen sie sich in Situationen, in denen sie sehr viel Bewunderung ernten, doch wollen sie vor allen Dingen, daß man ihnen zuhört, ob dies den anderen nun angenehm ist oder nicht, und sie dulden es nicht, wenn jemand ihnen diese Rolle streitig zu machen versucht. Hähne krähen einfach gerne und sind nicht gerade für ihre Diplomatie oder ihr Taktgefühl bekannt.

Die Daten des Hahns

Menschen, die im Jahr des Hahns geboren sind, teilen sich bestimmte Merkmale. Diese bringen jedoch lediglich den Persönlichkeitstyp auf einen kurzen Nenner. Hier die Daten und hervorstechenden Eigenschaften dieses Zeichens:

DATEN

Zehntes Zeichen des Kreises ⋆ Chinesischer Name – JI, Zeichen der Offenheit ⋆ Zeit – 17:00 bis 18:59 Uhr Monat – September ⋆ Westliche Entsprechung – Jungfrau

CHARAKTERISTIKA

unverwüstlich ♥ mutig ♥ feurig ♥ fürsorglich heimatverbunden ♥ fleißig

unverblümt ✖ eingebildet ✖ grob ✖ ungeduldig aggressiv ✖ rechthaberisch

Perfektionismus

Hähne haben einen Hang zum Melodramatischen und setzen sich gerne in Szene. Doch davon abgesehen sind sie enorm praktisch und logisch. Sie dürften zu den tüchtigsten unter den Zeichen gehören, besitzen ein kritisches Urteilsvermögen und sind sehr sorgfältig. Mit solch hervorragenden Eigenschaften haben sie das Zeug zum Perfektionisten im positiven Sinne. Doch kann der Perfektionismus auch ins Negative umschlagen und zur Pedanterie werden, so daß Probleme nur gewälzt statt gelöst werden. Diese Pingeligkeit kann andere rasend machen.

OBEN *Hähne sind auffällig elegant und ziehen stets bewundernde Blicke auf sich.*

IHR ELEMENT

Die Merkmale der unter dem Zeichen des Hahns geborenen Menschen, das alle zwölf Jahre wiederkehrt, werden von den fünf chinesischen Elementen – Metall, Wasser, Holz, Feuer, Erde – variiert, deren 5-Jahres-Zyklus den ursprünglichen 12-Jahres-Zyklus überlagert.

Der Metall-Hahn 1921 und 1981

Metall-Hähne können manchmal anmaßend und sehr rechthaberisch scheinen und haben dann den Ruf, arrogant zu sein. Sie wollen wichtig sein und besitzen ein großes Selbstbewußtsein. Ihren scharfen Verstand setzen sie logisch ein, und sie analysieren gerne alles, was ihnen über den Weg läuft. Diese Hähne müssen aufpassen, daß sie sich nicht in Gedankenspielereien verlieren statt zu handeln oder ihre wahren Gefühle zu berücksichtigen. Obwohl sie etwas Selbstgerechtes an sich haben, sind sie echte Idealisten, die sich begeistert zum Wohle der Menschheit einsetzen. Wären sie ein bißchen kompromißbereiter und zurückhaltender, so würde dies ihrem Verhältnis zu anderen nur guttun.

Der Wasser-Hahn 1933 und 1993

Das Wasser macht den Hahn im großen und ganzen vernünftiger und entgegenkommender. Wasser-Hähne sind ruhiger, gelassener und intellektueller als die anderen Hähne. Doch besitzen auch sie den für dieses Zeichen so typischen Hang zum rationalen und analytischen Denken und ragen auf den Gebieten der Forschung und Kommunikation heraus. Ihnen scheint niemals die Kraft auszugehen, doch können sie sich in Einzelheiten verlieren, was bedeutet, daß sie dann ihre Kraft sinnlos verschwenden und plötzlich nicht mehr wissen, worauf sie hinauswollten. Wasser-Hähne müssen aufpassen, daß sie ihre Grundsätze nicht aus den Augen verlieren, sonst macht ihre große Detailgenauigkeit sie engstirnig.

Der Holz-Hahn 1945 und 2005

Holz-Hähne, die gut mit anderen auskommen und Zusammenarbeit lieber mögen als der Herr im Haus zu sein, haben ein großes soziales Verantwortungsbewußtsein, das sie drängt, etwas für die Verbesserung der Gesellschaft zu tun. Im Freundes- und Familienkreis verhalten sie sich rücksichtsvoll. Haben sich Holz-Hähne einmal einer Sache verschrieben, dann setzen sie sich unermüdlich und voller Begeisterung dafür ein und erwarten von den anderen Beteiligten dasselbe. Allerdings können sie dabei zu hohe Ansprüche stellen, weil sie andere überschätzen, und manchmal verletzen sie ihre Mitmenschen mit ihrer unverblümt ausgesprochenen Kritik. Holz-Hähne geben schließlich oft mehr Versprechen als sie einhalten können.

Der Feuer-Hahn 1957 und 2017

Das Feuerelement bringt große Farbenpracht in dieses Zeichen. Feuer-Hähne, die sehr viel Zeit mit dem Putzen ihrer eleganten Federn verbringen, legen großen Wert auf ihr Image. Mit ihrem unglaublichen Schwung vermögen sie sich großartig in Szene zu setzen. Trotzdem sind diese Hähne glänzende, willensstarke Organisatoren und die geborenen Anführer, denen man gerne Gehorsam und Respekt entgegenbringt. Sie sollten allerdings achtgeben, andere nicht zu sehr unter Druck zu setzen, um ihren Willen durchzusetzen. Ein bißchen mehr Diplomatie oder Takt wäre oft angebracht. Meistens erweisen sich Feuer-Hähne jedoch als hervorragende Vorgesetzte oder Manager, je nachdem, in welchem Bereich sie ihre Talente gerade einsetzen.

Der Erde-Hahn 1909 und 1969

Diese Hähne sind sorgfältig, methodisch, ordentlich und tüchtig und damit zu Höchstleistungen fähig. Sie besitzen einen scharfen Verstand, ein gutes Gespür für Finanzen und Geschäfte und scheuen nicht davor zurück, Verpflichtungen einzugehen oder Verantwortung zu übernehmen. Sie besitzen das für Hähne typische Interesse am Detail und verstehen sich aufs Sammeln und Analysieren von Informationen. Sie setzen ihre Talente sehr effizient ein und können in ihrem Leben großen Erfolg haben. Erde-Hähne stellen hohe Ansprüche an sich, und da sie von anderen dasselbe erwarten, kann sie das bei den Kollegen oder Angestellten weniger beliebt machen. Deshalb sollten sie daran denken, daß es noch andere Wege gibt, um Menschen zu motivieren, wenn sie ein zufriedenes und kooperatives Team leiten wollen.

Gesundheit und Wohnen

Gesundheit und Konstitution

Ihre Sportlichkeit und ihre Vorliebe für die Natur halten die Hahn-Typen fit. Zudem sind Hähne Kämpfer und nicht bereit, sich Krankheiten zu ergeben. Sollten sie trotzdem einmal krank werden, dann lassen ihre hervorragenden Abwehrkräfte sie bald wieder vor Lebenskraft strotzen. Hähne sind eher für psychische Probleme anfällig, da sie zu Stimmungsumschwüngen neigen und stets sehr hohe Ansprüche an sich stellen. So haben Hähne sich vor allem vor Streß und Überforderung in acht zu nehmen.

Der Hahn zu Hause

Hähne zeigen gerne häuslichen Stolz. Die Wohnungen dieser Organisationsgenies mit Freude am Detail sind immer sauber und ordentlich, und alles darin hat seinen Platz. Auch die Hygiene nimmt bei ihnen einen wichtigen Stellenwert ein, und die große Anzahl an Reinigungsmitteln verrät ihr chinesisches Tierzeichen. Sie besitzen eine Vorliebe fürs Sortieren und Neuordnen, Schubladensäubern und Möbelverstellen, womit sie ihre leidgeprüfte Familie manchmal zum Wahnsinn treiben. Aprikot- und Pfirsichtöne sind die mit dem Hahn-Zeichen verbundenen Farben, und diese harmonieren sehr gut mit dem von ihnen bevorzugten klassischen Mobiliar und traditionellen Dekor.

Karriere und Wohlstand

Der Hahn im Beruf

Hähne, denen berufliches Fortkommen mehr als den meisten anderen Tierzeichen bedeutet, sind tüchtig, standesbewußt und ambitioniert. Durch ihre Talente sind sie für eine Vielzahl von Berufen geeignet, und sie arbeiten sich auf dem von ihnen gewählten Gebiet entschlossen und mit unverwüstlichem Schwung so lange voran, bis sie ihr Ziel erreicht haben. Das bedeutet, daß sie beruflich häufig sehr erfolgreich sind und innerhalb ihrer Profession in kürzester Zeit das obere Ende der Karriereleiter erreichen.

Das Geld und der Hahn

Mit ihrem Hang zu großen Gesten und ihrem scharfen Blick für Einzelheiten scheinen Hähne auf finanziellem Gebiet großes Geschick zu haben. Sie sind sehr gute Finanzberater, besonders wenn es um die Regulierung und Einschränkung von Kosten geht. Doch was den Umgang mit ihrem eigenen Geld betrifft, gehören Hähne zwei Kategorien an: Entweder sie geben ihr Geld großzügig aus und überschütten ihre Freunde mit Geschenken, oder es gefällt ihnen zu sehen, wie sich ihr Geld auf der Bank vermehrt.

Berufe für Hähne

Alle Menschen, die im Jahr des Hahns geboren sind, haben nicht nur ähnliche Begabungen, sondern auch ähnliche Ziele und Ambitionen im Leben. Hier die Berufe, die am besten zur Mentalität und zu den Fähigkeiten des Hahns passen:

Hähne sind ausgezeichnete

Schauspieler ★ *Musiker*
Opernsänger
Modeschöpfer ★ *Tänzer*
Armeeangestellte ★ *Sekretäre*
Zahnärzte ★ *Stadträte*
Versicherungsagenten
Ernährungswissenschaftler
Buchhalter ★ *Finanzberater*

Links *Viele Hähne entscheiden sich für eine Karriere in der Welt des Balletts und der Oper.*

Passende Geschäftspartner

Ob sich Hähne ständig mit ihren Geschäftspartnern überwerfen oder gut mit ihnen zurechtkommen, hängt, wie in allen ihren Beziehungen, davon ab, ob die Tierzeichen harmonieren oder nicht. Sehr nützlich ist außerdem die Beachtung der Elementeverträglichkeit.

Hähne des Elements	Vertragen sich mit	Vertragen sich nicht mit
Metall	*Erde-Schlangen*	*Feuer-Hähnen*
Wasser	*Metall-Ochsen*	*Erde-Schweinen*
Holz	*Wasser-Schweinen*	*Metall-Tigern*
Feuer	*Holz-Schafen*	*Wasser-Hunden*
Erde	*Feuer-Drachen*	*Holz-Tigern*

Freizeit und Hobby

Der Hahn im Urlaub

Der modebewußte Hahn läßt sich gerne an den bekanntesten und schönsten Orten sehen. Diese durch und durch eleganten Menschen können sich rühmen, immer den neuesten Modetrends entsprechend gekleidet zu sein. Sie gehen liebend gerne einkaufen und können leicht ein paar Stunden damit verbringen, in exklusiven Läden Designerkleidung durchzusehen. Junge Hähne zieht es zu „In"-Boutiquen wie Motten zum Kerzenlicht. Hähne kennen sich auf der Fifth Avenue, dem Rodeo Drive oder der Champs Elysees aus. In der Tat ist es ein wenig paradox, daß alle unter diesem Zeichen Geborenen gleichzeitig einen starken Hang zur Natur haben. Irgendwo in einer einsamen Gegend in einem Hotel (am besten mit fünf Sternen) zu wohnen, wäre für sie ein Traumurlaub. Dann könnten sie bergsteigen oder in den Tälern wandern, einem rauschenden Bach lauschen oder einfach auf dem Rücken liegen und in den vorüberziehenden Wolken Gestalten sehen.

Vorlieben und Abneigungen

Hähne mögen

Bevorzugte Farben
Pfirsich- und Aprikottöne

Edel- und Halbedelsteine
Diamant, Rubin, Topas

Passende Geschenke
Brokatjacke, Eierbecher, Bonsaibäume, Gartenkorb, Terrarium, Taschenflasche aus Silber, Spazierstock aus Ebenholz

Hobbys und Zeitvertreib
Golf, Angeln, Schneidern, Singen, Gärtnern, Seidenblumen herstellen, Wandern

Genauso wie die unter denselben Tierzeichen geborenen Menschen Charakterzüge und Lebenseinstellungen teilen, haben sie auch einen ähnlichen Geschmack. Begegnen sich zwei Hähne, werden sie rasch viele gemeinsame Vorlieben und Abneigungen feststellen.

Hähne mögen nicht

mangelnde Hygiene

Leistungsschwäche

schlechte Manieren

gehänselt werden

Befehle entgegennehmen

Freunde und Feinde

Es ist kein Geheimnis, daß Hähne rechthaberisch sind und kein Blatt vor den Mund nehmen. Nimmt man noch die Tatsache hinzu, daß Takt nicht gerade eine ihrer Stärken ist, kann man sich leicht denken, weshalb ihre Freunde ein ganz schön dickes Fell brauchen! Tatsächlich gehören Hahn-Geborene zu der Sorte von Menschen, die eher Bekanntschaften pflegen als wirklich gute Freundschaften. Vielleicht liegt das daran, daß sie als soziale Aufsteiger gerne viele berufliche Kontakte knüpfen, oder auch daran, daß sie ungern etwas von sich preisgeben. Auf jeden Fall lassen sie nur ganz wenige Menschen nahe an sich heran. Und trotzdem gibt es kaum einen treueren Freund als den Hahn, der sich ohne weiteres beinahe umbringt, um einem Freund in der Not zu helfen. Wer diese Menschen gut kennt, hat schon lange erkannt, daß sich hinter ihrer Schroffheit ein goldenes Herz verbirgt.

Geeignete Freunde

Obwohl jeder Mensch einmalig ist, machen die chinesischen Astrologen bezüglich der miteinander verträglichen und sich feindlich gegenüberstehenden Tiere präzise Angaben. Hähne möchten vielleicht gerne wissen, welche Zeichen für eine dauerhafte Freundschaft besonders vielversprechend sind und welche eher aufreiben.

Beste Freunde	Todfeinde
Ochsen	*Kaninchen*
Schlangen	

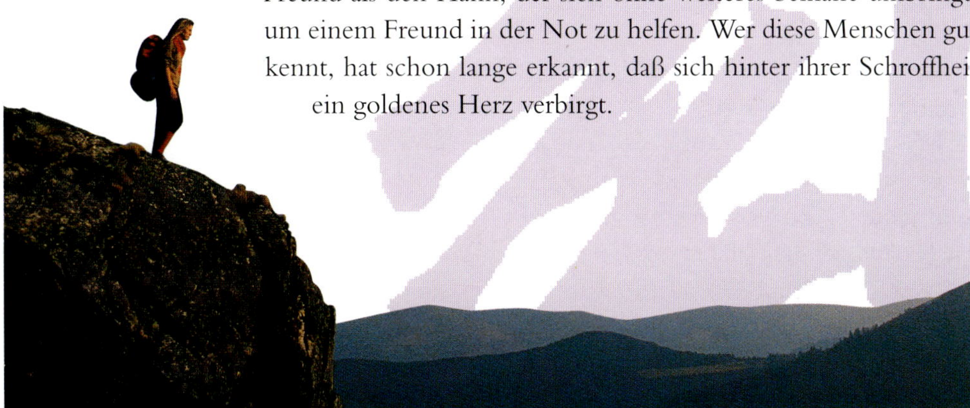

Links *Hähne werden gerne gesehen, dennoch mögen sie Urlaube in der freien Natur.*

Elternschaft und Nachwuchs

Stellen Sie sich eine Henne mit ihren Küken vor, wie sie diese fürsorglich bewacht und schützend unter ihre Flügel nimmt, wenn Gefahr droht. Genauso hegen und pflegen, sorgen und kümmern sich die unter diesem Zeichen geborenen Eltern um ihre Kinder und tun ihr Bestes, damit ihr Nachwuchs wohlbehalten und sicher aufwächst. Dieser große Beschützerinstinkt der Hahn-Eltern kann jedoch manchmal zu weit gehen, sie neigen dazu, ihre Kinder von Kopf bis Fuß in Watte zu packen.

Im Zweifelsfall sind Hahn-Mütter und -Väter lieber zu streng, da sie große Freunde der Disziplin sind. Es heißt, daß Eltern dieses Zeichens aufgrund von Unverständnis und Intoleranz gegenüber Vorstellungen und Verhaltensnormen, die nicht mit ihren eigenen übereinstimmen, ihren Kindern gegenüber recht hart sein können. Es stimmt, Hähne sind konservativ und unduldsam zu jenen, die den Status quo nicht aufrechterhalten wollen. Außerdem nehmen diese Menschen es mit den altmodischen Werten von Anstand und Sitte peinlich genau. Folglich bestehen sie darauf, daß ihre Kinder sich höflich und respektvoll verhalten – nicht nur gegenüber Älteren, sondern auch gegenüber der Natur. Aber Hahn-Eltern hängen sehr an ihren Kindern und sind in ihrer Zuneigung und Fürsorglichkeit unerschütterlich. Sie bürgen für eine wahrhaft hieb- und stichfeste elterliche Liebe, auf die sich ihre Kinder stets verlassen können.

Eltern/Kind-Beziehung des Hahns

Manche Eltern haben mit der Persönlichkeit ihrer Kinder keine Probleme. Bei anderen scheint, bei aller Liebe zu ihren Kindern, die Wellenlänge einfach nicht zu stimmen. Hier die Verträglichkeitsgrade zwischen Hahn-Eltern und ihrem Nachwuchs.

Hähne mit	Im Zusammenleben	Verträglichkeit
Ratte	*distanziert*	✓✓
Ochse	*prima Verbindung*	✓✓✓✓
Tiger	*nicht das einfachste Verhältnis*	✓
Kaninchen	*einige Unannehmlichkeiten*	✓✓
Drache	*eine angenehme Beziehung*	✓✓✓
Schlange	*verschiedene Erwartungen*	✓
Pferd	*eigensinnige Wutanfälle*	✓✓
Schaf	*zugetan trotz vieler Unterschiede*	✓
Affe	*Konflikte*	✓
Hahn	*Machtkämpfe*	✓✓
Hund	*aufrichtige Zuneigung*	✓✓✓✓
Schwein	*sehr förderlich*	✓✓✓✓

WERTUNGEN ✓ konfliktgeladen ✓✓ einige Schwierigkeiten ✓✓✓ gutes Auskommen miteinander ✓✓✓✓ dieselbe Wellenlänge

Der Hahn im Baby- und Kindesalter

Wie die unter dem Zeichen des Affen Geborenen, sind die Kinder, die im Jahr des Hahns geboren sind, aufgeweckt, lebhaft, klug und verträglich. Ihnen fällt der Umgang mit anderen, besonders mit Leuten, die älter sind, sehr leicht. Tatsächlich ist es oft ihr ausgesprochener Charme, der diese Kinder bei den Erwachsenen beliebt macht. In der Schule sind die jungen Hähne sehr lernbegierig, obwohl dieses Zeichen im allgemeinen nicht für seine akademische Brillanz bekannt ist. Aber der Hahn ist ein Wettkämpfer mit einem starken Hang zum Abenteuer, was sich im Sport am besten zeigt. Praktische Fächer, die Schauspielerei sowie Sozialarbeit sind die Gebiete, in denen der junge Hahn sich besonders hervortut.

Oben *Hahn-Eltern wachen bis zum Extrem streng über ihre Kinder.*

Gegenüber *Nicht weit unter der Oberfläche sehnt sich der Hahn nach Liebe.*

Links *Hahn-Eltern erwarten gute Manieren und sind bereit, mit gutem Beispiel voranzugehen.*

Partner und Ehegatten

Der Hahn in der Liebe

Hähne neigen zu extremen Gefühlen, sehen entweder schwarz oder weiß, lieben oder hassen – mit sehr wenig Grauzonen dazwischen. Sie sind energische, starke Persönlichkeiten, neigen aber trotz ihrer Offenheit im Umgang mit anderen dazu, wenig von ihren Gefühlen zu sprechen und sie möglichst fest unter Verschluß zu halten. Positiv gesehen bedeutet dies, daß Diskretion die Stärke der Hähne ist, und ihre Partner können sicher sein, daß sie niemals Einzelheiten ihrer Liebesabenteuer preisgeben würden.

Ein goldenes Herz

Das Zusammenleben mit Hähnen ist nicht gerade einfach. Und doch werden diejenigen, die bereit sind, durch ihr schroffes, abweisendes Äußeres zu schauen, jemanden finden, der von ganzem Herzen liebt und geliebt werden möchte, der um echte Freundlichkeit und Großzügigkeit bestrebt ist. Denn trotz ihrer Härte und Kompromißlosigkeit haben die Hähne eine goldenes Herz.

Es ist die von den Hähnen als Tugend geschätzte Offenheit, die zum Bruch ihrer Liebesbeziehungen führen kann, besonders, wenn der Partner eher empfindsamer Natur ist. Hahn-Geborene beiderlei Geschlechts nehmen kein Blatt vor den Mund, und ihre Kritik kann manchmal auch in Nörgelei ausarten. Außerdem haben Hähne die Angewohnheit, mit einer frömmlerischen Selbstgefälligkeit sehr hohe moralische Ansprüche zu stellen, die auch den sanftmütigsten Partner zum nächsten Scheidungsanwalt treibt.

Der Liebespartner des Hahns

Ein solider, nicht überempfindlicher Partner wäre ideal für den Hahn – jemand, der den Hahn hin und wieder zur Räson bringen oder über sein Gekrähe hinweghören kann, und der sich nicht daran stößt, wenn der Hahn herumstolziert, sondern seine entschiedene Haltung bewundert. Der Kasten rechts zeigt, wie sich andere Tiere für eine Liebesbeziehung mit dem Hahn eignen.

Liebespartner

HAHN ♥ RATTE
Hier wird leider mehr gebissen und gekratzt als fröhlich zusammengesessen.

HAHN ♥ OCHSE
Sexy, leidenschaftlich, heiß. Gutes Gespann für eine glückliche und erfolgreiche Beziehung.

HAHN ♥ TIGER
Zwischen diesen beiden willensstarken Charakteren sorgen Mißverständnisse für Probleme. Hier helfen Gespräche.

HAHN ♥ KANINCHEN
Sie sind in fast jeder Hinsicht das Gegenteil.

HAHN ♥ DRACHE
Diese beiden prächtigen Geschöpfe sind ein großartiges Paar, aber ihre Mega-Egos stehen sich gerne im Weg.

HAHN ♥ SCHLANGE
Was für ein großartiges Team!

HAHN ♥ PFERD
Trotz zeitweiliger Machtkämpfe sind sie ein großartiges Paar.

HAHN ♥ SCHAF
Dauernde Schwierigkeiten machen diese Verbindung wenig aussichtsreich.

HAHN ♥ AFFE
Die Liebe könnte zum Reinfall werden.

HAHN ♥ HAHN
So viel Selbstgerechtigkeit unter einem Dach kann nicht gutgehen.

HAHN ♥ HUND
Hier gibt es wenige Gemeinsamkeiten.

HAHN ♥ SCHWEIN
Trotz der Unterschiede können sie eine gute Beziehung aufbauen.

Liebespartner auf einen Blick

Hähne mit	Hinweise	Verträglichkeit
Ratte	*zu viele Streitereien*	♥
Ochse	*glückliche Vorzeichen*	♥♥♥♥
Tiger	*sprich oder geh!*	♥♥
Kaninchen	*keinerlei Gemeinsamkeiten*	♥
Drache	*niemals langweilig*	♥♥
Schlange	*vorzüglich!*	♥♥♥♥
Pferd	*Streit unterminiert ihre Liebe*	♥♥♥
Schaf	*ein Erfolgsrezept*	♥♥♥
Affe	*sooo viel auszusetzen*	♥
Hahn	*eine Katastrophe*	♥
Hund	*schwierig*	♥♥
Schwein	*erhaltenswert*	♥♥♥

VERTRÄGLICHKEITSSTUFEN ♥ *Konflikt* ♥♥ *sich Mühe geben* ♥♥♥ *große Anziehung* ♥♥♥♥ *himmlisch!*

BEGEGNUNG ZWISCHEN OST UND WEST

Der Widder-Hahn
Widder-Hähne nehmen in ihrer klugen, witzigen und offenen Art kein Blatt vor den Mund. Sie sind kompromißlos ehrlich und erwarten dieselbe unverblümte Offenheit auch von anderen. Sie verkraften durchaus Kritik und achten ebenbürtige Gegner.

Der Stier-Hahn
Diese robusten und bodenständigen Menschen sind fleißig bis an die Grenze zur Arbeitssucht. Mit ihren hohen Leistungsansprüchen haben sie für Drückebergerei keine Zeit. Sie sollten dennoch lernen, durch Entspannung und Heiterkeit ihre Strenge ab und zu ein wenig aufzulockern.

Der Zwilling-Hahn
Zwilling-Hähne stecken fast jeden in die Tasche. Sie wissen offensichtlich eine Menge, und nichts ist ihnen lieber als ein Streitgespräch. Diese spontanen Menschen sprudeln über vor glänzenden Ideen und haben Organisationstalent. Reger Kontakt mit Freunden ist ihnen wichtig.

Der Krebs-Hahn
Der Krebs macht den Hahn empfindsamer und umgänglicher. Das Hahnzeichen sorgt für Tüchtigkeit, und so ist der Haushalt der Krebs-Hähne stets blitzsauber. Diese Menschen fühlen sich wohl, wenn sich möglichst viele Kinder, Verwandte und Haustiere um sie tummeln.

Der Löwe-Hahn
Diese beiden Zeichen können es an Extravaganz und feurigem Temperament miteinander aufnehmen. Löwe-Hähne tragen gerne ihre schönen Federn zur Schau und genießen es, wenn man ihre Überlegenheit bewundert. Doch sind sie auch aufrichtige, freundliche und liebevolle Menschen.

Der Jungfrau-Hahn
Jungfrau-Hähne ragen auf Gebieten hervor, die logisches Denken verlangen. Sie gehen ins Detail und treiben einen mit ihrer Genauigkeit manchmal zur Verzweiflung. Zudem üben sie gerne scharfe, aber wohlgemeinte Kritik. Ihre Partner und Kollegen sollten sich ein dickes Fell zulegen.

Der Waage-Hahn
Durcheinander oder Unstimmigkeiten jeder Art stören das Feingefühl dieser Hähne. Dies trifft auf emotionale Verwicklungen ebenso zu wie auf äußere Unordnung. Waage-Hähne sind intellektuell veranlagt, sie haben großen Charme und somit viele Freunde und Bekannte.

Der Skorpion-Hahn
Wenn diese willensstarken Hähne ein Auge auf etwas oder jemanden geworfen haben, werden sie nicht eher Ruhe geben, bis sie ihr Ziel erreicht haben. Ihre düstere Seite, die eher selten zum Vorschein kommt, liegt ziemlich nah unter der Oberfläche, und sie besitzen Gefühlstiefe.

Der Schütze-Hahn
Diese Hähne begeistern durch ihr unbekümmert fröhliches Auftreten. Schütze-Hähne sind toleranter und philosophischer veranlagt als die anderen Hähne, verbrennen sich aber leicht den Mund. Sie sind für ihren Idealismus und ihre Selbstlosigkeit bekannt.

Der Steinbock-Hahn
Ihr beruflicher Ehrgeiz spornt diese Hähne zu harter Arbeit an und läßt sie die Erfolgsleiter hoch emporsteigen. Diese Menschen sind patent, leistungsstark und haben in Krisenzeiten die Ruhe weg. Status und ein guter Ruf stehen ganz oben auf der Werteliste der Steinbock-Hähne.

Der Wassermann-Hahn
Diese Menschen möchten gerne auffallen und anders sein. Sie sind Individualisten bis hin zum Exzentriker. Emotional lassen sie sich nicht gerne festlegen, und intellektuell brauchen die phantasievollen, ideenreichen Wassermann-Hähne die tägliche Herausforderung.

Der Fische-Hahn
Fische-Hähne sind sowohl Pragmatiker als auch Romantiker und damit umgänglicher und weniger aggressiv als die anderen Hähne. Spannungen und Reibereien jeder Art sind diesen zahmeren Hähnen, die alles gerne durch eine rosarote Brille sehen, ein Graus.

Berühmte Hähne

Hahn-Geborene mögen zwar stolz und extravagant auftreten, aber sie sind ebenso tüchtig und haben ein goldenes Herz. Sie nehmen kein Blatt vor den Mund und kennen keine Hinterhältigkeit. Obwohl sie gerne prahlen, sind sie praktisch und nüchtern und immer bereit, für ihre Lebensziele auch hart zu arbeiten.

Mary Quant

Das Zeichen des Hahns wird oft mit Mode in Zusammenhang gebracht, und Mary Quant verhalf in den 60er Jahren der britischen Mode zu einem Namen. Obwohl sie ein wenig konservativ ist, wußte Mary Quant den schlichten Look und die neuen Farben ihrer Kleider mit klassischen Schnitten zu kombinieren. Sie bewies auch das Finanztalent der Hähne, indem sie ein internationales Modeimperium aufbaute, dessen Umsätze schnell Millionenhöhe erreichten.

Dolly Parton

Sie ist in doppelter Hinsicht ein großer Hahn-Charakter, der seine schönen Federn zur Schau trägt und voller Selbstvertrauen ist: Dolly Parton ist Sängerin, Schauspielerin und eine großartige Unterhaltungskünstlerin. Sie ist direkt, hat Sinn für Humor und kann sich sogar selbst auf den Arm nehmen, ein Talent, das unter den Hahn-Geborenen selten zu finden ist.

Katharine Hepburn

In ihrer selbstsicheren Art fehlt es Katharine Hepburn sowohl auf der Leinwand als auch im Leben ganz bestimmt nicht an Extravaganz. Wie alle Hähne besitzt auch diese Künstlerin eine ganz besondere Lebendigkeit. Sie besitzt das große Unterhaltungstalent dieses Zeichens und ist nie um Worte verlegen.

Eric Clapton

Viele Hähne sind gute Musiker, und Eric Clapton ist einer, zu dem selbst andere Musiker aufschauen. Auf der Bühne ist er ein Star und hält sich seit Jahrzehnten an der Spitze. Die Unverwüstlichkeit und den Mut des Hahns hat er in ganz besonderem Maß bewiesen, als er seine Drogensucht überwand. Obwohl die Musik-Branche ein hartes Geschäft ist, ist er immer noch unter den Ersten.

Nick Faldo

Der britische Golfer Nick Faldo gehört zu denjenigen, die Golf zu einem Trend-Sport gemacht haben. Hähne lieben den Wettbewerb, und dieser Freizeitsport erlaubt den Spielern sogar, gegen sich selbst anzutreten. Der Hang des Hahns zur Selbstdarstellung zeigt sich zudem in Faldos Vorliebe für modische Kleidung.

Der Hund

Die Persönlichkeit des Hundes

Hunde gehören zu den Menschen im Leben, die geben. In ihrer fürsorglichen Selbstlosigkeit sind sie nie um ein freundliches Wort, eine ermutigende Bemerkung und ein versicherndes Lächeln verlegen. Hunde nehmen sich Zeit für andere, hören sich deren Probleme an, bieten ihre Schulter zum Ausweinen an, helfen anderen gerne und wissen aus ihrem offensichtlich unerschöpflichen Repertoire an guten Ratschlägen immer den passenden auszusuchen. Kritiker dieser Persönlichkeiten stellen sie gerne als neugierige Menschen hin, die sich gerne in anderer Leute Angelegenheiten mischen und ungefragt Ratschläge erteilen. Hunde-Geborene wissen oft mehr über ihre Freunde als diese über sie. Sie verraten ungern ihre Probleme und sind privat eher etwas pessimistisch.

Jahre des Hundes

An elfter Stelle im Zyklus folgen die Hunde-Jahre denen des Hahns und kehren alle zwölf Jahre wieder. Da das Datum des chinesischen Neujahrs jährlich wechselt, ist der Beginn eines jeden Hunde-Jahres im Kalender nachzusehen.

1910 * 1922 * 1934
1946 * 1958 * 1970
1982 * 1994 * 2006

Das Zeichen des Hundes

Manchmal können Hunde etwas eigenmächtig sein und sich recht vorlaut in Situationen einmischen, die sie nichts angehen, weil sie glauben, es besser zu wissen. Aber das ist relativ selten der Fall, und wesentlich häufiger kommt es vor, daß diese Menschen durch Großmut und aufrichtige Anteilnahme auffallen. Denn für diese Charaktere sind es immer die Menschen, die zählen. Geld, Macht, Ansehen - daran liegt Hunden nichts. Ihr Herz schlägt für ihre Familie und ihre Lieben, und ihr mitmenschliches Interesse ist breitgefächert und echt.

Hunde-Geborene spezialisieren sich. Sie wollen ihre Zeit und Energie nicht damit verschwenden, einer Neuigkeit nach der anderen hinterherzulaufen. Wenn sie sich einmal für ein Hobby oder Interessensgebiet entschieden haben, bleiben sie dabei. Dies gilt auch für den Beruf, denn sie halten ihren einmal eingeschlagenen Weg bei. Da ist es gut, daß sie sich nicht überstürzt entscheiden. Zudem wollen sie wissen, daß das, was sie tun, der Mühe wert ist. Fehlt dieser Ansporn, können sie ein wenig langsam sein.

Hunde sind von entwaffnender Aufrichtigkeit, Ehrlichkeit und Treue, und wer mit ihnen Bekanntschaft macht, wird bald ihre moralische Stärke und freundschaftliche Wärme zu schätzen wissen.

Oben *Mit ihren hohen moralischen Ansprüchen sind Hunde die Stützen der Gesellschaft.*

Die Daten des Hundes

Menschen, die im Jahr des Hundes geboren sind, teilen sich bestimmte Merkmale. Diese bringen jedoch lediglich den Persönlichkeitstyp auf einen kurzen Nenner. Hier die Daten und hervorstechenden Eigenschaften dieses Zeichens:

DATEN

Elftes Zeichen des Kreises ★ Chinesischer Name – GOU, Zeichen der Treue ★ Zeit – 19:00 bis 20:59 Uhr ★ Monat – Oktober ★ Westliche Entsprechung – Waage

CHARAKTERISTIKA

zuverlässig ♥ standhaft ♥ treu
selbstlos ♥ gewissenhaft ♥ ehrlich

verschlossen ✖ neugierig ✖ mürrisch
ängstlich ✖ pessimistisch ✖ zynisch

IHR ELEMENT

Neben den zwölf Tierzeichen, die jeweils alle zwölf Jahre wiederkehren, spielen auch die fünf chinesischen Elemente – Metall, Wasser, Holz, Feuer, Erde – eine Rolle. Das bedeutet, daß der ursprüngliche 12-Jahres-Zyklus von einem 5-Jahres-Zyklus überlagert wird. Nach dem chinesischen Horoskop werden die wesentlichen Persönlichkeitsmerkmale zwar vom Tierzeichen des Geburtsjahres bestimmt, aber diese Charakteristika treten in jeder Hunde-Generation, je nach dem gerade herrschenden Element, in etwas anderer Form auf.

Der Metall-Hund 1910 und 1970

Ihre kompromißlose Gewissenhaftigkeit und ihre hohen Ansprüche lassen die Metall-Hunde das Leben ernst nehmen. Wenn sie sich einmal einem Menschen, einer Sache oder Partei verpflichtet haben, dann gibt es nur sehr wenig, das sie ihr ganz und gar aufrichtiges Engagement zurücknehmen läßt. Diese Hunde glauben an sich und an die Bedeutung der Sache, für die sie sich entschieden haben. Sie äußern offen und furchtlos, was sie denken, und setzen sich mit Wort und Tat für ihre Pflicht ein. Der Einfluß des Metallelements macht diesen Hundetyp etwas inflexibel und besorgt, wenn einmal nicht alles nach Plan zu laufen scheint. Es täte ihnen manchmal gut, ein bißchen lockerzulassen und die Dinge nicht gar so ernst zu nehmen.

Der Wasser-Hund 1922 und 1982

Großes Verständnis, eine ruhige, besonnene Art und enormes psychologisches Einfühlungsvermögen machen es den Wasser-Hunden leicht, sich in andere Menschen hineinzuversetzen. Sie sind durch den Wassereinfluß flexibler und unbeschwerter als manch anderer unter den Hunde-Geborenen, neigen deshalb aber auch ein wenig zur Nachlässigkeit. Ihre lockere Art kann sie zu finanzieller Unvorsichtigkeit verleiten und macht sie vielleicht auch etwas unzuverlässiger als die anderen Hunde. Ihre Freundlichkeit und Wärme, ihre Toleranz und ihr Verständnis garantieren allerdings, daß es diesen Hunden niemals an Freunden fehlen wird, und sicher zählen sie unter Freunden und Kollegen mit zu den beliebtesten Menschen.

Der Holz-Hund 1934 und 1994

Holz-Hunde sind großzügige und ausgeglichene Naturen. Sie fühlen sich beruflich und privat innerhalb einer Gruppe wesentlich wohler, sind anpassungsfähiger, aber auch ein wenig unselbständiger als die anderen Hunde. Holz-Hunde brauchen Menschen, die sie unterstützen und ihnen ein Gefühl der Sicherheit geben. Sie sind ihrem Freundeskreis treu ergeben, ohne einschmeichelnd zu sein. Fremden gegenüber können sie allerdings anfangs ein wenig schüchtern sein. Außerhalb ihrer Gruppe mangelt es ihnen oft an Selbstvertrauen, obwohl sie immer liebenswürdig sind, gemocht werden und Charakterstärke besitzen.

Der Feuer-Hund 1946 und 2006

Feuer-Hunde sind geborene Anführer. Dieses Element verleiht Dynamik, Energie, Begeisterung, Unabhängigkeit, eine große Portion Abenteuerlust und Unmengen Charme, so daß charismatische Persönlichkeiten dabei herauskommen. Ihre natürliche Kontaktfreude und Kreativität lassen Feuer-Hunde beliebt und erfolgreich sein. Diese Menschen sind sehr selbstsicher und üben gewöhnlich auf Menschen beiderlei Geschlechts große Anziehung aus. Trotzdem besitzen sie die soliden Eigenschaften des Hundes, also Aufrichtigkeit, Treue und Zuverlässigkeit und selten steigt ihnen ihr Erfolg zu Kopf. Ihre Abenteuerlust macht Feuer-Hunde weniger seßhaft als die anderen, und sie können sprunghafter sein.

Der Erde-Hund 1958 und 2018

Langsam aber sicher, das ist das Motto des nüchternen Erde-Hundes, der ein kluger und freundlicher Charakter ist. Das Element Erde verleiht diesen Menschen ein unglaubliches Geschick beim Erteilen von Ratschlägen und im Umgang mit Geld. Ehrlichkeit, Sachlichkeit und absolute Integrität sind die Markenzeichen der Erde-Hunde. Durch ihre ruhige, überzeugende Art können sie andere leicht beeinflussen. Der Erde-Hund erweckt und verdient Vertrauen. Als großer Demokrat, der bereit ist, anderer Leute Standpunkte anzuhören und Vorfälle abzuwägen, wird der Erde-Hund immer weise Recht sprechen und ganz und gar zuverlässig sein, wenn er sich in einer Machtposition befindet.

Gesundheit und Wohnen

Gesundheit und Konstitution

Ihre allgemeine Akzeptanz der menschlichen Natur und ihr Gleichmut gegenüber den Launen des Lebens gibt den Hunde-Geborenen Widerstandskraft und Gesundheit. So scheinen sie eine bemerkenswerte Fähigkeit zu haben, das Auf und Ab des Alltags aufzufangen und den Widrigkeiten des Lebens zu trotzen. Ihr bester Schutz vor dem Krankwerden ist das Glücklichsein, allerdings kann der Hang dieser Menschen, sich Sorgen zu machen, zu nervös bedingten Beschwerden führen.

Der Hund zu Hause

Hunde-Geborene achten sehr darauf, daß ihre Wohnung sauber und ordentlich ist und verbringen viele Stunden mit Putzen und Polieren. Aber trotz aller Ordnung wirkt das Zuhause dieser Menschen niemals steril. Komfortable Sofas mit reizvollen Bezügen laden den Gast (und den Gastgeber gleichermaßen) dazu ein, es sich bequem zu machen. Hunde-Geborene legen Wert auf guten Geschmack, also hat ihre Einrichtung nichts Angeberisches an sich. Sie schätzen das Althergebrachte, eher Klassische, und mögen Massivholz lieber als Kunststoff, Wollteppiche lieber als Synthetikware und alte, traditionelle Möbel lieber als moderne.

Berufe für Hunde

Alle Menschen, die im Jahr des Hundes geboren sind, haben nicht nur ähnliche Begabungen, sondern auch ähnliche Ziele und Ambitionen im Leben. Hier die Berufe, die am besten zur Mentalität und zu den Fähigkeiten des Hundes passen:

Hunde sind ausgezeichnete

Rechtsanwälte ★ Richter
Polizeibeamte ★ Lehrer
Wissenschaftler ★ Chirurgen
Krankenpfleger ★ Ärzte
Fürsorger ★ Sozialarbeiter
Psychiater ★ Psychologen
Ratsmitglieder ★ Politiker
Priester ★ Nonnen ★ Geistliche
Gärtner ★ Bauunternehmer
Innenarchitekten

Karriere und Wohlstand

Der Hund im Beruf

Diese gutgelaunten, aufmerksamen Menschen nehmen oft bereitwillig Extraverpflichtungen auf sich, um ihren Kollegen unter die Arme zu greifen, ganz gleich, ob sie sich am unteren oder oberen Ende der Karriereleiter befinden. Deshalb sind sie bei ihren Kollegen bzw. Mitarbeitern beliebt und geschätzt. In verantwortungsvollen Positionen erweisen sich Hunde als gute Menschenkenner, deren Verständnis, Intuition und völlige Integrität alle in ihrem Einflußbereich stehenden Beschäftigten ebenfalls zur Rechtschaffenheit ansporn.

Passende Geschäftspartner

Ob sich Hunde ständig mit ihren Geschäftspartnern überwerfen oder gut mit ihnen zurechtkommen, hängt, wie in allen ihren Beziehungen, davon ab, ob die Tierzeichen harmonieren oder nicht. Sehr nützlich ist außerdem die Beachtung der Elementeverträglichkeit.

Hunde des Elements	vertragen sich mit	vertragen sich nicht mit
Metall	*Erde-Pferden*	*Feuer-Drachen*
Wasser	*Metall-Schafen*	*Erde-Hähnen*
Holz	*Wasser-Tigern*	*Metall-Ochsen*
Feuer	*Holz-Ratten*	*Wasser-Schafen*
Erde	*Feuer-Kaninchen*	*Holz-Affen*

Das Geld und der Hund

Hunde sind vorsichtig, wenn es ums Geld geht. Sie arbeiten hart und wissen die Vorzüge des Maßhaltens zu schätzen. Reichtümer anzusammeln, interessiert sie kaum, obgleich sie sich gerne etwas gönnen und Freunden und ihrer Familie gegenüber sehr großzügig sind. Hunde verstehen es zu sparen und für die Zukunft zu sorgen.

Links oben *Hunde-Geborene sind gute Lehrer, da sie einfühlsam, geduldig und verantwortungsvoll sind.*

Geeignete Freunde

Obwohl jeder Mensch einmalig ist, machen die chinesischen Astrologen bezüglich der miteinander verträglichen und sich feindlich gegenüberstehenden Tiere präzise Angaben. Hunde möchten vielleicht gerne wissen, welche Zeichen für eine dauerhafte Freundschaft besonders vielversprechend sind und welche eher aufreiben.

Beste Freunde	Todfeinde
Tiger	*Drachen*
Pferde	

Unten und rechts
Familienurlaube sagen Hunde-Geborenen zu. Sie denken gerne zuerst an andere, und es macht ihnen Spaß, den ganzen Tag mit den Kleinen am Strand zu sein.

Freizeit und Hobby

Vorlieben und Abneigungen

Hunde mögen

Bevorzugte Farbe
Blaßgelb

Edel- und Halbedelsteine
Mondstein, Karneol, Jaspis

Passende Geschenke
Blumenkasten, Schaukelstuhl, Puzzle, den neuesten Roman, einen Massagekurs, Seidenblumen, Spitzentischdecken, rote Rosen

Hobbys und Zeitvertreib
Gärtnern, Handwerken, Segeln, Tanzen, Kochen, Blumenstecken

Genauso wie die unter denselben Tierzeichen geborenen Menschen Charakterzüge und Lebenseinstellungen teilen, haben sie auch einen ähnlichen Geschmack. Begegnen sich zwei Hunde, werden sie rasch viele gemeinsame Vorlieben und Abneigungen feststellen.

Hunde mögen nicht

Ungerechtigkeit

andere im Stich lassen

die Gefühle anderer verletzen

die Beherrschung verlieren

Der Hund im Urlaub

Als leidenschaftliche Beobachter der menschlichen Natur können Hunde-Geborene stundenlang in einem Café sitzen, nur um die Menschen in den Straßen zu betrachten. Ob dies dann in Prag, Istanbul, Athen oder Amsterdam geschieht, ist zweitrangig. Wichtig ist jedoch, daß sie die Gelegenheit haben, die Sitten des Landes kennenzulernen. Die unter diesem Zeichen geborenen Menschen sind sehr familiär. So wäre für sie ein Urlaub im Kreise ihrer Lieblingsverwandten ideal. Hunde-Geborene kommen gerne jedermanns Wünschen entgegen, ganz gleich, ob dies nun heißt, mit den Kleinen sandige Sandwiches am Strand zu essen, Teenager in ein Popkonzert zu fahren, die eigenen Eltern in die Oper zu begleiten oder mit der Großtante auf der Uferpromenade die frische Luft zu genießen. Nichts gefällt ihnen mehr im Leben, als ihre Lieben glücklich und zufrieden zu sehen.

Freunde und Feinde

Man könnte sich keinen besseren Freund wünschen als einen im Jahr des Hundes geborenen Menschen. Menschen dieses Zeichens sind in der Tat die verträglichsten Persönlichkeiten, die es auf der Welt gibt. Sie sind ehrlich, einfühlsam, vernünftig und zuverlässig, nehmen jeden so, wie er ist, mit allen seinen Fehlern. Diese liebenswürdigen und treuen Gefährten gehen mit ihren Freunden durch dick und dünn, sind zur Stelle, wo Trost und Hilfe gebraucht werden, und geben stets vernünftige Ratschläge. Hunde sind die Beschützer unter den chinesischen Tieren, immer bereit, Freud und Leid zu teilen. Was sie so angenehm macht, ist, daß sie nie ehrgeizig bzw. bevormundend sind, sondern einfach das Dasein genießen. Zudem schätzen sie ihre Freunde mehr als Reichtum oder Status.

Elternschaft und Nachwuchs

Hunden geht die Familie über alles, und so zählen sie zu den fürsorglichsten, verantwortungsbewußtesten und hingebungsvollsten Eltern unter den chinesischen Tieren. Etwas anderem mehr Bedeutung zu schenken als dem eigenen Nachwuchs kommt den unter diesem Zeichen Geborenen einem Verrat gleich. Auf ihren Schutz kann man zählen. Sie halten stets zu ihren Kindern, begleiten sie durch dick und dünn.

Hunde-Mütter und -Väter werden alles tun, um für eine häusliche Atmosphäre zu sorgen, in der ihr Nachwuchs gedeihen kann. Ist ihr Kind krank, dann werden sie selbstlos und ohne sich zu beschweren die Nächte an dessen Bett verbringen, ihm tröstend die Hand halten, den Schweiß von seiner Stirn wischen und es ermutigen, bis das Fieber vorüber ist. Sie werden ihre Sprößlinge dazu anregen, Dingen auf den Grund zu gehen und selbständig zu denken. Niemals würde es ihnen in den Sinn kommen, sich in die Berufswahl ihrer Kinder einzumischen und sich ihren Wünschen in den Weg zu stellen. Sie geben ihrem Nachwuchs zu verstehen, daß sie ihm den Weg ebnen, wann immer es geht. Und ihre Kinder wissen mit Sicherheit, daß ihre Eltern immer für sie da sein werden, wenn sie sie brauchen, egal, wie klein oder groß das Problem auch sein mag.

Der Hund im Baby- und Kindesalter

Kinder, die im Zeichen des Hundes geboren sind, sind genauso goldig und knuddelig wie Welpen. Sie sind leicht zufriedenzustellen und können sich stundenlang alleine beschäftigen. Ob sie nun ihre Bausteine nehmen und eine herrliche Phantasielandschaft errichten, auf ihrem Zeichenblock ein Bild malen oder im Garten einen Stein hochheben und fasziniert das offengelegte Insektenleben beobachten, diese Kleinen schaffen es, nicht weiter aufzufallen. Hunde-Kinder sind wirklich problemlos. Gesunder Menschenverstand ist ihre größte Stärke, und diese Kinder blühen auf, wenn man ihnen Verantwortung überträgt. Mögen das nun Besorgungen sein oder die Beaufsichtigung jüngerer Geschwister, Kinder dieses Zeichens werden ihre Aufgabe sorgfältig und gut erledigen, denn sie sind die geborenen Helfer und anderen eine Freude zu machen, ist ihnen die größte Freude.

Oben *Hunde-Geborene erweisen sich als fürsorgliche Eltern, die es auch verstehen, den Kindern ihre Freiheit zu lassen.*

Gegenüber *Obwohl zunächst vielleicht ein bißchen scheu, ist der Hund ein liebenswürdiger und treuer Partner, auf den Verlaß ist.*

Eltern/Kind-Beziehung des Hundes

Manche Eltern haben mit der Persönlichkeit ihrer Kinder keine Probleme. Bei anderen scheint, bei aller Liebe zu ihren Kindern, die Wellenlänge einfach nicht zu stimmen. Hier die Verträglichkeitsgrade zwischen Hunde-Eltern und ihrem Nachwuchs.

Hunde mit	Im Zusammenleben	Verträglichkeit
Ratte	*viele glückliche Stunden*	✓✓✓
Ochse	*jeder braucht seinen Platz*	✓
Tiger	*stolze Eltern*	✓✓✓✓
Kaninchen	*beide profitieren*	✓✓✓
Drache	*gegensätzliche Ziele*	✓
Schlange	*eher Mißverständnisse*	✓
Pferd	*herzliches Verhältnis*	✓✓✓
Schaf	*braucht Zuwendung*	✓
Affe	*klarer Generationskonflikt*	✓✓
Hahn	*viel Grund zum Loben*	✓✓✓
Hund	*echte Zuneigung*	✓✓✓✓
Schwein	*positive Einwirkung*	✓✓✓✓

Wertungen ✓ konfliktgeladen ✓✓ einige Schwierigkeiten ✓✓✓ gutes Auskommen miteinander ✓✓✓✓ dieselbe Wellenlänge

Partner und Ehegatten

Der Hund in der Liebe

Hunde besitzen eine Schüchternheit, die es ihnen schwer macht, Freundschaften zu schließen. Vielleicht liegt das daran, daß sie andere erst sehr gut kennen müssen, bevor sie ihnen ihr Gefühlsleben anvertrauen. Vielleicht haben sie aber auch Angst, verletzt und fallengelassen zu werden. Denn Hunde sind recht empfindliche Naturen: sie finden sich mit Kränkungen nicht einfach ab, und folglich verheilen ihre Wunden nur langsam.

Haben Hunde-Geborene ihren Seelenfreund gefunden, erweisen sie sich als aufrichtige und treue Gefährten. Als Liebhaber sind sie freundlich und zuvorkommend. Sie sorgen hingebungsvoll für ihre Lieben und sind stets bereit, anderen einen Gefallen zu tun. Sie stehen zu ihren Partnern, begleiten sie durch die Höhen und Tiefen des Lebens und verteidigen sie notfalls aus Leibeskräften.

Grundsätzliche Ehrlichkeit

Ein Hund, der zufrieden ist und geliebt wird, bestellt gerne seinen eigenen Acker. Hunde sind anspruchslos und haben schlichte Bedürfnisse. Da sie vor Änderungen zurückschrecken, sind sie eher geneigt, eine unglückliche Beziehung aufrechtzuerhalten als etwas Neues zu wagen. Ehrlichkeit ist für sie ein Grundsatz, doch können harte Wahrheiten in einer Beziehung unsäglichen Schaden anrichten, und Hunde müssen lernen, ihre Kritik taktvoll auszuteilen, wenn sie vermeiden wollen, daß man sie für bissig hält.

Der Liebespartner des Hundes

Das System der chinesischen Astrologie informiert sehr genau über die Erfolgschancen von Beziehungen, indem es aussagt, welche Tiere miteinander harmonieren und welche nicht. Die meisten werden mit Hunde-Geborenen gut auskommen, doch dürfte dem Hund durch seine eher ernste, nüchterne Art der auffällige Hahn oder der feurige Drache eher lästig sein, während das Schaf den Hund stur finden und seine Herrschsucht provozieren wird. Der Kasten rechts zeigt, wie sich andere Tiere für eine Liebesbeziehung mit dem Hund eignen.

LIEBESPARTNER

HUND ♥ RATTE
Trotz einiger lauer Momente können sie es zu einer stabilen Partnerschaft bringen.

HUND ♥ OCHSE
Es gibt nicht sehr viele Gemeinsamkeiten zwischen ihnen und immer wieder Störmomente.

HUND ♥ TIGER
Gegenseitige Achtung und Bewunderung machen dieses Team unschlagbar.

HUND ♥ KANINCHEN
Hier läuft vieles gut.

HUND ♥ DRACHE
Ein wirklich stürmisches Verhältnis, wenig Aussicht auf Seelenfrieden.

HUND ♥ SCHLANGE
Gegenseitige Anziehung von Anfang an.

HUND ♥ PFERD
Die richtige Wahl für dauerhaftes Glück.

HUND ♥ SCHAF
Eine ermüdende Verbindung.

HUND ♥ AFFE
Nicht schlecht getroffen. Bei so viel gegenseitigem Interesse stehen die Chancen gut.

HUND ♥ HAHN
Hier gibt es statt Gemeinsamkeiten eher Schwierigkeiten.

HUND ♥ HUND
Mitgefühl, Verständnis und Eintracht machen ein langes Glück wahrscheinlich.

HUND ♥ SCHWEIN
Eine solide und aufrichtige Partnerschaft, auch wenn sie bisweilen ein wenig flau ist.

LIEBESPARTNER AUF EINEN BLICK

HUNDE MIT	HINWEISE	VERTRÄGLICHKEIT
Ratte	*gegenseitiger Respekt*	♥♥
Ochse	*Hoffnungsschimmer*	♥♥
Tiger	*vorzüglich!*	♥♥♥♥
Kaninchen	*gediegen*	♥♥♥
Drache	*diese Verbindung macht krank*	♥
Schlange	*erst das Körperliche, dann das Geistige*	♥♥♥
Pferd	*sie haben, was nötig ist*	♥♥♥♥
Schaf	*Persönlichkeitskonflikt*	♥
Affe	*ergänzen sich gut*	♥♥♥
Hahn	*schwierig*	♥♥
Hund	*große Liebe*	♥♥♥♥
Schwein	*aufrichtig und ehrlich*	♥♥♥

VERTRÄGLICHKEITSSTUFEN ♥ *Konflikt* ♥♥ *sich Mühe geben* ♥♥♥ *große Anziehung* ♥♥♥♥ *himmlisch!*

BEGEGNUNG ZWISCHEN OST UND WEST

DER WIDDER-HUND
Widder-Hunde sind von ihren Fähigkeiten überzeugt, genießen ihre Unabhängigkeit und halten sich weniger in der Gruppe auf. Ihre Suche nach geistiger Erfüllung läßt sie erst relativ spät zur Ruhe kommen. In der Liebe müssen sie lernen, daß ein wenig Takt die Sache erleichtert.

DER STIER-HUND
Stier-Hunde sind Traditionalisten. Sie sind engagiert und tüchtig, erweisen sich als starke Säulen der Gesellschaft und geben in ihrer vernünftigen und nüchternen Art anderen das Gefühl der Sicherheit. Aber sie sind auch stur und lassen sich nicht gerne dazwischenreden.

DER ZWILLING-HUND
Die aufgeweckten Zwilling-Hunde können in ihrer forschfröhlichen Art jeden an die Wand reden. Sie haben aufgrund ihres Ideenreichtums, ihrer Flexibilität und ihres Multitalents weniger Angst vor Veränderungen als viele andere Hunde. Sie genießen den Reiz neuer Abenteuer.

DER KREBS-HUND
Krebs-Hunde haben einen dezenten, feinen Geschmack. Am glücklichsten sind diese von Grund auf häuslichen Menschen zu Hause im Kreis ihrer Lieben. Sie sind sehr empfindsam und oft unsicher. Krebs-Hunde brauchen charakterfeste Partner, die sie unterstützen.

DER LÖWE-HUND
Mit ihrer stolzen, überzeugten und feinen Art wirken Löwe-Hunde weltklug und selbstbewußt. Nur die engsten Vertrauten könnten den Verdacht schöpfen, daß sie unter Unsicherheit und einem labilen Ego leiden. Der Löwe-Hund ist ehrlich, herzlich, liebenswürdig, höflich, zuverlässig und treu, aber er braucht die Rückendeckung eines Partners.

DER JUNGFRAU-HUND
Jungfrau-Hunde sind pflichtbewußt und zuverlässig. Sie sind tüchtig und widmen sich ihren Lieben von ganzem Herzen. Ruhig, beharrlich und äußerst vertrauenswürdig erledigen sie immer alles rationell und ohne viel Getue.

DER WAAGE-HUND
Waage-Hunde sind äußerst charmant, sehr aufrichtig und wirklich um das Wohl der Menschen besorgt. Sie sind sowohl beruflich als auch privat durch und durch fair und setzen sich für eine gerechte Behandlung aller ein. In der Liebe allerdings haben sie oft zu große Erwartungen.

DER SKORPION-HUND
Der Einfluß des Skorpions bringt Lebhaftigkeit mit sich, und deshalb gehören diese Hunde zu den engagiertesten Menschen überhaupt. Ihr Wort zählt. Skorpion-Hunde sind starke Persönlichkeiten und geben lieber den Ton an als umgekehrt. In persönlichen Beziehungen verausgaben sie sich und erwarten von ihren Partnern absolute Treue.

DER SCHÜTZE-HUND
Seine Aufrichtigkeit, Herzenswärme und Großzügigkeit garantieren dem Schütze-Hund eine treue Anhängerschaft. Abenteuerlustiger und spaßiger als die meisten anderen Hunde brauchen diese Menschen viel Freiraum. Jede Art von Einengung macht den Schütze-Hund krank.

DER STEINBOCK-HUND
Diese Hunde sind engagiert, pflichtbewußt und äußerst zuverlässig. Sie arbeiten stets effizient, erledigen die Buchführung fehlerlos, halten ihre Wohnung blitzsauber und kümmern sich gewissenhaft um ihre Familie. Sie sind nicht gerade feurig, haben aber ein goldenes Herz.

DER WASSERMANN-HUND
Die originellen und etwas exzentrischen Wassermann-Hunde zählen zu den am wenigsten materialistischen Menschen auf der Welt. Sie sind eiserne Befürworter der Demokratie, setzen sich selbstlos für die Unterdrückten ein und suchen nach geistiger Erfüllung.

DER FISCHE-HUND
Glück bedeutet für den Fische-Hund eine ruhige, friedliche Umgebung, ein komfortables Zuhause und ein engagierter Partner. Es sind von Grund auf sensible, friedliebende, zu Überängstlichkeit neigende Menschen.

Berühmte Hunde

Die im Zeichen des Hundes geborenen Menschen sind zuverlässig, selbstlos, aufrichtig und ausdauernd. Manchmal haben sie endlos an etwas zu kauen und scheinen gerne ihre Wunden zu lecken. Sie sind intuitiv und wittern drohende Gefahren, sind aber bisweilen auch pessimistisch. Sie schätzen Freunde mehr als materiellen Reichtum, kommandieren sie jedoch manchmal aus Überfürsorglichkeit herum. Sie sind einfache Naturen, niemals intrigant oder hinterhältig.

Liza Minnelli

Liza Minnelli stand schon als kleines Mädchen neben ihrer Mutter Judy Garland im Rampenlicht. Sie ist mit viel Talent und großer persönlicher Unsicherheit ein Paradebeispiel von einem Hund. Diese fleißige und äußerst zuverlässige Künstlerin hat das Publikum noch nie enttäuscht und bleibt selbst bei flüchtigen Bekanntschaften herzlich, doch scheint sie die Neigung des Hundes zur Unsicherheit zu haben.

Sophia Loren

Trotz ihres internationalen Ruhms hat es diese ausgesprochen attraktive und fleißige Schauspielerin bisher verstanden, ein zurückgezogenes Leben zu führen. Sie glänzte mit ihrem Talent unter der Regie ihres Ehemanns Carlo Ponti, mit dem sie sehr glücklich ist. Und obwohl sie auch mit anderen Schauspielern gut zusammenarbeitete, ragen ihre Filme mit Marcello Mastroianni besonders heraus.

Ava Gardner

Ava Gardner war eine große Filmdiva der 40er und 50er Jahre und mit ihren sanften, dunklen Augen eine außergewöhnlich glamouröse Persönlichkeit. Mit der für Hunde typischen Tüchtigkeit blieb sie noch lange nach ihren Glanztagen Schauspielerin, bevor sie sich in den Ruhestand zurückzog. Sie beherrschte die Rolle der begabten Benachteiligten, die lange auf ihre Entdeckung warten muß, hervorragend.

Sylvester Stallone

Der Charakter, den Sylvester Stallone in seinen Rocky-Filmen darstellt, hat Hunde-Eigenschaften: Er ist gut, aber nicht sehr clever, loyal, aber ein bißchen ängstlich, stets besorgt, ob alles gut wird. Stallone verkörpert einen Menschenfreund, der, auch wenn er betrübt ist, aufrichtigen Herzens weiterkämpft und sich stets für die Schwächeren stark macht. Die Figur des Rocky als echter Naivling verweist mit seiner etwas altmodischen Art zweifellos auf Charakterzüge des Hundes. In den Rambo-Filmen wird Stallone zu einem guten, alten Freund. Und dann sind da noch diese sanften braunen Augen!

Norman Schwarzkopf

Hier tritt das Zeichen des Hundes in der Rolle des Befehlshabers auf. Hunde-Geborene sind um Sicherheit besorgt und halten gerne Ordnung. Der U.S. Oberkommandant der alliierten Streitkräfte im Golfkrieg 1991 zeigt die geordnete Seite des Hunde-Charakters. Absolut zuverlässig und loyal, plante er in seiner etwas schroffen Art die Operation Desert Storm so gut durch, daß die Alliierten mit nur wenig Verlusten an Menschenleben auf ihrer Seite gewannen. Sein Verdienst im Golfkrieg machte ihn zu einem kleinen Helden.

Das Schwein

Die Persönlichkeit des Schweins

In seiner natürlichen, heiteren und gelassenen Art erweist sich das Schwein als ein kontaktfreudiger, freundlicher Charakter, der für gute Laune sorgen und alle um sich herum begeistern kann. Schwein-Menschen sind einfach unglaublich nett und ihre unbeschwerte Art täuscht über ihre Energie und Ausdauer hinweg. Sie sind ehrlich und erwarten von anderen genau dasselbe, was sehr zum Charme dieser Menschen beiträgt, sie aber gegenüber ihren Mitmenschen auch äußerst gutgläubig, ja fast blauäugig macht.

Das Zeichen des Schweins

Die Haupteigenschaften der unter dem Zeichen des Schweins geborenen Menschen stehen im Kasten rechts unten. Da es stets rücksichtsvoll ist, legt das Schwein sofort alles aus der Hand, um anderen zur Hilfe zu kommen. Schweine sind sehr großzügig und opfern gerne Zeit und Geld, wenn es darum geht, anderen zu helfen, die nicht soviel Glück haben wie sie. Und auch wenn ihre außergewöhnliche Gutmütigkeit manchmal ausgenutzt wird, sind sie selten nachtragend und geben anderen immer wieder eine neue Chance. Diese Menschen sind über alles friedliebend, sie verabscheuen Zwietracht und geben sich alle erdenkliche Mühe, um schlechte Manieren und derbes Verhalten zu übersehen oder zu entschuldigen. Werden sie jedoch zu oft ausgenutzt, dann zeigen auch diese normalerweise gelassenen Menschen, wo es langgeht und beginnen, ärgerlich zu werden. Und ein Schwein in Rage ist kein Zuckerschlecken!

Da Schweine so gutherzig und verläßlich sind, hält man ihre Hilfsbereitsschaft oft für selbstverständlich, und es besteht die Gefahr, daß sie sich übervorteilen lassen. Weil sie lieber geben als nehmen, fällt ihnen das Teilen leicht. Deshalb können sie nur schwer anerkennen, daß es Zeitgenossen gibt, die weniger großzügig sind als sie.

Dolce vita

Trotz ihrer Gutmütigkeit sind Schwein-Menschen im Grunde ihres Herzens echte Genießer, sie lieben materielle Annehmlichkeiten über alles. Das leibliche Wohl steht bei ihnen ganz oben, und sie sehnen sich nach einem Luxusdasein. Dies ist der einzige Bereich, in dem das Schwein Fehler machen kann: Genauso wie Schwein-Geborene ganz in ihrer Arbeit oder Hilfsbereitschaft aufgehen können, können sie sich manchmal etwas zu ausschließlich dem Vergnügen ergeben.

Jahre des Schweins

An zwölfter und letzter Stelle im Zyklus folgen die Schweine-Jahre denen des Hundes und kehren alle zwölf Jahre wieder. Da das Datum des chinesischen Neujahrs jährlich wechselt, ist der Beginn eines jeden Schweine-Jahres im Kalender nachzusehen.

1911 * 1923 * 1935
1947 * 1959 * 1971
1983 * 1995 * 2007

Die Daten des Schweins

Menschen, die im Jahr des Schweins geboren sind, teilen sich bestimmte Merkmale. Diese bringen jedoch lediglich den Persönlichkeitstyp auf einen kurzen Nenner. Hier die Daten und hervorstechenden Eigenschaften dieses Zeichens:

DATEN

Zwölftes Zeichen des Kreises ★ Chinesischer Name – ZHU, Zeichen der Freigebigkeit ★ Zeit – 21:00 bis 22:59 Uhr Monat – November ★ Westliche Entsprechung – Skorpion

CHARAKTERISTIKA

ehrlich ♥ gesellig ♥ fleißig ♥ großzügig entgegenkommend ♥ natürlich

naiv ✖ materialistisch ✖ oberflächlich ✖ stur leichtgläubig ✖ bequem

IHR ELEMENT

Neben den zwölf Tierzeichen, die jeweils alle zwölf Jahre wiederkehren, spielen auch die fünf chinesischen Elemente – Metall, Wasser, Holz, Feuer, Erde – eine Rolle. Das bedeutet, daß der ursprüngliche 12-Jahres-Zyklus von einem 5-Jahres-Zyklus überlagert wird. Nach dem chinesischen Horoskop werden die wesentlichen Persönlichkeitsmerkmale zwar vom Tierzeichen des Geburtsjahres bestimmt, aber diese Charakteristika treten in jeder Generation der Schweine, je nach dem gerade herrschenden Element, in etwas anderer Form auf.

Das Metall-Schwein 1911 und 1971

Metall-Schweine sind schwungvoll und selbstbewußt, stets hundertprozentig bei der Sache, und sie beweisen vor allem in zwischenmenschlichen Beziehungen ihr enormes Engagement. Im Berufsleben packen sie kräftig an und motivieren durch ihre gute Laune, in der Liebe sind sie treu. Wem diese Menschen auch begegnen, nie lassen sie einen Zweifel daran, daß sich ihre Art mit Gold aufwiegen läßt. Metall-Schweine können ihre Mitmenschen nicht besonders gut einschätzen und sehen eher das Positive als das Negative in ihrem Gegenüber. Aber sie sind stark genug, um mit den Folgen dieser Fehleinschätzungen zu leben und können im Ernstfall knallharte Gegner sein.

Das Wasser-Schwein 1923 und 1983

Der Einfluß des Wassers macht das großzügige, liebenswürdige Schwein unendlich weich und gutgläubig. Trotzdem können Schweine diese Elements gut mit Menschen umgehen und mit Leichtigkeit erahnen, was in deren Köpfen vor sich geht. Folglich können sie trotz ihrer leichten Beeinflußbarkeit auch ihrerseits sehr überzeugend sein. Aufgrund ihrer hilfreichen und freundlichen Natur machen sie sich gerne nützlich. Diese fleißigen, beruflich oft ambitionierten und erfolgreichen Menschen sind sehr gesellig und lieben Partys. Und dennoch fühlt sich das Wasser-Schwein im Schoß der Familie am wohlsten.

Das Holz-Schwein 1935 und 1995

Seine Aufmerksamkeit und Diplomatie kommen dem Holz-Schwein im Umgang mit anderen sehr zugute. In ihrer großherzigen und freigiebigen Art opfern diese Schweine ehrenwerten, guten Zwecken unendlich viel Zeit und Geld. Sie sind fleißig und patent und wissen, wie sie ihre Ziele erreichen und andere für ihre Sache begeistern können. Außer ihrem großzügigen und optimistischen Wesen besitzen sie viel Humor, der sie bei allen beliebt macht. Verständnis und Kooperationsbereitschaft machen sie zu guten Mitarbeitern, besonders wenn es um Verhandlungen und den Umgang mit Menschen im allgemeinen geht.

Das Feuer-Schwein 1947 und 2007

Das unternehmungslustige, kühne und dynamische Feuer-Schwein ist genauso großzügig und ebenso rasch für einen guten Zweck zur Stelle wie alle anderen Schweine auch. Aber diese Schweine können wahre Heldentaten vollbringen, denn haben sie sich einmal etwas vorgenommen, dann ist es so gut wie unmöglich, sie von ihrem Vorhaben abzubringen. Das Feuer verleiht diesen Menschen zusätzliches Temperament und macht sie zu wahren Energiebündeln. Sie neigen daher zur Impulsivität und sind bereit, große Wagnisse einzugehen. In seiner Großzügigkeit wird das Feuer-Schwein alles unternehmen, um seiner Familie ein Leben im Wohlstand zu ermöglichen und seine Großherzigkeit auch in Führungspositionen zu beweisen. Nur wenn wirklich alles schiefgeht, legt das Feuer-Schwein aggressive Züge an den Tag. Tief in seinem Innern ist dieses Schwein ganz und gar ein Genießer.

Das Erde-Schwein 1959 und 2019

Gelassenheit und Vernunft sorgen dafür, daß das Erde-Schwein mit seiner Familie und seinen Lebensbedingungen prima zurechtkommt. Die Erde verleiht diesen geduldigen und zuverlässigen Menschen eine starke praktische Ader. Dieser Typ von Schwein ist beruflich erfolgreich, ohne dazu gleich am oberen Ende der Erfolgsleiter sein zu müssen, auch wenn sie durchaus Ambitionen haben, dorthin zu gelangen. Die Liebe des Schweins zu einem angenehmen Gesellschaftsleben mit viel gutem Essen und Trinken ist sehr ausgeprägt, und einige Erde-Schweine müssen aufpassen, daß sie sich nicht ein bißchen zuviel des Guten zugestehen.

Gesundheit und Wohnen

Gesundheit und Konstitution

Obwohl die unter dem Zeichen des Schweins geborenen Menschen robust sind, kann ihr Hang zur Genußsucht zu Gesundheitsproblemen führen. Magen und Darm sind die anfälligen Stellen dieser Menschen, die auf ihr Gewicht achten müssen und bewußt Sport treiben sollten. Schweine sind sehr friedliebend und harmoniebedürftig, zudem sind sie kontaktfreudig und lieben Gesellschaft. Einsamkeit oder ein ungeregeltes Leben wirken sich negativ auf ihre Gesundheit aus.

Das Schwein zu Hause

Da das Schwein ein Genießer ist, weiß es seine Wohnung äußerst reizvoll und komfortabel einzurichten. Diese Menschen beeindrucken gerne und entsprechend ist ihre Inneneinrichtung, doch sollten sie sich vor Effekthascherei in acht nehmen. Hier zeigen sie am meisten Kreativität und können die schäbigste Hütte in einen Palast verwandeln. Aber ihr Verhalten kann paradox sein: Manchmal arbeiten sie bis zum Umfallen und dann wieder brächte sie nicht einmal ein Erdbeben vom Sofa weg. Trotz ihrer häuslichen Kreativität sind sie bei der Hausarbeit nicht ganz so eifrig.

Karriere und Wohlstand

Das Schwein im Beruf

Diese anpassungsfähigen und gelassenen Menschen sind für eine ganze Reihe von Berufen geeignet, obgleich sie sich in kreativen Berufen besonders hervortun. Sie erledigen Arbeiten systematisch und schwungvoll, ohne viel Wirbel darum zu machen, und sind immer bereit, Kollegen zu helfen, wenn diese in der Klemme sitzen. Das läßt sie im Kollegenkreis beliebt sein und macht sie zu guten Teamarbeitern. Schweine arbeiten sehr sorgfältig und haben den Ruf, gute Qualität zu liefern.

Das Geld und das Schwein

Schweinen macht das Geldausgeben großen Spaß, und oft schlagen sie mit ihrer Großzügigkeit ein wenig über die Stränge. Sie haben einen extravaganten Geschmack und den Hang, bei allem nach der Luxusausgabe zu greifen. Dies nicht aus Angeberei, sondern aus Freude an der Sache selbst. Doch trotz ihrer scheinbaren Verschwendungssucht sind diese Menschen geschickte Finanziers, deren Nasen jeden Trüffel im Waldboden aufspüren. Obwohl sie mit dem Geldverdienen meistens keine Probleme haben, täte es ihnen trotzdem gut, etwas mehr für schlechte Tage vorzusorgen.

Berufe für Schweine

Alle Menschen, die im Jahr des Schweins geboren sind, haben nicht nur ähnliche Begabungen, sondern auch ähnliche Ziele und Ambitionen im Leben. Hier die Berufe, die am besten zur Mentalität und zu den Fähigkeiten des Schweins passen:

Schweine sind ausgezeichnete

Krankenpfleger ★ *Ärzte*
Tierärzte ★ *Zahnärzte*
Ernährungswissenschaftler
Hoteliers ★ *Bauern* ★ *Metzger*
Wildhüter ★ *Gastronomen*
Lehrer ★ *Forscher*
Gelehrte ★ *Designer*
Künstler ★ *Dekorateure*
Floristen ★ *Schauspieler*
Entertainer
Kunsthandwerker

Links *Das gelassene und flexible Schwein sorgt gerne für ein bequemes, luxuriöses Ambiente.*

Passende Geschäftspartner

Ob sich Schweine ständig mit ihren Geschäftspartnern überwerfen oder gut mit ihnen zurechtkommen, hängt, wie in allen ihren Beziehungen, davon ab, ob die Tierzeichen harmonieren oder nicht. Sehr nützlich ist außerdem die Beachtung der Elementeverträglichkeit.

Schweine des Elements	Vertragen sich mit	Vertragen sich nicht mit
Metall	*Erde-Ochsen*	*Feuer-Ratten*
Wasser	*Metall-Schweinen*	*Erde-Tigern*
Holz	*Wasser-Drachen*	*Metall-Hähnen*
Feuer	*Holz-Kaninchen*	*Wasser-Pferden*
Erde	*Feuer-Schafen*	*Holz-Schlangen*

Freizeit und Hobby

Das Schwein im Urlaub

Menschen, die unter dem Zeichen des Schweins geboren sind, sind an sich tüchtig. Allerdings übertreiben sie gerne ein wenig ihre genießerische Art, und das Essen ist ihre große Leidenschaft. Tatsächlich haben alle Schweine einen Hang zur guten Küche, einen erstaunlichen Appetit und viele sind ihre eigenen Gastronomen. So würde diesen Gourmets ein Kochkurs in Frankreich oder die Besichtigung einer der großen Malt Whiskey-Brennereien in Schottland immense Freude bereiten. Aber im großen und ganzen sind für Schwein-Geborene Erholungsurlaube genau das richtige, vorzugsweise besonders teure in Fünf-Sterne-Hotels. Mit ihrem Hang zur Lässigkeit entsprechen Sonnenbäder am Sandstrand oder im Café, während der Ober eine große Piña colada mit Eiswürfeln bringt, ihren Wunschvorstellungen. Ein Wochenende im Ritz wäre niemals verkehrt.

Freunde und Feinde

Im Jahr des Schweins geborene Menschen sind von Natur aus großzügig. In ihrem Haus ist man immer herzlich willkommen und zu Tisch geladen, denn sie können niemanden hungern oder frieren sehen. Sie sind echte Lebenskünstler, brillante Köche und exzellente Gastgeber und Gastgeberinnen. Selbst die alltäglichste Abendeinladung wird bei ihnen zu einem unvergeßlichen Ereignis, das von einem üppigen Festmahl gekrönt wird. Für diese liebenswerten und kontaktfreudigen Menschen ist ein enger sozialer Kontakt wichtig. Sie hängen wirklich an ihren Freunden, haben es gerne, wenn man unerwartet bei ihnen vorbeischaut und lieben es, in großer Gesellschaft bis zum Morgengrauen auszugehen. Kaum jemand ist seinen Freunden gegenüber loyaler oder hilfsbereiter als das Schwein. Mit seiner Gutmütigkeit gewinnt es in seinem Leben viele Freunde und hat sehr wenige Feinde.

Geeignete Freunde

Obwohl jeder Mensch einmalig ist, machen die chinesischen Astrologen bezüglich der miteinander verträglichen und sich feindlich gegenüberstehenden Tiere präzise Angaben. Schweine möchten vielleicht gerne wissen, welche Zeichen für eine dauerhafte Freundschaft besonders vielversprechend sind und welche eher aufreiben.

BESTE FREUNDE	TOD-FEINDE
Kaninchen	*Schlangen*
Schafe	

Vorlieben und Abneigungen

Schweine mögen

Bevorzugte Farbe
Dunkelblau

Edel- und Halbedelsteine
Lapislazuli, Koralle, Beryll

Passende Geschenke
Kosmetika, Fußmassagegerät, Bademantel, ätherische Öle, Theaterkarten, Handwerkskasten, Champagner, Kaviar, Kristallkaraffe, Parfümseife, Bodylotion

Hobbys und Zeitvertreib
Shopping, Amateurtheater, Golf, Kreuzworträtsel, Abendgesellschaften

Genauso wie die unter denselben Tierzeichen geborenen Menschen Charakterzüge und Lebenseinstellungen teilen, haben sie auch einen ähnlichen Geschmack. Begegnen sich zwei Schweine, werden sie rasch viele gemeinsame Vorlieben und Abneigungen feststellen.

Schweine mögen nicht

Streit

kein Geld in der Tasche haben

ungebührliches Benehmen

einen leeren Kühlschrank

Links *Menschen, die unter dem Zeichen des Schweins geboren sind, macht harte Arbeit nichts aus, solange für sie ein Luxusurlaub – am besten am anderen Ende der Welt – herausspringt.*

Elternschaft und Nachwuchs

Sich in der Liebe seiner Lieben zu sonnen ist alles, was sich eine im Jahr des Schweins geborene Person wünscht. In China symbolisiert das Jahr des Schweins das Heim und die Familie, was bedeutet, daß sein Einfluß häusliche Menschen hervorbringt, denen Familienglück über alles geht. Schweine sind engagierte Eltern. Ja, das normalerweise gütig lässige Schwein wird zum wilden Eber, sollte irgend jemand seinem Sprößling ein Haar krümmen wollen. Für diese Menschen hat der Nachwuchs absoluten Vorrang, und notfalls verzichten sie gerne auf einiges, nur damit es ihren Kindern an nichts fehlt.

Da Schwein-Geborene selbst auf Annehmlichkeiten im Leben großen Wert legen, sind sie oft allzu großzügig zu ihren Kindern und verziehen ihre Lieblinge. Zu Hause erweisen sich diese Eltern als sehr nachgiebig, weil sie glauben, ihren Kindern zu ihrer Entfaltung eine möglichst ruhige und harmonische Atmosphäre bieten zu müssen. Aber sie bestehen auf Höflichkeit und guten Manieren und, da Kultur auch ganz oben auf der Tagesordnung des Schweins steht, fördern sie nach Kräften das kulturelle Verständnis ihrer Sprößlinge. Sie legen Wert darauf, daß sie ihren Nachwuchs so früh wie möglich mit in Theater und Museen nehmen.

Oben *Ihr Hang zum Luxus läßt Schwein-Eltern auch den Nachwuchs gerne verwöhnen.*

Links unten *Kleine Schweine kommen durch ihre fröhliche, gelassene Art überall an.*

Das Schwein im Baby- und Kindesalter

Locker und lässig, das sind die beiden Haupteigenschaften, mit denen das Schwein geboren wird. Ihre liebenswürdige und freundliche Art macht kleine Schweine zu reizenden Kameraden, die bei Mitschülern und Lehrern gleichermaßen beliebt sind. Mit ihrem strahlenden Lächeln, ihrer Vertrauensseligkeit und Offenheit sind sie wirklich liebenswert. Manchmal besitzten sie einen beträchtlichen Appetit und geben sich mit kleinen Mengen Essen nicht zufrieden. Die unter diesem Zeichen geborenen Menschen haben in der Kindheit wenig mit Ängsten zu kämpfen, was sie zu ausgeglichenen, selbstbewußten Kindern macht, deren Gelassenheit sie befähigt, das Leben so zu nehmen, wie es kommt.

Eltern/Kind-Beziehung des Schweins

Manche Eltern haben mit der Persönlichkeit ihrer Kinder keine Probleme. Bei anderen scheint, bei aller Liebe zu ihren Kindern, die Wellenlänge einfach nicht zu stimmen. Hier die Verträglichkeitsgrade zwischen Schwein-Eltern und ihrem Nachwuchs.

Schweine mit	Im Zusammenleben	Verträglichkeit
Ratte	*friedlich*	✓✓✓
Ochse	*solide Zuneigung*	✓✓✓
Tiger	*will in andere Richtung*	✓
Kaninchen	*erfreulich*	✓✓✓
Drache	*Spaß und Spiel*	✓✓
Schlange	*entspannt*	✓✓✓
Pferd	*braucht eigenen Raum*	✓
Schaf	*völlige Harmonie*	✓✓✓✓
Affe	*gemeinsamer Humor*	✓✓✓
Hahn	*förderlich*	✓✓
Hund	*herzliche Bande*	✓✓
Schwein	*wirklich angenehm*	✓✓✓✓

Wertungen ✓ konfliktgeladen ✓✓ einige Schwierigkeiten ✓✓✓ gutes Auskommen miteinander ✓✓✓✓ dieselbe Wellenlänge

Partner und Ehegatten

Das Schwein in der Liebe

Im Orient symbolisiert das Schwein Zufriedenheit und Glück. Im allgemeinen kann man Schweine als glücklich, gutmütig und mit ihrem Schicksal zufrieden bezeichnen. Von allen Tieren im chinesischen Horoskop dürften sie am besten für die Ehe geeignet sein. Mit einem Partner, der sie vergöttert, blühen sie richtig auf. Diese liebenswürdigen Menschen, die die körperliche Nähe ihres Partners schätzen, sind sehr für Zärtlichkeiten zu haben.

Man sagt, daß Schwein-Geborene eine gesunde Libido haben, daß sie Sex genießen und im Bett ganz schön fordernd sein können. Viele wechseln in jüngeren Jahren recht häufig den Partner, und es ist wichtig, daß sie ihre eigenen Grenzen kennenlernen.

Treue Partner

Es ist nicht immer unbedingt die große Liebe, die das Schwein heiraten läßt, sondern eher die Aussicht auf Gesellschaft und Geborgenheit. Wenn sich Schweine einmal festlegen, dann erweisen sie sich als treue Partner, die Fürsorglichkeit und Rücksicht gegenüber ihren Liebsten groß schreiben. Ihr Harmoniebedürfnis läßt sie sehr nachgiebig sein und Auseinandersetzungen wie die Pest meiden. Wenn sie ein warmes Bad nehmen - und alle Schweine lieben diesen sinnlichen Luxus – sollten sie tief durchatmen und sich glücklich preisen.

Der Liebespartner des Schweins

Die meisten Menschen mögen die im Jahr des Schweins Geborenen, und viele passen als Partner zu ihnen. Aber einige ertragen ihre Lässigkeit nicht. Der Kasten rechts zeigt, wie sich andere Tiere für eine Liebesbeziehung mit dem Schwein eignen.

LIEBESPARTNER

SCHWEIN ♥ RATTE
Sagenhafte Kameradschaft und Anziehung, aber Vorsicht, wenn die Rechnung präsentiert wird.

SCHWEIN ♥ OCHSE
Starke sexuelle Anziehungskraft und einige Übereinstimmungen ermöglichen Harmonie.

SCHWEIN ♥ TIGER
Kameradschaft und gemeinsame Interessen sorgen für eine vielversprechende Beziehung.

SCHWEIN ♥ KANINCHEN
Inniges Glück und sehr viele Annehmlichkeiten. Eine dauerhafte Liebe.

SCHWEIN ♥ DRACHE
Eine warmherzige, ausgewogene und glückliche Partnerschaft.

SCHWEIN ♥ SCHLANGE
Leider kaum Gemeinsamkeiten.

SCHWEIN ♥ PFERD
Eine lockere Affäre mit viel Spaß, aber wer zahlt die Rechnungen und geht einkaufen?

SCHWEIN ♥ SCHAF
Viel Verständnis und gegenseitige Liebe machen dieses Team unschlagbar.

SCHWEIN ♥ AFFE
Gelegentlicher Krach steigert die gegenseitige sexuelle Anziehung.

SCHWEIN ♥ HAHN
Trotz der Unterschiede können sie eine gute Beziehung aufbauen. Es lohnt die Mühe.

SCHWEIN ♥ HUND
Eine solide, aufrichtige, aber eher gewöhnliche Partnerschaft.

SCHWEIN ♥ SCHWEIN
Das anfängliche Verständnis verblaßt später.

LIEBESPARTNER AUF EINEN BLICK

SCHWEINE MIT	HINWEISE	VERTRÄGLICHKEIT
Ratte	*großes Glück und gute Freunde*	♥♥♥
Ochse	*durchhalten lohnt sich*	♥♥
Tiger	*gute Laune herrscht vor*	♥♥♥
Kaninchen	*starke Zusammengehörigkeit*	♥♥♥♥
Drache	*sehr angenehm*	♥♥♥
Schlange	*große Uneinigkeit*	♥
Pferd	*reizvoll, aber unrealistisch*	♥♥
Schaf	*Champagner und Kaviar*	♥♥♥♥
Affe	*ein bewegtes Verhältnis*	♥♥♥
Hahn	*erhaltenswert*	♥♥♥
Hund	*aufrichtig und ehrlich*	♥♥♥
Schwein	*eine heikle Sache*	♥♥

VERTRÄGLICHKEITSSTUFEN ♥ *Konflikt* ♥♥ *sich Mühe geben* ♥♥♥ *große Anziehung* ♥♥♥♥ *himmlisch!*

BEGEGNUNG ZWISCHEN OST UND WEST

Das Widder-Schwein
Widder-Schweine sind tatkräftig und lebensfroh. Sie erweisen sich als herzensgute Freunde und attraktive Liebhaber. Sie trauen sich eine Menge zu und packen unverzüglich an, was sich ihnen an Aufgaben stellt. Ihre Offenheit begeistert.

Das Stier-Schwein
Der Stier macht das Schwein noch sinnesfreudiger und charmanter. Diese Schweine genießen ihr Zuhause und lieben den Luxus, aber sie sind auch Realisten, was das Geld betrifft. Harte Arbeit ist ihnen nicht fremd, und es wirft sie so schnell nichts um.

Das Zwilling-Schwein
Zwilling-Schweine sind sehr gesellig und unschlagbar, wenn es um die Ausrichtung von Abendgesellschaften geht, deren Tafel eines Königs würdig ist. Äußerlichkeiten sind so wichtig für sie, daß sie sich oft aus den falschen Gründen verlieben.

Das Krebs-Schwein
Diese familiären, kreativen Wesen sind am liebsten zu Hause am eigenen Herd. Sie begeistern sich für das Kochen, Backen, Einwecken von Marmelade oder Anpflanzen von Salat. Krebs-Schweine sind großzügig und nachsichtig, vor allem gegenüber der Familie und Freunden.

Das Löwe-Schwein
Löwe-Schweine übertreffen sich selbst. Ob beruflich oder privat, gegenüber Freunden oder in Liebesbeziehungen, sie sind immer ganz bei der Sache. In ihrer offenen und großherzigen Art überschütten sie ihre Lieben mit Wohltaten, schießen aber manchmal über das Ziel hinaus.

Das Jungfrau-Schwein
Jungfrau-Schweine sind zuverlässig und ihren Lieben treu ergeben. Sie wissen in Krisenzeiten, wie man den Gürtel enger schnallt und sind jederzeit bereit, zum Wohl ihrer Kinder Opfer auf sich zu nehmen. Allerdings lassen diese Schweine den Zorn auch an ihren Lieben aus, wenn diese sie im Stich lassen.

Das Waage-Schwein
Waage-Schweine streben nach Verfeinerung und lieben den Müßiggang. Ihre Freundlichkeit, Toleranz und Gelassenheit macht diese Menschen zu umgänglichen und liebenswerten Gefährten. Unentschlossenheit ist allerdings ihre größte Schwäche.

Das Skorpion-Schwein
Skorpion-Schweine haben große Ziele. Sie begreifen sehr früh, daß Erfolg Geld und Geld Macht bedeutet. Komme, was wolle, das Skorpion-Schwein bringt es zu etwas. Partnern dieser Schweine sei geraten, diese niemals zu hintergehen, da der Skorpionstachel gefährlich sein kann.

Das Schütze-Schwein
Dies sind großzügige und liebenswerte Charaktere, die einen großen Freundeskreis um sich scharen. Schütze-Schweine verbreiten, wo sie gehen und stehen, Optimismus und gute Laune. Niemand verläßt hungrig ihren Tisch. Außerdem gelingt diesen Menschen nahezu alles.

Das Steinbock-Schwein
Diese Menschen sind rechtschaffen, fleißig, verantwortungsbewußt, realistisch und überzeugte Traditionalisten. Sie weichen keinen Pflichten aus, besonders nicht ihren familiären. Doch wissen sie trotzdem, wann es an der Zeit ist, die Füße hochzulegen.

Das Wassermann-Schwein
Sie sind umgänglich, dynamisch und wegen ihrer Heiterkeit gerne gesehen. Ihre größte Stärke ist ihre Redebegabung. Man hört auf die Wassermann-Schweine, orientiert sich an ihren Einfällen und ihrem Stil. Sie selbst sind rasch gelangweilt und suchen stets das Neue.

Das Fische-Schwein
Fische-Schweine sind weniger nachgiebig und haben oft ein bemerkenswertes künstlerisches Talent. Sie sind stark von einem Partner abhängig, brauchen das Gefühl der Geborgenheit und werden alles tun, um eine Beziehung am Laufen zu halten.

Berühmte Schweine

Schweine lieben den Luxus und können ziemlich chaotisch sein. Sie sind liebenswürdig, großzügig und lieben ihre Familie über alles. Sie helfen aus, wo es geht, und lassen nie jemanden im Stich. Schweine sind entgegenkommend und ehrlich und haben, wenn es sein muß, ein großes Durchhaltevermögen, obgleich sie gelegentlich auch etwas nachlässig sein können.

Albert Schweitzer

Albert Schweitzers große Liebe zur Musik, sein künstlerisches Talent und sein enormes Engagement für die Armen und Benachteiligten auf dieser Welt sind für dieses Zeichen typisch. Dieser vielseitig begabte Elsässer war Theologe, Arzt und Musiker in einem. Er erhielt den Friedensnobelpreis für sein Missionskrankenhaus in Gabun, Westafrika, das er durch seine Orgelkonzerte selbst finanzierte. Zudem verfaßte er theologische und musiktheoretische Schriften.

Arnold Schwarzenegger

Ein weiterer hochbegabter Entertainer, Arnold Schwarzenegger, hat mit seiner Leinwandpräsenz das Kinopublikum gleich bei seinen ersten englischsprachigen Filmen hingerissen, obwohl er selbst kein besonders gutes Englisch sprach. Offenbar besitzt er die für Schweine so typische Gelassenheit, hat er doch sehr viel harte Kritik einfach weggesteckt. In seinen gelegentlich komischen Rollen beweist er auch den Humor dieses Zeichens.

Fred Astaire

Wie viele Schwein-Geborene war er nicht im strengen Sinne schön, dafür aber in seiner lässig jungenhafte Art umso charmanter.
Fred Astaire war jedoch ein harter Arbeiter. Er begann als Kind zu tanzen, und seine Tänzerkarriere dauerte über 40 Jahre. Er war nicht nur Tänzer und Sänger, sondern auch ein innovativer Choreograph und später ein Charakterdarsteller. Trotz seiner Selbstlosigkeit war er auch ein Freund des Champagners und Luxus. Seine bekannteste Partnerin, Ginger Rogers, ist ebenfalls im Jahr des Schweins geboren.

Tennessee Williams

Dieser Dramatiker aus Mississippi wußte das Theaterpublikum mit seinen Stücken zu begeistern, die meistens tief im Süden der USA spielen und hauptsächlich aus den 40er und 50er Jahren stammen. Einige von ihnen wurden auch mit großem Erfolg verfilmt. Er hatte den gelassen heiteren Blick des Schwein-Geborenen, und das volle Glas spricht für seine Genußfreude.

Maria Callas

Ein besonderer Charakterzug der im Jahr des Schweins geborenen Menschen ist ihre Liebe zur Musik, insbesondere zur Oper. Die Opern-Primadonna Maria Callas ist dafür das beste Beispiel. Sie besaß das für dieses Zeichen typische Unterhaltungstalent in besonderem Maße. Mit Fleiß und Durchhaltevermögen arbeitete sie sich aus dem Nichts zu einer der berühmtesten Sopranistinnen aller Zeiten hoch. Viele Schweine schaffen es, in ihrem Leben zu Reichtum zu kommen. Maria Callas erreichte dies mit ihrem Talent und über ihre gute Beziehung zu dem Millionär Aristoteles Onassis.

Teil III

DIE TIERJAHRE

星

Wie ein Verständnis
ihrer Einflüsse
uns den Weg weisen kann

Die Jahre auf einen Blick

Die sich ändernden Planetenkonstellationen wirken sich auf das energetische Muster unserer Welt aus. Die chinesischen Astrologen, die diese Konstellationen seit alters studieren, erkannten dabei auch heute noch gültige weltliche Zusammenhänge. Ochsen-Jahre sind zum Beispiel Phasen beständigen Wachstums, während Tiger-Jahre Gefahren und politische Unruhen bringen. In Schweine-Jahren nimmt die Geburtenrate zu, während unter dem erfinderischen Affen in Wissenschaft und Technik Riesenfortschritte gemacht werden. Indem wir uns die besonderen Einflüsse jedes Tierjahres genau ansehen, können wir uns auf kommende globale Tendenzen einstellen, die sich auch auf unser eigenes Leben auswirken.

Das Jahr der Ratte

Es ist als erstes Jahr im Zyklus hervorragend für Neuanfänge und Innovationen jeder Art geeignet. Ratten-Jahre sind Phasen der Regeneration. Die Marktwirtschaft ist stabil, und es herrscht allgemeine Aufbruchstimmung. Dies ist die Zeit, um Projekte zu starten, Fundamente zu legen, neue Vorhaben anzukündigen, neue Produkte einzuführen, neue Verbindungen zu knüpfen, sich zu verheiraten, ein Haus zu kaufen, eine Familie zu gründen oder, wenn nötig, einen neuen Anfang zu machen. Die in diesem Jahr begonnenen Unternehmungen zahlen sich jedoch nicht sofort aus. Däumchendrehen ist nicht angesagt. Die Ratte ist ständig auf der Suche nach dem großen Gewinn. Für clevere, findige Menschen wird es genügend Gelegenheiten geben, die sie zu ihrem Vorteil nutzen können. Aber begünstigt wird der vorsichtige Investor. Wenn solide Grundlagen geschaffen werden, wird sich zur rechten Zeit der Erfolg einstellen.

Ereignisse und Erfindungen aus den Ratten-Jahren

Viele Ereignisse in den Ratten-Jahren haben Pioniercharakter. Darunter fallen: Gründung Israels ❖ Erfindung des Transistors, der sich selbst aufziehenden Uhr, des Edelstahls, der Übertragungssatelliten, des Lasers, der Langspielplatten ❖ Patentierung des Zellophans ❖ Entwurf des Überschallflugzeugs Concorde ❖ Einführung des staatlichen Gesundheitsdienstes in Großbritannien ❖ WHO Gründung in Genf ❖ Die UN-Deklaration der Menschenrechte ❖ Beginn der Europäischen Wirtschaftsgemeinschaft (EWG) ❖ erste Publikationen über den Treibhauseffekt

Das Jahr des Ochsen

Ochsen-Jahre bringen Standfestigkeit und ausgewogenes Wachstum mit sich, es sind Jahre des Lohns und des sorgfältigen Arbeitens. Dies ist das Jahr, in dem wir ernten, was wir gesät haben. Die Erntezeit ist keine Zeit des Müßiggangs, und man muß im Jahr des Ochsen seine Interessen klar vertreten. Schiebt man jetzt Entscheidungen in geschäftlichen oder privaten Angelegenheiten auf, können sie entweder ganz scheitern oder sich endlos hinziehen. Verträge müssen noch in diesem Jahr unter Dach und Fach gebracht werden. Dieses konservative Jahr begünstigt traditionelle Tendenzen und ist nicht die Zeit grandioser Pläne oder ausgefallener Moden. „Langsam aber sicher" und „von zwei Übeln wählt man besser das, was man schon kennt" sind die Leitsprüche des Ochsen.

Ereignisse und Erfindungen aus den Ochsen-Jahren

Viele Ereignisse in den Ochsen-Jahren betreffen Sicherheitsfragen, die Medizin und die Erde: ❖ Marconis erste transatlantische Funkverbindung ❖ Erfindung der Gillette Rasierklinge, der Sicherheitsnadel, des Dieselmotors, der Strahlenbehandlung gegen Krebs ❖ San Franciscos Golden Gate Bridge ❖ Gründung von Amnesty International ❖ englisch-französisches Abkommen über den Kanaltunnel ❖ Streik der britischen Bergarbeiter ❖ Ölembargo, das zu Treibstoffeinsparbemühungen führte

Das Jahr des Tigers

Tiger-Jahre kündigen sich mit Donnern an und bringen Konflikte, Katastrophen, internationale Krisen und politische Unruhen mit sich. Es kommt zu Zwischenfällen, die eine Flut von unerwarteten Ereignissen zur Folge haben, die die Menschen noch Jahre beschäftigen werden. Jetzt heißt es Tapferkeit und Mut beweisen, für Ängstlichkeit ist keine Zeit. Große Vorhaben und ausgefallene Gesten sind die Themen des Tages. Für die Sprunghaften kann der Schuß nach hinten losgehen, aber wer Nerven aus Stahl hat, wird feststellen, daß der Nervenkitzel das Verlangen steigert und die Krallen schärft. Emotional gesehen ist dies ein Jahr des Aufruhrs und der Intrigen, aber wer sich jetzt an illegalen Abenteuern versuchen sollte, kann sich auf ein verheerendes Nachspiel gefaßt machen.

Ereignisse und Erfindungen aus den Tiger-Jahren

Viele Ereignisse aus den Tiger-Jahren sind sensationell oder von enormer Durchschlagkraft. Mit den Jahren des Tigers steht die Entdeckung, Erfindung, Patentierung, Herstellung und auch der Absatz und Vertrieb folgender Dinge in Verbindung: ❖ Spiegel-Affäre ❖ Erfindung des Fernsehers, der Scheibenbremsen, des Staubsaugers, der Batterie, des Fotokopierers

Das Jahr des Kaninchens

Eingezwängt zwischen den beiden turbulentesten und unberechenbarsten Tierzeichen, läßt sich das Kaninchen-Jahr mit dem windstillen Zentrum eines Wirbelsturms vergleichen. Dies ist eine Phase der Erholung, ein Jahr zum Nervenschonen und Atemholen. Ganz sicher ist es kein Jahr, um Entscheidungen zu erzwingen, denn alle Bemühungen werden vergeblich sein und nur unnötig Kräfte kosten. Aber es ist eine Zeit für Verhandlungen, für diplomatische Beziehungen, für Vergleiche und gegenseitige Abkommen. Das Jahr des Kaninchens steht unter dem Thema der Weiblichkeit: Kinder, Familie, Ernährung, Wohlfahrt und häusliche Geborgenheit werden zu vordringlichen Aufgaben. Man macht medizinische Fortschritte, und die Künste werden ein Hauptpunkt der Tagesordnung sein.

EREIGNISSE UND ERFINDUNGEN AUS DEN KANINCHEN-JAHREN

Zu den Ereignissen, Entdeckungen und Erfindungen der Kaninchen-Jahre gehören: ❖ Erfindung des Tonfilms, der Relativitätstheorie, der Nylonstrümpfe, des DDT ❖ die erste Frau auf dem Mount Everest ❖ der Schumanplan tritt in Kraft ❖ die New Yorker Weltmesse ❖ Deutsch-französischer Freundschaftsvertrag

Das Jahr des Drachen

Das Drachen-Jahr ist durch Dramatik gekennzeichnet und wartet mit Sensationen und Überraschungen auf. Den Beginn und das Ende dieses Jahres markieren wichtige internationale Entwicklungen. Mit diesem Zeichen ist das Exzentrische und Außergewöhnliche verbunden. Die darstellenden Künste, die Mode und kulturelle Ereignisse stehen unter günstigen Vorzeichen – je origineller etwas ist, desto besser. Großartige und ausgefallene Projekte stehen auf der Tagesordnung. Die allgemeine Hochstimmung läßt das Geld locker sitzen; man geht Risiken ein, gewinnt ein Vermögen oder verliert es. Da der Drache Glück bringt, ist es ein günstiges Jahr zum Heiraten und Kinderkriegen, denn Drachen-Kinder bringen Glück ins Haus. Jetzt haben Geschäftsgründungen oder wichtige Projektstarts viel Aussicht auf Erfolg.

EREIGNISSE UND ERFINDUNGEN AUS DEN DRACHEN-JAHREN

Mit den Drachen-Jahren stehen einige weltverändernde Erfindungen und „Premieren" in Verbindung: ❖ Erfindung der Thermoskanne, des Elektronenmikroskops, des künstlichen Herzens ❖ das Fernsehprogramm ❖ die Bürgerrechtsbewegung ❖ die genetisch veränderte Maus

Das Jahr der Schlange

Nach den dramatischen Höhepunkten im Jahr des Drachen stellt das Schlangen-Jahr einen Wendepunkt in Richtung Ruhe und Ordnung dar. In diesen Jahren kann man tief Luft holen und seine Situation neu überdenken. Allerdings sollte man sich vor Leichtgläubigkeit hüten. Doppelzüngigkeit liegt in der Luft, und es empfiehlt sich, das Kleingedruckte genau zu lesen. Verrat, politische Machenschaften und Verschwörungen grassieren, und internationale Beziehungen sind mit Affären gespickt. Da die Schlange ein Symbol der Fruchtbarkeit ist, werden Fragen der Empfängnismoral diskutiert, und Sex-Skandale auf hoher Ebene werden Schlagzeilen machen. Schlangen-Jahre kündigen einen wirtschaftlichen Aufschwung mit positiven Auswirkungen auf die Künste und das Kommunikationsnetz an.

EREIGNISSE UND ERFINDUNGEN AUS DEN SCHLANGEN-JAHREN

Die Entdeckungen, Erfindungen und Moden der Schlangen-Jahre hängen mit der großen Klugheit und Geschmeidigkeit der Schlange sowie ihrem fast übersinnlichen Scharfblick zusammen: ❖ IQ-Tests ❖ Entdeckung der Uranusringe ❖ die Oscar-Preisverleihung ❖ Chanel-Moden ❖ Entdeckung der DNA ❖ Fortschritte in der Psychologie

Das Jahr des Pferdes

In Pferde-Jahren scheint sich alles zu überstürzen. Es herrschen lebhafter Handel, Optimismus, Hektik und Launenhaftigkeit. Kraft und Bewegung kennzeichnen dieses Jahr, und Spontaneität und Intuition können sich auszahlen. Das Haushalten ist nicht gerade die Stärke des Pferdes, so daß man jetzt sehr darauf zu achten hat, wo das Geld bleibt. Die Wirtschaft ist instabil, und Mißwirtschaft, sowohl im öffentlichen Leben als auch privat, führt zu großen Vermögensschwankungen. Es wird viel Geld ausgegeben und geliehen. Ungebundenheit ist das Tagesmotto: Im Zeichen des Pferdes dreht sich alles um Freizeit, Reisen und Sport. In diesem Jahr werden wieder mehr Ehen geschlossen, aber auch mehr Scheidungen eingereicht.

EREIGNISSE UND ERFINDUNGEN
AUS DEN PFERDE-JAHREN

Einige der dynamischen Entdeckungen, Erfindungen und Ereignisse, die mit dem Jahr des Pferdes in Zusammenhang stehen, sind: ❖ die Entdeckung des Planeten Pluto ❖ die Atomspaltung ❖ die Struktur der DNA ❖ die Urknalltheorie ❖ das Blitzlicht ❖ das Magnetband

Das Jahr des Schafs

Das Jahr des Schafs hat ein gemäßigteres Tempo und bringt Ruhe. Im Mittelpunkt steht das häusliche Leben: Die Liebe, die Ehe, Familie und Kinder haben jetzt den Vorrang. Politisch ist dies eine Periode der Versöhnung, eine Zeit, um Streitigkeiten beizulegen und diplomatische Beziehungen zu pflegen. Die Unterzeichnung von Verträgen und internationalen Handelsabkommen ist günstig. Man sollte jetzt keine neuen Produkte einführen oder geschäftlich eine neue Richtung einschlagen, vielmehr ist es ratsam, alte Kontakte zu pflegen und bestehende Marktanteile zu sichern. Das ökologische und humanitäre Bewußtsein wird zunehmen. Wohlfahrtsverbände, Fürsorgeeinrichtungen und medizinische Fortschritte werden das Tagesgespräch sein, und die Modeindustrie und der Kunstmarkt dürfen sich über ein Rekordjahr freuen.

EREIGNISSE UND ERFINDUNGEN
AUS DEN SCHAF-JAHREN

Das mit dem Frieden assoziierte Jahr des Schafs ist von Entdeckungen und Erfindungen geprägt: ❖ die Farbfotografie ❖ die Dampfwalze ❖ die Herztransplantation ❖ das Vitamin B12 ❖ die Eröffnung der ersten Montessori Schule ❖ Mutter Theresa erhielt den Friedensnobelpreis

Das Jahr des Affen

Im Jahr des Affen verläuft nichts reibungslos. Auch wenn man auf jede Kleinigkeit achtet, es werden immer die einen oder anderen Schwierigkeiten auftreten. Man darf sich auf Unerwartetes gefaßt machen, und oftmals scheint alles wie verhext zu sein. Ob man Handel treibt, in den Urlaub fährt oder auch nur ein Fest organisiert, gehen sie auf Nummer

sicher und halten sie auf alle Fälle Alternativen bereit. In der Wirtschaft werden Strömungen spürbar, die die Regierung unterminieren und die internationale Politik ins Wanken bringen. Das Affen-Jahr hat aber auch seine positiven Seiten. Der Kommunikationssektor wird boomen, und alle Gewerbe, die geistige oder manuelle Geschicklichkeit erfordern, werden von der Wendigkeit des Affen profitieren.

EREIGNISSE UND ERFINDUNGEN
AUS DEN AFFEN-JAHREN

Zu den neuen Produkten, „Premieren" und Erfindungen, die mit diesem Jahr in Verbindung stehen, gehören: ❖ flüssiges Helium ❖ das Bakelit ❖ die Maschinenpistole ❖ Radioastronomie ❖ das Einwegfeuerzeug ❖ das Funktelefon ❖ Neutronen ❖ bemannter Mondflug

Das Jahr des Hahns

Dies ist eine Phase des Vorwärts- und Aufwärtsstrebens. Die Unterdrückten erheben öffentlich und privat ihre Stimme. Man wird für seine Rechte eintreten, und die Tyrannen werden nun ihre fällige Quittung erhalten. Beziehungen stehen in Hahn-Jahren jedoch unter keinem guten Stern, und wenn es Partnerschaftsprobleme gibt, sind diese nicht so leicht aus der Welt zu schaffen. Am besten geht man Auseinandersetzungen aus dem Weg, bis harmonischere Zeiten kommen. Man sollte sich vor Nörgelei und allzu großer Kritik in acht nehmen. In der Mode ist Imagepflege angesagt. Kleidung und Schmuck machen jetzt Schlagzeilen.

EREIGNISSE UND ERFINDUNGEN
AUS DEN HAHN-JAHREN

Der Hahn sagt alles geradeheraus. Zu den neuen Produkten, „Premieren“ und Erfindungen, die mit den Hahn-Jahren verbunden sind, gehören: ❖ die Wochenschauen ❖ das Insulin ❖ Nils Armstrong, der erste Mann auf dem Mond ❖ die Vereinten Nationen ❖ das Interferon ❖ die Kernfusion ❖ der Satellitenbau

Das Jahr des Hundes

In Hunde-Jahren rücken Umweltthemen in den Vordergrund. Jetzt ermöglicht der für dieses Zeichen so typische Idealismus große Gesten der Menschenfreundlichkeit. Der Umweltschutz, der Tierschutz und die Freiheitsrechte kommen im Jahr des Hundes besonders zu Wort. In der Politik sollte man mehr Gewicht auf die innere Sicherheit legen. Privat hängt das Zeichen des Hundes mit dem Eigentum zusammen, und man täte gut daran, sich um seine persönlichen Guthaben zu kümmern und seine Alarmanlage nachzurüsten. In der Liebe gewinnen langfristige Interessen die Oberhand. Eheschließungen im Jahr des Hundes stehen unter einem günstigen Stern.

EREIGNISSE UND ERFINDUNGEN
AUS DEN HUNDE-JAHREN

Der Hund ist schlagfertig, aber auch ängstlich. Zu den neuen Produkten, „Premieren“ und Erfindungen, die mit den Hunde-Jahren verbunden sind, gehören: ❖ die Röntgenstrahlen ❖ Apollo 13 ❖ Allende wird Staatspräsident ❖ das erste Filmfestival von Cannes ❖ die Entdeckung des Grabs von Tutenchamun

Das Jahr des Schweins

Dieses Jahr kennzeichnet das Ende des Kreises und ist eher dazu da, sich auf Abschlüsse als auf Neuanfänge zu konzentrieren. Man sollte seine Angelegenheiten ordnen und sich für die nächste Runde startklar machen. Es wird sehr viel Optimismus in der Luft liegen und wirtschaftlich bergauf gehen. Durch die allgemeine Zufriedenheit kommt Konsumfreudigkeit auf, man läßt es sich gutgehen. Die Freizeitindustrie und der Luxusgüterhandel werden Gewinne einfahren, man spielt und wettet viel, und im Sport werden Rekorde gebrochen. Dieses Jahr begünstigt auch häusliche Angelegenheiten.

EREIGNISSE UND ERFINDUNGEN
AUS DEN SCHWEINE-JAHREN

Das Schwein wird mit der Familie in Verbindung gebracht. Zu den neuen Produkten, „Premieren“ und Erfindungen, die mit den Schweine-Jahren zusammenhängen, gehören: ❖ die Vitamine ❖ das Plastik ❖ der Kodak-Farbfilm ❖ die Kohlenstoff-Datierung ❖ das Kofferradio ❖ Willy Brandt erhielt den Friedensnobelpreis

Die Tierschicksale

Mit dem Beginn des neuen Mondjahres am 19. Februar 1996 setzte laut chinesischem Kalender auch ein neuer 12-Jahres-Zyklus ein. Während die Tierjahre in ihrer Reihenfolge ins Land ziehen, werden die in diesen Jahren geborenen Menschen von diesen Einflüssen geprägt. Wie es mit unseren Beziehungen und unseren Zielen vorangeht, wird von der Wechselwirkung zwischen unserem eigenen Zeichen und den die Jahre beherrschenden Zeichen mitbestimmt. Durch die Kenntnis dieser Wechselwirkung auf unser Schicksal werden wir daher mit den uns förderlichen bzw. hinderlichen Einflüssen besser umgehen können.

OBEN *Jedes Jahr bringt sein eigenes Schicksal mit sich.*

Die Jahresvorhersage für die Ratte

1998 Das Jahr des Tigers *28. Jan. 1998 – 15. Feb. 1999*

Ratten sind für ihre Voreiligkeit und Risikofreudigkeit bekannt. Da das Jahr 1998 turbulent und von Unwägbarkeiten gespickt sein wird, sollten sie ihre Sprunghaftigkeit etwas zügeln und sich in diesem Jahr nicht blind in Risiken stürzen. Geschäfts- oder Privatreisen dürften großen Raum einnehmen. Für einige kann sich eine Trennung anbahnen.

Jahrestendenz: gut

1999 Das Jahr des Kaninchens *16. Feb. 1999 – 4. Feb. 2000*

Das gemächlichere Tempo des Kaninchen-Jahres widerspricht der ambitionierten, tatendurstigen Art der Ratte, so daß sich bei den Ratten in diesem Jahr eine fieberhafte Ungeduld einstellen dürfte. Am besten wäre es, wenn sie alles etwas leichter nähmen und auch einmal alle Viere gerade sein ließen. Aber Vorsicht vor zu großen Ausgaben! Ratten sollten sich in diesem Jahr auf die Familie konzentrieren: Dies wird sie beruhigen.

Jahrestendenz: frustrierend

2000 Das Jahr des Drachen *5. Feb. 2000 – 23. Jan. 2001*

Dieses Jahr entspricht der Ratte eher: Es ist turbulent, aufregend, außergewöhnlich und mit genau der richtigen Menge Abenteuer gewürzt. Für Ratten-Geborene wird das Jahr 2000 ein Jahr des großen Glücks und Erfolgs. Die beruflichen Aussichten sind äußerst gut, die Finanzen sicher, und in der Liebe wird das Herz der Ratte höher schlagen. Der einzige kleine Vorbehalt ist hier, daß sie sich nicht in ihrer Großzügigkeit ausnutzen lassen.

Jahrestendenz: sehr viel Erfolg

2001 Das Jahr der Schlange *24. Jan. 2001 – 11. Feb. 2002*

Im Jahr der Schlange ist nichts so, wie es scheint. Ratten sollten alles Kleingedruckte sorgfältig lesen und genau auf die Körpersprache ihrer Mitmenschen achten. Andernfalls könnten sie mit leeren Taschen, seelisch oder körperlich verletzt, dastehen. Die Aussichten verbessern sich gegen Ende des Jahres.

Jahrestendenz: Vorsicht walten lassen

2002 Das Jahr des Pferdes *12. Feb. 2002 – 31. Jan. 2003*

Die wechselhaften, unberechenbaren Einflüsse des Pferde-Jahres werden die Neigung der Ratte zur Sprunghaftigkeit und Unbesonnenheit noch verstärken. Ratten werden jetzt versucht sein, Bedenken in den Wind zu schlagen. So werden sie mehr ausgeben, als sie es sich leisten können. Es drohen Beziehungsprobleme. Jetzt bewahren nur Disziplin und Selbstbeherrschung vor großen Reinfällen.

Jahrestendenz: heikel

2003 Das Jahr des Schafs *1. Feb. 2003 – 21. Jan. 2004*

Nach den tumultreichen letzten zwölf Monaten erlaubt das Jahr des Schafs den Ratten, wieder festen Boden unter die Füße zu bekommen. Sie werden die Gelegenheit haben, ihre Finanzen in Ordnung zu bringen bzw. ihr Einkommen zu verbessern. Beruflich wird wieder mehr Schwung aufkommen. In der Liebe stehen die Zeichen zur Versöhnung gut.
Jahrestendenz: Erholung und Besserung

2004 Das Jahr des Affen *22. Jan. 2004 – 8. Feb. 2005*

Die schöpferische Ausgelassenheit im Affen-Jahr kommt der Abenteuerlust der Ratte sehr entgegen. Dies ist ein Jahr, in dem sich der Einfallsreichtum der Ratte bezahlt macht. Das gesellschaftliche Leben wird sehr rege sein, so daß die Ratten die günstigen Vorzeichen nutzen und sich eine schöne Zeit machen sollten. In der Liebe wartet auf die einen häusliches Glück, auf die anderen unbeschwerte Romanzen.
Jahrestendenz: schöne Zeit

2005 Das Jahr des Hahns *9. Feb. 2005 – 28. Jan. 2006*

Dieses Hahn-Jahr ist für die Ratten sehr bewegt. Wichtige Ereignisse überstürzen sich und halten die Ratten auf Trab. Was zunächst wie ein Hindernis oder eine Herausforderung aussieht, wird sich schließlich als ein Segen herausstellen. Meinungsverschiedenheiten zwischen Partnern verlangen jetzt Geduld. Romantische Abenteuer sind andererseits nicht ausgeschlossen.
Jahrestendenz: Rückschläge, aber positive Überraschungen

2006 Das Jahr des Hundes *29. Jan. 2006 – 17. Feb. 2007*

Dieses Jahr dürfte für die Ratten anstrengend werden. Sie müssen aufpassen, daß sie sich nicht mehr zumuten, als sie tatsächlich bewältigen können. Glücklicherweise wird Hilfe zur Hand sein, aber Ratten sollten sich nicht zu selbstverständlich auf sie verlassen. In Beziehungen könnte ein wenig Kompromißbereitschaft vieles erleichtern.
Jahrestendenz: Aufregungen

2007 Das Jahr des Schweins *18. Feb. 2007 – 6. Feb. 2008*

Kam es kürzlich zu Beziehungsproblemen, dürften sie jetzt einer Lösung entgegengehen. Wärme und Verständnis kehren langsam wieder zurück. Endeten die Streitigkeiten aber in einer Trennung, ist dies das geeignete Jahr für Ratten, an einen Neuanfang zu denken. Es wird jetzt genügend gesellschaftliche Anlässe geben, um dem Traumpartner zu begegnen.
Jahrestendenz: Vorbereitung auf das Neue

Die Jahresvorhersage für den Ochsen

1998 Das Jahr des Tigers *28. Jan. 1998 – 15. Feb. 1999*

Das Tiger-Jahr mit seinen Turbulenzen ist für die beharrlichen Ochsen kein einfaches Jahr. Irgendwie sorgen Reibereien zu Hause und bei der Arbeit immer wieder zu aussichtslosen Situationen. Glücklicherweise verlieren Ochsen nicht so schnell den Kopf, und ihre Ausdauer wird ihnen helfen, die Probleme in den Griff zu bekommen.
Jahrestendenz: kühlen Kopf bewahren

1999 Das Jahr des Kaninchens *16. Feb. 1999 – 4. Feb. 2000*

Nach den heftigen Stürmen des Tiger-Jahres ist das Jahr 1999 Balsam für die Nerven des Ochsen. Es dürfte zwar noch einiges auszubügeln sein, aber grundsätzlich erwartet die Ochsen, besonders in der Liebe, mehr Glück. Das Kaninchen begünstigt ein harmonisches Zusammenleben, und so wird auf zwischenmenschlichem Gebiet wieder die Sonne scheinen.
Jahrestendenz: Glück in der Liebe

2000 Das Jahr des Drachen *5. Feb. 2000 – 23. Jan. 2001*

Drachen-Jahre begünstigen Wagemut und Extravaganz. Da dies nicht die Stärken des Ochsen sind, steht ihm keine rosige Zeit bevor. Seine Leistungen werden nicht die verdiente Anerkennung finden, aber die rasanten Veränderungen im neuen Jahrtausend werden keine Zeit zur Beschwerde lassen. Freunde werden helfen.
Jahrestendenz: nicht sehr vielversprechend

2001 Das Jahr der Schlange *24. Jan. 2001 – 11. Feb. 2002*

Dies wird ein Jahr voller Belohnungen sein, was nach den Enttäuschungen des Vorjahres nur gerecht ist. Vergangene Mühen werden sich reichlich auszahlen, und es geht in Riesenschritten voran. Jetzt heißt es, die reichlich gebotenen Gelegenheiten zu ergreifen, darunter auch wichtige gesellschaftliche Einladungen. Die Liebe steht in diesem Jahr unter einem guten Stern.
Jahrestendenz: sehr lohnend

2002 Das Jahr des Pferdes *12. Feb. 2002 – 31. Jan. 2003*

Dieses Jahr dürfte hektisch werden, was dem Temperament des Ochsen widerstrebt. Einige im Weg liegende Stolpersteine könnten für Enttäuschungen sorgen, und auch in Herzensangelegenheiten werden Hektik und Unzufriedenheit vorherrschen.
Jahrestendenz: aufreibend

2003 Das Jahr des Schafs *1. Feb. 2003 – 21. Jan. 2004*
Dies wird ein stürmisches Jahr, beruflich und finanziell drohen Einbußen, aber in der Liebe winkt das Glück. Ochsen sollten Risiken meiden, besonders finanzielle. Sie sollten jetzt lieber ihre Energien bündeln statt sich zu verzetteln. Viel emotionaler Rückhalt durch Familie, Freunde und Partner.
Jahrestendenz: emotional erbaulich

2004 Das Jahr des Affen *22. Jan. 2004 – 8. Feb. 2005*
In einem Affen-Jahr sollte man nichts für selbstverständlich halten, und das dürfte Ochsen-Geborene ärgerlich stimmen. Trotzdem erwartet sie in diesem unbeständigen Jahr einige Anerkennung, da der gesunde Menschenverstand und die praktische Erfahrung des Ochsen gefragt sind. In der Liebe läuft alles glatt.
Jahrestendenz: unerwartete Gelegenheiten

2005 Das Jahr des Hahns *9. Feb. 2005 – 28. Jan. 2006*
Nach der Flaute in den letzten Jahren können Ochsen-Geborene jetzt Mut fassen. Der Einfluß des Hahn-Jahres bietet Gelegenheit, einen neuen Anfang zu wagen. Dies könnte eine neue Beziehung, einen Arbeitsplatzwechsel oder einen Umzug bedeuten. Aber Vorsicht: Lesen Sie das Kleingedruckte genau.
Jahrestendenz: es geht aufwärts

2006 Das Jahr des Hundes *29. Jan. 2006 – 17. Feb. 2007*
Andere Tiere mögen Hunde-Jahre stressig finden, aber Ochsen boxen sich einfach durch. Im Rückblick werden sie sich wundern, wie sie all die Schwierigkeiten bewältigt haben. Für sie ist es ein gutes Jahr, um zu heiraten und mehr aus dem Haus zu kommen.
Jahrestendenz: zufriedenstellende Ergebnisse

2007 Das Jahr des Schweins *18. Feb. 2007 – 6. Feb. 2008*
Das Jahr 2007 wird die Ochsen-Geborenen begünstigen. Zwar wird es finanziell und im Berufsleben überhaupt keine aufsehenerregenden Erfolge geben, dafür hat man Zeit, sich ein wenig zu erholen. In Liebesbeziehungen und im Familienleben ist viel Angenehmes zu erwarten.
Jahrestendenz: begünstigt sind Herzensangelegenheiten

Die Jahresvorhersage für den Tiger

1998 Das Jahr des Tigers *28. Jan. 1998 – 15. Feb. 1999*
Die meisten Tiger werden über das Ende des Ochsen-Jahres in Jubel ausbrechen. Für Tiger ist es jetzt an der Zeit aktiv zu werden, denn ihre Aussichten werden sich dramatisch bessern, aber sie sollten nicht unvorsichtig werden und Rücklagen für schlechtere Zeiten bilden.
Jahrestendenz: eine Zeit des Aufbruchs

1999 Das Jahr des Kaninchens *16. Feb. 1999 – 4. Feb. 2000*
Die Leistungen des Vorjahres werden sich jetzt für den Tiger auszahlen, so daß er besser gelaunt und zu mehr Freizeitaktivitäten aufgelegt ist. Große Befriedigung in der Liebe.
Jahrestendenz: alles locker nehmen

2000 Das Jahr des Drachen *5. Feb. 2000 – 23. Jan. 2001*
Tiger begeistert die spannungsgeladene Atmosphäre der Drachen-Jahre, und da dieses Jahr äußerst positive Herausforderungen an sie stellen wird, fängt für sie das neue Jahrtausend gut an. Die Liebe wird den Tiger aufs Korn nehmen.
Jahrestendenz: berauschend

2001 Das Jahr der Schlange *24. Jan. 2001 – 11. Feb. 2002*
Es sind in diesem Jahr vor allen Dingen Beziehungen, die dem Tiger das Leben schwer machen können. Die Kontakte mit Verwandten, Kollegen und Liebespartnern dürften nicht so unproblematisch verlaufen, wie es sich der Tiger wünscht, und emotionale Verwicklungen jeder Art könnten ihn teuer zu stehen kommen.
Jahrestendenz: Vorsicht vor gefährlichen Gegenströmungen

2002 Das Jahr des Pferdes *12. Feb. 2002 – 31. Jan. 2003*
In diesem Jahr geht es mit dem Tiger ganz massiv aufwärts. Vergangene Mühen werden anerkannt und belohnt, und der Aufstieg auf der Karriereleiter könnte einen Geldsegen mit sich bringen. Unterdessen ist Leidenschaft das Hauptthema der Tiger.
Jahrestendenz: positiv

2003 Das Jahr des Schafs *1. Feb. 2003 – 21. Jan. 2004*
Obwohl das Jahr 2003 Tiger-Geborene nicht gerade vom Hocker reißen wird, kann es sie trotzdem voranbringen. Am besten wäre es jedoch, wenn sie dieses Jahr als Erholungsjahr nutzen würden.
Jahrestendenz: die Ruhe genießen

2004 Das Jahr des Affen *22. Jan. 2004 – 8. Feb. 2005*
Trotz einiger finanzieller Probleme und ein paar unerwarteter Hürden haben Tiger dieses Jahr genügend Erfolgschancen. Emotional ist Kompromißbereitschaft angesagt, denn die Geduld der Tiger wird schwer auf die Probe gestellt.
Jahrestendenz: Vorsicht vor bösen Geistern

2005 Das Jahr des Hahns *9. Feb. 2005 – 28. Jan. 2006*
Der Hahn läßt auf ein anregendes, positives Jahr hoffen. Mit den Finanzen wird es besonders gut stehen, und auch beruflich dürfte es den Tigern gutgehen. Dieses Jahr eignet sich optimal, um langersehnte Ziele zu realisieren. Viele nette Bekanntschaften.
Jahrestendenz: eine Zeit des Wohlstands und Wohlergehens

2006 Das Jahr des Hundes *29. Jan. 2006 – 17. Feb. 2007*
Das Jahr 2006 wird ein Jahr sein, in dem Freunde, Kollegen und Verwandte des Tigers alles mögliche tun, um ihm den Weg zu ebnen. Die Aussichten in der Liebe sind ausgezeichnet, auch für Tiger, die sich fest binden wollen.
Jahrestendenz: ein sehr zufriedenstellendes Jahr

2007 Das Jahr des Schweins *18. Feb. 2007 – 6. Feb. 2008*
Dies ist ein Jahr, in dem Tiger unbedingt darauf achten sollten, daß sie sich auch ja keine Gelegenheit entgehen lassen. Zurückhaltung und Schüchternheit sind jetzt fehl am Platz. Wer Erfolg haben will, muß schon etwas dafür tun. In der Liebe keine Einbrüche.
Jahrestendenz: Gelegenheiten ergreifen

Die Jahresvorhersage für das Kaninchen

1998 Das Jahr des Tigers *28. Jan. 1998 – 15. Feb. 1999*
Trotz der dramatischen Wendung, die die Ereignisse in Tiger-Jahren nehmen, dürfte Kaninchen jetzt alles gelingen. Die Zeit ist reif, um Projekte in die Tat umzusetzen, doch sollte man das Kleingedruckte sorgfältig lesen.
Jahrestendenz: Fundamente schaffen

1999 Das Jahr des Kaninchens *16. Feb. 1999 – 4. Feb. 2000*
Das eigene Tierjahr ist immer günstig für die darin geborenen Menschen, so auch für die Kaninchen. In diesem Spitzenjahr scheint für die Kaninchen alles zu Gold zu werden. Es geht ihnen beruflich und gesundheitlich prächtig, und vergangene Mühen werden belohnt. In der Liebe herrscht eitel Sonnenschein.
Jahrestendenz: erholsam und wiederbelebend

2000 Das Jahr des Drachen *5. Feb. 2000 – 23. Jan. 2001*
Nach dem großen Glück in den Vorjahren mag dieses Jahr weniger günstig scheinen. Drachen-Jahre erweisen sich für Kaninchen oft als schwierig und hürdenreich. Überstunden werden jetzt zum Alltag für sie, falls sie trotz aller Hindernisse etwas erreichen möchten.
Jahrestendenz: Vorsicht bei großen Gewinnversprechen

2001 Das Jahr der Schlange *24. Jan. 2001 – 11. Feb. 2002*
Schlangen-Jahre sind für Kaninchen gewöhnlich sehr günstig, was auch für die Tendenzen im Jahr 2001 gilt. Neue Liebesbeziehungen könnten aber, auch wenn sie sehr vielversprechend scheinen, zu großen Enttäuschungen führen.
Jahrestendenz: Oft trügt der äußere Schein!

2002 Das Jahr des Pferdes *12. Feb. 2002 – 31. Jan. 2003*
Das Jahr 2002 verspricht für Kaninchen gesellschaftlich recht rege zu werden. Sie dürften Bekanntschaften machen, die sich vor allem langfristig auszahlen. Auch in der Liebe stehen neue Abenteuer bevor.
Jahrestendenz: bittersüße Liebe

2003 Das Jahr des Schafs *1. Feb. 2003 – 21. Jan. 2004*
Das harmonische Jahr des Schafs entspricht ganz der sanften Art des Kaninchens. 2003 verspricht emotional ein sehr befriedigendes Jahr zu werden. Es herrscht häusliche Eintracht, während die Singles unter den Kaninchen jetzt große Chancen haben, ihrer großen Liebe zu begegnen. Ein reges Gesellschaftsleben und beruflicher Erfolg sind zu erwarten.
Jahrestendenz: Arbeiten Sie an einem neuen Image!

2004 Das Jahr des Affen *22. Jan. 2004 – 8. Feb. 2005*
Dies ist ein gemischtes Jahr für Kaninchen, denn es bringt in der Liebe Glück, aber beruflich Schwierigkeiten. Vor allem drohen finanzielle Einbußen, und Kaninchen sollten dieses Jahr ihre Ausgaben besonders sorgfältig überdenken.
Jahrestendenz: Übernehmen Sie sich nicht!

2005 Das Jahr des Hahns *9. Feb. 2005 – 28. Jan. 2006*
Auf die eine oder andere Art werfen Hahn-Jahre für Kaninchen immer Probleme auf. Zurückhaltung ist jetzt der beste Weg, um den in Hülle und Fülle bereitgehaltenen Fallen und Frustrationen zu entgehen. Kaninchen-Geborene sollten sich in diesem Jahr auf die Familie besinnen und ihr Zuhause genießen.
Jahrestendenz: Bescheidenheit üben

2006 Das Jahr des Hundes *29. Jan. 2006 – 17. Feb. 2007*
Hunde-Jahre sind Zeiten, in denen Kaninchen wieder an Boden gewinnen können. Da sowohl beruflich als auch privat keine größeren Hindernisse zu erwarten sind, stehen enorme Fortschritte in Aussicht; Freunde und Geschäftspartner helfen dabei.
Jahrestendenz: Stecken Sie Ihre Ziele weit!

2007 Das Jahr des Schweins *18. Feb. 2007 – 6. Feb. 2008*
Kaninchen können in diesem Jahr so richtig ausspannen. Sie sollten einem Verein beitreten, ein neues Hobby anfangen, Einladungen annehmen oder verreisen. Der berufliche Erfolg ist mäßig, aber die Liebe entschädigt für alles. Ein gutes Jahr zum Heiraten.
Jahrestendenz: Liebe liegt in der Luft

Die Jahresvorhersage für den Drachen

1998 Das Jahr des Tigers *28. Jan. 1998 – 15. Feb. 1999*
Beziehungen können in diesem Jahr mehr fordern als es zunächst den Anschein hat. So müssen Drachen, die sich nicht gerne binden, achtgeben. Dies gilt sowohl für Liebesbeziehungen als auch für Geschäftskontakte.
Jahrestendenz: Man kann es nicht allen recht machen

1999 Das Jahr des Kaninchens
16. Feb. 1999 – 4. Feb. 2000
Drachen steht nach all der Anstrengung ein ruhigeres Jahr bevor. Jetzt kann der Mühen Lohn genossen werden. Kluge Drachen werden nun ihre Energien für das nächste Jahr sammeln, um dem Hochbetrieb der Jahrtausendwende gewachsen zu sein.
Jahrestendenz: Zeit zur Erholung

2000 Das Jahr des Drachen
5. Feb. 2000 – 23. Jan. 2001
Das rasante Tempo ihres eigenen Jahres wird Drachen-Geborenen Musik in ihren Ohren sein. Ihre Leistungen werden Anerkennung finden und reichlich belohnt werden. Aufregende Romanzen werden das Herz des Drachen höher schlagen lassen.
Jahrestendenz: Liebe wird groß geschrieben

Oben *Drachen haben in ihrem eigenen Jahr Erfolg in der Liebe.*

2001 Das Jahr der Schlange *24. Jan. 2001 – 11. Feb. 2002*
Freunde und Verwandte werden in diesem Jahr vom Drachen immer wieder triumphierend zu hören bekommen: „Ich habe es euch gesagt!“ Drachen-Geborene kassieren dieses Jahr für ihre vergangenen Mühen kräftig, aber ihre Lieben werden sich vernachlässigt fühlen.
Jahrestendenz: Zeigen Sie Ihren Lieben, daß Sie an sie denken!

2002 Das Jahr des Pferdes *12. Feb. 2002 – 31. Jan. 2003*
Die häufigen Umschwünge dieses Jahres werden den Drachen nicht mißfallen, da sie selbständig und flexibel genug sind, um davon zu profitieren. Der Terminkalender wird voll sein, und in der Liebe wird der Drache eine gute Zeit haben.
Jahrestendenz: es ist Partyzeit

2003 Das Jahr des Schafs *1. Feb. 2003 – 21. Jan. 2004*
Nach der ständigen Hektik des Pferde-Jahres wird das Jahr 2003 ein Erlösung sein und den Drachen Zeit zum Verschnaufen geben. Drachen-Geborene sollten jetzt jede Gelegenheit zur Erholung nutzen. Fernreisende erwartet Liebesabenteuer.
Jahrestendenz: Jetzt lassen sich offene Probleme lösen

2004 Das Jahr des Affen *22. Jan. 2004 – 8. Feb. 2005*
Dieses ereignisreiche Jahr bietet den Drachen viele Chancen. Sie sollten jedoch weder zuviel dem Zufall überlassen noch ihre Mittel zu stark strapazieren. Ein bißchen Kompromißbereitschaft wird ihren Beziehungen guttun.
Jahrestendenz: zuerst an die Familie denken

2005 Das Jahr des Hahns
9. Feb. 2005 – 28. Jan. 2006
In Hahn-Jahren dürfen Drachen mit enormem Erfolg rechnen. Ob sie nach Ruhm und Ansehen, verantwortungsvollen Positionen, Status und Prestige streben oder die große Liebe suchen, wie sollten sie scheitern, wenn ihnen das ganze Jahr über das Glück hold ist?
Jahrestendenz: eine Zeit überragender Erfolge

2006 Das Jahr des Hundes *29. Jan. 2006 – 17. Feb. 2007*
Ein heikles Jahr, in dem Drachen sich in Geduld üben und lernen müssen, sich lieber auf die Zunge zu beißen als etwas Unüberlegtes zu sagen. Alle beruflichen Schwierigkeiten und Rückschläge werden durch privates Glück mehr als wettgemacht.
Jahrestendenz: Zurückhaltung üben

OBEN *Das Jahr des Schweins wird für Drachen ein Partyjahr.*

2007 DAS JAHR DES SCHWEINS
18. Feb. 2007 – 6. Feb. 2008
Ein sehr produktives und erfolgreiches Jahr, in dem Drachen die Verluste aus dem Vorjahr wieder wettmachen können. Vielleicht erhalten sie sogar eine Erbschaft. Das Gesellschaftsleben ist rosig. Viele Einladungen und Partys halten den Drachen in Schwung.
JAHRESTENDENZ: positive Überraschungen!

DIE JAHRESVORHERSAGE FÜR DIE SCHLANGE

1998 DAS JAHR DES TIGERS *28. Jan. 1998 – 15. Feb. 1999*
Tiger-Jahre sind oft hektisch und voll lauernder Gefahren, womit Schlangen schwer zurechtkommen. So wird das Jahr 1998 keine leichte Zeit für sie sein, und sie sollten besser das Ärgste abwarten. Auch in der Liebe geht es auf und ab.
JAHRESTENDENZ: sich zurückhalten

1999 DAS JAHR DES KANINCHENS *16. Feb. 1999 – 4. Feb. 2000*
Jetzt heißt es, sich öfter in Schale zu werfen und ins Nachtleben zu stürzen. Schlangen werden gesellschaftlich sehr gefragt sein, besonders wenn sie in der Kosmetikbranche sind. Sie sollten sich vor schnellen Liebschaften in acht nehmen, da sie Indiskretion teuer zu stehen kommen könnte.
JAHRESTENDENZ: klug und umsichtig sein

2000 DAS JAHR DES DRACHEN *5. Feb. 2000 – 23. Jan. 2001*
Die Gerüchte des letzten Jahres gehen weiter und heizen in diesem dramatischen Jahr kräftig ein. Schlangen werden sich nach Ruhe sehnen, aber jetzt heißt es durchhalten, Kräfte und Geld sparen, bis alles vorüber ist.
JAHRESTENDENZ: abwarten

2001 DAS JAHR DER SCHLANGE *24. Jan. 2001 – 11. Feb. 2002*
In ihrem eigenen Jahr erwartet die Schlangen großer Erfolg als Lohn vergangener Mühen. Vorhaben können nun verwirklicht werden und Talente sich bewähren. Doch sollten sie über ihrem beruflichen Aufstieg nicht die Familie vergessen.
JAHRESTENDENZ: persönlich befriedigend

2002 DAS JAHR DES PFERDES *12. Feb. 2002 – 31. Jan. 2003*
In diesem Jahr steht es um berufliche Dinge wesentlich besser als um Herzensangelegenheiten. Bei der Arbeit sind sie sehr erfolgreich, aber Schlangen müssen die Tricks zur Durchsetzung ihrer Meinung einschränken. Privat droht Liebeskummer.
JAHRESTENDENZ: offen und ehrlich bleiben

2003 DAS JAHR DES SCHAFS *1. Feb. 2003 – 21. Jan. 2004*
Jetzt heißt es, beim Altbewährten zu bleiben. Schlangen-Geborene sollten mit größeren Vorhaben noch ein Jahr warten, weil sie dann eher Erfolg haben. Trotzdem müssen sie aktiv bleiben, da die Kontakte, die sie jetzt sowohl beruflich als auch privat knüpfen, später hilfreich sein werden.
JAHRESTENDENZ: glanzvolles Auftreten nützt

2004 DAS JAHR DES AFFEN *22. Jan. 2004 – 8. Feb. 2005*
Der Schein kann im Jahr des Affen sehr trügen. Schlangen sollten jetzt schauen, was Sache ist, und niemals Kollegen, Partner oder Gegner unterschätzen. Parteinahme verschlimmert alles nur und schadet ihrem Ansehen. Aber Liebesbande werden gefestigt, und im engen Freundeskreis ist viel Angenehmes zu erwarten.
JAHRESTENDENZ: neutral bleiben

2005 DAS JAHR DES HAHNS *9. Feb. 2005 – 28. Jan. 2006*
Es kann zunächst Rückschläge geben, aber das sollte Schlangen-Geborene nicht entmutigen, die Lage bessert sich im Laufe des Jahres. Beruflich ist Erfolg zu erwarten. Zu Hause herrscht Harmonie, und die mit Partnern oder der Familie verbrachte Zeit entschädigt für anderen Ärger.
JAHRESTENDENZ: finanzielle Verluste, aber emotionale Gewinne

2006 DAS JAHR DES HUNDES *29. Jan. 2006 – 17. Feb. 2007*
Dieses Jahr ist Fleiß angesagt. Setzen Schlangen jetzt ihre zurückgestellten Ideen in die Tat um, haben sie Erfolg. Ihre Initiativen werden greifen und Gewinne einbringen, ohne große Probleme zu machen. Ein Entspannungsprogramm täte gut.
JAHRESTENDENZ: Geduld zahlt sich aus

2007 DAS JAHR DES SCHWEINS *18. Feb. 2007 – 6. Feb. 2008*
Ein schwieriges Jahr für die Schlangen, denn nun müssen sie nach drei Schritten vorwärts meist wieder zwei zurück. Doch wilde Entschlossenheit macht alles nur noch schlimmer. Beruflich, finanziell und in der Liebe heißt es daher, einen günstigeren Zeitpunkt abzuwarten.
JAHRESTENDENZ: frustrierend

Die Jahresvorhersage für das Pferd

1998 Das Jahr des Tigers *28. Jan. 1998 – 15. Feb. 1999*
Endlich haben sie grünes Licht, denn die dynamischen Strömungen dieses Jahres kommen den Pferden sehr zugute. Sie werden 1998 viel unterwegs sein, aber obgleich Geselligkeit nützliche Kontakte schafft, reißt sie auch ein Loch in den Geldbeutel.
Jahrestendenz: auf die Finanzen aufpassen

1999 Das Jahr des Kaninchens *16. Feb. 1999 – 4. Feb. 2000*
Für Pferde-Singles, die auf der Suche nach der großen Liebe sind, dürfte es ein schreckliches Jahr werden. Neue Beziehungen hauen einfach nicht hin. Fest liierten Pferden geht es wesentlich besser, sie genießen das Familienleben.
Jahrestendenz: die Dinge leicht nehmen

2000 Das Jahr des Drachen *5. Feb. 2000 – 23. Jan. 2001*
Die Drachen-Jahre bieten den einfallsreichen Pferden enorme Entfaltungsmöglichkeiten. Jetzt heißt es Gelegenheiten nutzen, rasche Entscheidungen treffen, wichtige Kontakte pflegen. In der Liebe gibt es reichlich Flirts.
Jahrestendenz: beflügelnd

2001 Das Jahr der Schlange *24. Jan. 2001 – 11. Feb. 2002*
Geheime Liebschaften könnten dieses Jahr alles über den Haufen werfen und die Pferde um ihren Seelenfrieden bringen. Überhaupt dürften sich Beziehungen in diesem Jahr als gefährliches Terrain erweisen, und Pferde müssen hier äußerste Vorsicht walten lassen.
Jahrestendenz: vor persönlichen Verwicklungen hüten

2002 Das Jahr des Pferdes *12. Feb. 2002 – 31. Jan. 2003*
In ihrem eigenen Jahr können Pferde wohlgemut in jede Richtung vorstoßen. Ihre Vorhaben werden allgemeine Unterstützung finden. Pferde-Geborene sollten sich von ihrem Instinkt leiten lassen, aber in Beziehungen Streit um jeden Preis vermeiden.
Jahrestendenz: ein erfolgreiches Jahr

2003 Das Jahr des Schafs *1. Feb. 2003 – 21. Jan. 2004*
Für Pferde ist dies ein Jahr, in dem sie nach altbewährtem Muster vorgehen und ehrgeizige Pläne zurückstellen sollten. Der beruhigende Einfluß des Schafs kann ihnen helfen, innerhalb der Familie friedfertiger zu sein.
Jahrestendenz: Es geht langsam aber sicher voran

2004 Das Jahr des Affen *22. Jan. 2004 – 8. Feb. 2005*
Das rasche Tempo des Affen-Jahres kommt den abenteuerlustigen Pferden sehr entgegen. Jetzt können sich Pferde an die Ausführung ihrer großen Pläne machen, und je innovativer und ungewöhnlicher sie sind, desto besser. Die große Liebe winkt.
Jahrestendenz: fleißig sein und zuversichtlich bleiben

2005 Das Jahr des Hahns *9. Feb. 2005 – 28. Jan. 2006*
Obwohl es im Jahr 2005 allgemein vorangehen wird, werden Pferde-Geborene beruflich nicht ganz so viel erreichen, wie sie es gerne hätten. Jetzt kommt es auf Beständigkeit an. Freundschaften und Liebesabenteuer machen alles wett.
Jahrestendenz: erfreuliche Pausen

2006 Das Jahr des Hundes *29. Jan. 2006 – 17. Feb. 2007*
Ein günstiges Jahr für Pferde-Geborene, da sie ausgezeichnet vorwärtskommen können. Die Arbeit, wissenschaftliche Studien und Sport befriedigen und bringen Anerkennung. Die Stabilisierung neuer Beziehungen, Eheschließungen oder Umzüge sind begünstigt.
Jahrestendenz: es herrscht Optimismus

2007 Das Jahr des Schweins *18. Feb. 2007 – 6. Feb. 2008*
Geldangelegenheiten treten dieses Jahr in den Vordergrund, weil viel verdient wird. Aber was hereinkommt, wird auch gleich wieder ausgegeben, da häusliche Ausgaben schwer ins Gewicht fallen. In der Liebe ist Offenheit angesagt.
Jahrestendenz: finanziell absichern

Die Jahresvorhersage für das Schaf

1998 Das Jahr des Tigers *28. Jan. 1998 – 15. Feb. 1999*
Das Jahr 1998 wird anstrengend, aber zumindest sind die Tendenzen nicht negativ. Schafe werden vielseitig gefordert sein, aber trotz mancher Irrungen und Wirrungen dürfte es eine wirklich interessante Zeit werden.
Jahrestendenz: ein wenig verwirrend

1999 Das Jahr des Kaninchens *16. Feb. 1999 – 4. Feb. 2000*
Dies verspricht ein angenehmes Jahr zu werden, da Tempo und Atmosphäre behagen. Jetzt können Schafe leicht vorankommen, und ihre Erfolge werden zufriedenstellend sein. Die Liebe wird in diesem Jahr groß geschrieben.
Jahrestendenz: ausgezeichnete Aussichten

2000 Das Jahr des Drachen *5. Feb. 2000 – 23. Jan. 2001*
Jetzt heißt es sich anschnallen, denn dies wird eine holprige Fahrt. Nicht daß die Ereignisse gerade unangenehm wären, aber Schafe müssen jetzt mutig den Kopf über Wasser halten. Liebesbeziehungen werden jedoch Trost und Unterstützung bringen.
Jahrestendenz: gemischt

2001 Das Jahr der Schlange *24. Jan. 2001 – 11. Feb. 2002*
Die äußerst günstigen Einflüsse der Schlange werden den Schafen viele Entfaltungsmöglichkeiten bieten. Berufliche Leistungen werden, auch finanziell, Anerkennung finden. Es geht mühelos voran, und gesellschaftlich werden die Schafe gefragt sein.
Jahrestendenz: äußerst befriedigend

2002 Das Jahr des Pferdes *12. Feb. 2002 – 31. Jan. 2003*
Dieses Jahr bringt Höhen und Tiefen in Herzensangelegenheiten. Die Tendenzen sind allgemein günstig, und so dürften Schafe sämtliche Fallstricke umgehen.
Jahrestendenz: Hobbys zahlen sich aus

2003 Das Jahr des Schafs *1. Feb. 2003 – 21. Jan. 2004*
Obwohl dieses – ihr eigenes – Jahr durchweg positiv für Schafe ist, wird sie vor allen Dingen das gesellschaftliche Leben angenehm fordern. Jetzt stehen häusliche Angelegenheiten und persönliche Beziehungen im Vordergrund. Für die Singles unter den Schafen sind definitiv Romanzen angesagt, die unter Umständen sehr vielversprechend sein können.
Jahrestendenz: praktisch bleiben

2004 Das Jahr des Affen *22. Jan. 2004 – 8. Feb. 2005*
Affen-Jahre, berüchtigt für ihre ständigen Zwischenfälle, passen weniger zu den Schafen, die ein langsameres Tempo bevorzugen. So haben Schafe in diesem Jahr mit vielen kleinen, aber lästigen Verwicklungen zu rechnen, vor allen Dingen in bezug auf ihre Beziehungen.
Jahrestendenz: frustrierende Mißverständnisse

2005 Das Jahr des Hahns *9. Feb. 2005 – 28. Jan. 2006*
Nach den zahllosen Verwicklungen des letzten Jahres besteht jetzt die Möglichkeit, sich wieder daraus zu befreien und einen Neuanfang zu wagen. Schafe können dieses Jahr endlich von lästigen Verpflichtungen und beruflichem Druck loskommen. Freizeitvergnügen winken.
Jahrestendenz: eine Zeit des Neuanfangs

2006 Das Jahr des Hundes *29. Jan. 2006 – 17. Feb. 2007*
Hunde-Jahre sind für Schafe grundsätzlich schwierig, und so dürfte das Jahr 2006 sehr strapaziös werden. Schafe müssen sich jetzt zurückhalten, aber sie sollten sich deshalb trotzdem nicht völlig aus allem heraushalten. Wie immer hängt der Erfolg vom richtigen Maß ab.
Jahrestendenz: Hilfe annehmen

2007 Das Jahr des Schweins *18. Feb. 2007 – 6. Feb. 2008*
Dieses Jahr dürfte wieder wesentlich angenehmer verlaufen als das Vorjahr. Berufliche Vorhaben haben Erfolg, und ein unverhoffter Glücksfall winkt. Dieses Jahr begünstigt Eheschließungen oder Familiengründungen.
Jahrestendenz: bessere Aussichten

Die Jahresvorhersage für den Affen

1998 Das Jahr des Tigers *28. Jan. 1998 – 15. Feb. 1999*
Tiger-Jahre sind für Affen nie einfach, und erzwungene Vorstöße werden nur zu Feindseligkeiten führen. Unter derart ungünstigen Bedingungen empfiehlt es sich, seine Arbeit so unauffällig wie möglich fortzusetzen.
Jahrestendenz: sich zurückhalten

1999 Das Jahr des Kaninchens *16. Feb. 1999 – 4. Feb. 2000*
Ein rosigeres Jahr als das vorige, es geht für die Affen spürbar aufwärts. Neue Ideen werden Anklang finden, und unerwartete Möglichkeiten werden sich auftun. Jetzt sind die Voraussetzungen für einen Umzug oder Umbau ausgezeichnet.
Jahrestendenz: Kreativität hat Erfolg

2000 Das Jahr des Drachen *5. Feb. 2000 – 23. Jan. 2001*
Drachen-Jahre entsprechen in allem der Mentalität der Affen. Ideen können getrost vorgetragen werden, sie werden Erfolg haben. Anerkennung und Karrierefortschritte sind den Affen sicher. Eine Romanze verspricht die wahre Liebe zu werden.
Jahrestendenz: großartig

2001 Das Jahr der Schlange *24. Jan. 2001 – 11. Feb. 2002*
Obwohl es beruflich offensichtlich weiter vorangeht, drohen den Affen hinter den Kulissen massive Gefahren. Sie müssen jetzt aufpassen, um nicht in letzter Sekunde eine Niederlage zu erleiden. Liebesbeziehungen stehen ebenfalls auf der Kippe, aber Freunde stehen den Affen bei.
Jahrestendenz: enttäuschend

2002 DAS JAHR DES PFERDES *12. Feb. 2002 – 31. Jan. 2003*
Dies wird ein glückliches Jahr für die Affen werden. Es bieten sich einige gute Gelegenheiten an, und vielleicht erwartet sie sogar ein unerwarteter Glücksfall. Affen können das hektische Auf und Ab genießen, sollten sich aber vor der Darstellung allzu großem Selbstvertrauens hüten und auf keinen Fall übermütig werden.
JAHRESTENDENZ: vorwiegend glückverheißend

2003 DAS JAHR DES SCHAFS *1. Feb. 2003 – 21. Jan. 2004*
Beruflich werden die Affen dieses Jahr sehr viel Gelegenheit haben, Geld zu machen. Es winken Reisen, und sie können ihren Bekanntenkreis erweitern. Allerdings drohen ernsthafte Beziehungsprobleme, wenn sie erst reden und dann überlegen.
JAHRESTENDENZ: Schlafende Hunde soll man nicht wecken

2004 DAS JAHR DES AFFEN
22. Jan. 2004 – 8. Feb. 2005
In diesem ihrem eigenen Jahr werden Affen-Geborene bei Freunden und Bekannten hoch im Kurs stehen. Dies ist außerdem eine günstige Zeit für die Suche nach dem Partner fürs Leben.
JAHRESTENDENZ: Es geht voran

OBEN *In der Liebe und in Freundschaften sollten Affen nichts unüberlegt sagen.*

2005 DAS JAHR DES HAHNS
9. Feb. 2005 – 28. Jan. 2006
Affen können davon ausgehen, daß sie dieses Jahr für ihre Mühen reichlich belohnt werden. Sie müssen jetzt das Angenehme mit dem Nützlichen verbinden, um den Streß zu mildern, der 2006 auf sie wartet. Liebesbeziehungen und das Gefühlsleben sind stabil.
JAHRESTENDENZ: im positiven Sinne viel los

2006 DAS JAHR DES HUNDES *29. Jan. 2006 – 17. Feb. 2007*
Es geht unaufhaltsam voran, und obwohl sie vom Glück begünstigt sind, sollten Affen unbedingt alles Kleingedruckte lesen, mit dem sie beruflich in Kontakt kommen, denn es droht Betrug. Für Heiratswillige ist dies eine günstige Zeit.
JAHRESTENDENZ: im Zweifelsfalle nein sagen

2007 DAS JAHR DES SCHWEINS *18. Feb. 2007 – 6. Feb. 2008*
Leichtsinn und Ungeduld sind die Schreckgespenster dieses Jahres, aber Eifer und eine kluge Zeiteinteilung werden den Affen trotzdem zum Erfolg verhelfen. In der Liebe wartet Romantik.
JAHRESTENDENZ: Sorgfalt zahlt sich aus

DIE JAHRESVORHERSAGE FÜR DEN HAHN

1998 DAS JAHR DES TIGERS *28. Jan. 1998 – 15. Feb. 1999*
Die sich überschlagenden Ereignisse in den Tiger-Jahren erfordern äußerste Geistesgegenwart. Hähne, die das Zepter in der Hand behalten, werden 1998 Erfolg haben. Die Zeit ist reif für die Durchführung lange anstehender, wichtiger Vorhaben.
JAHRESTENDENZ: Engagement macht sich bezahlt

1999 DAS JAHR DES KANINCHENS *16. Feb. 1999 – 4. Feb. 2000*
Kaninchen-Jahre verführen Hähne zu übermäßigen Ausgaben, so daß sie am Jahresende völlig blank dastehen könnten. Hier hilft nur bewußte Einschränkung, um finanzielle, berufliche und private Enttäuschungen zu vermeiden.
JAHRESTENDENZ: Zusammenarbeit lohnt sich

2000 DAS JAHR DES DRACHEN *5. Feb. 2000 – 23. Jan. 2001*
Dies ist ein Höhepunkt im 12-Jahres-Zyklus, denn Hähne haben jetzt die Gelegenheit zu glänzen. Günstige Strömungen spornen sie zu großen Leistungen an, die zu Wohlstand und Ansehen führen. Liebesbeziehungen entwickeln sich in diesem Jahr prächtig.
JAHRESTENDENZ: aus sich herausgehen

Links *Das Drachen-Jahr könnte für Hähne ein äußerst wichtiges Liebesabenteuer bereithalten.*

2001 Das Jahr der Schlange *24. Jan. 2001 – 11. Feb. 2002*
Die günstigen Einflüsse bleiben für die Hähne auch noch im Schlangen-Jahr bestehen. Das Glück ist mit den Hähnen, die mit Kunst, Musik, Mode oder auf irgendeine Weise mit der Schönheitspflege zu tun haben.
Jahrestendenz: Es geht bergauf

2002 Das Jahr des Pferdes *12. Feb. 2002 – 31. Jan. 2003*
Der sprunghaften Natur des Pferdes gemäß wird dies für Hähne ein hektisches Jahr, wobei sich die Pluspunkte und die Minuspunkte die Waage halten werden. Liebesbeziehungen und das Familienleben werden unter diesem Auf und Ab leiden.
Jahrestendenz: gemischte Aussichten

2003 Das Jahr des Schafs *1. Feb. 2003 – 21. Jan. 2004*
Ein vielversprechendes Jahr, in dem die Hähne ihre Projekte meist äußerst erfolgreich durchziehen können. Hähne sollten sich im Kreis der Familie entspannen, aber sich auch intensiv um die Erweiterung ihres Bekanntenkreises bemühen.
Jahrestendenz: erfreuliche Entwicklungen

2004 Das Jahr des Affen *22. Jan. 2004 – 8. Feb. 2005*
Wenn auch die beruflichen Erfolgsaussichten sehr groß sind, drohen dieses Jahr häusliche Probleme. Singles wird es wesentlich besser gehen als den Festliierten unter den Hähnen, da sich Romanzen in diesem Jahr hervorragend entwickeln können.
Jahrestendenz: auf häusliche Probleme achten

2005 Das Jahr des Hahns *9. Feb. 2005 – 28. Jan. 2006*
In diesem ihrem eigenen Jahr werden die Hähne zuversichtlich und entspannt ihrer Wege gehen können. Beruflich klappt im bestehenden Rahmen alles, doch sollten neue Vorhaben auf Eis gelegt werden. Häusliches Glück steht vor der Tür.
Jahrestendenz: Selbstvertrauen haben

2006 Das Jahr des Hundes *29. Jan. 2006 – 17. Feb. 2007*
Dieses Jahr heißt es für Hähne, sich ins Zeug zu legen, wenn sie keine Rückschläge erleiden wollen. Schlampigkeit und Hast könnten sich als Fallstricke erweisen, und das Erörtern von Problemen könnte eine Beziehung retten.
Jahrestendenz: keine Risiken eingehen

2007 Das Jahr des Schweins
18. Feb. 2007 – 6. Feb. 2008
Nach der Schufterei im letzten Jahr geht es im Jahr des Schweins sowohl beruflich als auch privat wieder bergauf. Die besseren Bedingungen für Liebesbeziehungen und Partnerschaften lassen Hochzeiten und Geburten unter einem guten Stern stehen.
Jahrestendenz: Die Finanzen bessern sich

Oben *Das letzte Jahr in dieser Runde wird beruflich und privat befriedigend verlaufen.*

Die Jahresvorhersage für den Hund

1998 Das Jahr des Tigers *28. Jan. 1998 – 15. Feb. 1999*
Jetzt sollten Hunde ihre neuen Ideen verbreiten, wenn sie damit Erfolg haben wollen. Vergangene Mühen werden anerkannt, und den Hunden wird von kompetenter Seite unter die Arme gegriffen. Wer nach dem Partner fürs Leben Ausschau hält, könnte ihn jetzt finden.
Jahrestendenz: Es ist viel los

1999 Das Jahr des Kaninchens *16. Feb. 1999 – 4. Feb. 2000*
Obwohl Hunde eine Vorliebe für das Bleibende haben, stehen auch für sie einmal Neuanfänge an, und die sind in diesem Jahr begünstigt. Ob dies nun ein Berufswechsel, die Eröffnung eines Geschäfts, ein Umzug, eine Heirat oder eine Schwangerschaft ist, Hunde-Geborene werden nun das Glück auf ihrer Seite haben.
Jahrestendenz: Wünsche gehen in Erfüllung

2000 Das Jahr des Drachen *5. Feb. 2000 – 23. Jan. 2001*
Drachen-Jahre waren für Hunde noch nie leicht. Es werden einige dramatisch erscheinende Hürden zu nehmen sein, und die spannungsgeladene Atmosphäre wird die Angst der Hunde schüren. Am besten ist es für sie, jetzt nicht weiter aufzufallen und im Rudel zu bleiben.
Jahrestendenz: auf die Finanzen achten

2001 Das Jahr der Schlange *24. Jan. 2001 – 11. Feb. 2002*
Nach dem Tumult des letzten Jahres bricht jetzt eine günstigere Zeit an, in der Hunde reichlich Gelegenheit haben, ihre Position zu festigen. Neben beruflichem Erfolg und der Anerkennung ihrer Leistungen erwartet sie zu Hause bei der Familie großes Glück.
Jahrestendenz: zufriedenstellend

2002 Das Jahr des Pferdes *12. Feb. 2002 – 31. Jan. 2003*
Auch dies ist ein günstiges und geschäftiges Jahr. Es gibt so viel zu tun und so viele Orte aufzusuchen, daß die Zeit im Flug vergeht. Auch gesellschaftlich steht Hunden eine turbulente Zeit bevor, ob zu Hause oder bei der Arbeit, alles steht im Zeichen des Dazulernens und Spaßhabens.
Jahrestendenz: auf ganzer Linie förderlich

2003 Das Jahr des Schafs *1. Feb. 2003 – 21. Jan. 2004*
In Schafe-Jahren stehen Heim und Familie im Vordergrund. Es sind Schwierigkeiten zu erwarten, da eine Renovierung eine Menge kosten kann. Ein Umzug könnte sich rückwirkend als sehr günstig erweisen. Unterstützung von den Lieben.
Jahrestendenz: schwierig, aber herzlich

2004 Das Jahr des Affen *22. Jan. 2004 – 8. Feb. 2005*
Die häuslichen Probleme dauern an, und ein Wohnungswechsel droht. Trotzdem geht es bergauf, und am Jahresende werden Hunde sowohl materiell als auch beruflich wesentlich besser dastehen. Der Einfluß des Affen bedeutet, daß jetzt gesellschaftlich viel los ist.
Jahrestendenz: aus sich herausgehen

2005 Das Jahr des Hahns *9. Feb. 2005 – 28. Jan. 2006*
Die Probleme häufen sich, und kaum haben die Hunde eine Krise bewältigt, wartet auch schon die nächste Schwierigkeit auf sie. Aber zum Ausgleich gibt es ein paar außergewöhnlich schöne Zeiten zwischendurch. Diese Glücksmomente gilt es voll auszuschöpfen.
Jahrestendenz: Höhen und Tiefen

2006 Das Jahr des Hundes *29. Jan. 2006 – 17. Feb. 2007*
Dieses – ihr eigenes – Jahr ist vielversprechend, und Hunde können sich von ihren jüngsten Verlusten erholen. Was immer ihre Ziele sind, sie werden reichlich Gelegenheit haben, voranzukommen und die verdiente Anerkennung erhalten.
Jahrestendenz: Es geht bergauf

2007 Das Jahr des Schweins *18. Feb. 2007 – 6. Feb. 2008*
Im Jahr des Schweins winken angenehme Zeiten. Eventuelle juristische, finanzielle oder gesundheitliche Probleme dürften bald überwunden sein und allgemeinem Wohlbefinden Platz machen. Hunde werden das Gefühl haben, jetzt über den Berg zu sein. Auch in der Liebe herrscht Optimismus.
Jahrestendenz: eine Zeit der Erholung

Die Jahresvorhersage für das Schwein

1998 Das Jahr des Tigers *28. Jan. 1998 – 15. Feb. 1999*
Das lebhafte Tempo des Tiger-Jahres widerspricht der kühlen Art der Schweine, so daß jetzt ihre Geduld recht häufig auf die Probe gestellt werden könnte, besonders was Finanzen und Beziehungen anbelangt. Vorsicht vor zuviel Vertrauen.
Jahrestendenz: sich zurückhalten

1999 Das Jahr des Kaninchens *16. Feb. 1999 – 4. Feb. 2000*
Dieses Jahr ist eine wahre Wohltat für die Schweine. Beruflich geht es in Riesenschritten voran, und zu Hause kommt man endlich wieder mehr zur Ruhe. Es ist eine Zeit der Erholung und des Feierns.
Jahrestendenz: Es geht bergauf

2000 Das Jahr des Drachen *5. Feb. 2000 – 23. Jan. 2001*
Außergewöhnliche Ereignisse werden in diesem ansonsten ruhigen Jahr einige glanzvolle Höhepunkte setzen. Durch ein reges gesellschaftliches Leben und den Besuch von Kulturveranstaltungen werden nicht nur viele neue Bekanntschaften geschlossen, sondern auch wertvolle Verbündete gewonnen.
Jahrestendenz: erfreulich

2001 Das Jahr der Schlange *24. Jan. 2001 – 11. Feb. 2002*
Schlangen-Jahre sind für ihre Unruhe berüchtigt, unter der jeder in der einen oder anderen Form zu leiden hat. Für die Schweine ist es die Familie, die durch einen Skandal oder Verlust in Mitleidenschaft gezogen wird. Sparsam bleiben.
Jahrestendenz: Bilanz ziehen

2002 Das Jahr des Pferdes *12. Feb. 2002 – 31. Jan. 2003*
Ein arbeitsreiches Jahr, in dem Verluste wettgemacht werden können. Beruflich werden jetzt vergangene Mühen belohnt, was wohlverdienten Optimismus aufkommen läßt. Das Familienleben wird in angenehmen Bahnen verlaufen.
Jahrestendenz: befriedigende Ergebnisse

2003 Das Jahr des Schafs *1. Feb. 2003 – 21. Jan. 2004*
Wenn Schafe-Jahre die Schweine beruflich auch weniger voranbringen, sind sie doch für die Liebe und das Heiraten günstig, da sie Zufriedenheit und häusliche Werte fördern. Schweine werden das Jahr 2003 emotional ausgesprochen erfüllend finden.
Jahrestendenz: Beziehungen bringen Glück

2004 Das Jahr des Affen *22. Jan. 2004 – 8. Feb. 2005*
Für die Schweine nicht das einfachste Jahr, da ihnen mangelnde Hilfsbereitschaft das Gefühl gibt, das Leben sei ein einziger Kampf. Doch die Romanze, besonders die der frisch Verliebten, erleichtert alles.
Jahrestendenz: bescheidene Gewinne

2005 Das Jahr des Hahns *9. Feb. 2005 – 28. Jan. 2006*
Die Geldprobleme scheinen dieses Jahr abzunehmen, aber Schweine sollten keinerlei finanzielle Risiken eingehen. Die Geschäfte könnten gemischt laufen, und es ist mit einigen schwer lösbaren Problemen zu rechnen. Auch in Beziehungen sind Spannungen zu erwarten.
Jahrestendenz: ein harter Kampf

2006 Das Jahr des Hundes *29. Jan. 2006 – 17. Feb. 2007*
In diesem Jahr wendet sich das Blatt. Nach anfänglichen Schwierigkeiten kommt endlich der Erfolg. Schweine sollten jetzt ihre Ziele überdenken und Zukunftspläne schmieden. Es ist ein besonders glückverheißendes Jahr für Hochzeiten, Umzüge oder Familiengründungen.
Jahrestendenz: Die Aussichten bessern sich

2007 Das Jahr des Schweins *18. Feb. 2007 – 6. Feb. 2008*
In diesem Jahr können Schweine in vielen Lebensbereichen außerordentlich gut vorankommen. Pläne, die letztes Jahr geschmiedet wurden, lassen sich jetzt in die Tat umsetzen, und Beziehungsprobleme oder häusliche Schwierigkeiten lassen sich aus dem Weg räumen. Eine günstige Zeit für Hochzeiten oder Umzüge.
Jahrestendenz: glückliche Zeiten

Register

aus dem
Im Osterholz Verlag:

Sterne und Steine
von Barbara Newerla

Dieses Buch verbindet erstmals eine allgemeinverständliche Einführung in die Astrologie mit den Grundsätzen der Steinheilkunde nach Michael Gienger.

Die Autorin ordnet dem Tierkreis Heilsteine zu, die die jeweilige Qualität des Sternzeichens hervorheben oder einen Ausgleich für typische Schwächen des betreffenden Sternbildes schaffen können.
Sie zeigt in ihrem Buch auf, wie die astrologischen Prinzipien sich in der Entstehungsgeschichte des Edelsteins, in seinen Mineralstoffen und in seiner Farbe widerspiegeln. Die Verbindung von Astrologie, Mineralogie und Heilkunde ist in dieser Form einzigartig und ermöglicht uns ein tiefes Verständnis für die natürlichen Zusammenhänge. So wird die Thematik für jeden Leser anschaulich und verständlich vermittelt, unabhängig davon, ob man sich ohne Vorkenntnisse dem Buch widmet oder ob man bereits Astrologe oder (Stein-) Heilpraktiker ist.

Das Buch umfaßt 172 Seiten und ist durchgehend mit farbigen Mineralien- und Edelsteinfotos von Wolfgang Dengler bebildert.

Hardcover
ISBN 3-9804503-4-1

Lexikon der Heilsteine

von Michael Gienger

Wie kein anderer verbindet der Autor Naturwissenschaft und Spiritualität in der Welt der Mineralien und Edelsteine. So entsteht das seriöse Nachschlagewerk zum Umgang mit den Schätzen unserer Erde.

Es gibt über 100 Werke zum Thema „Heilen mit Edelsteinen", jedoch kaum eines über die Beschaffung, Bereitstellung und Identifikation der Heilsteine. Wie lautet der korrekte Name eines Heilsteins und unter welcher Bezeichnung erhalte ich ihn im Handel? Wie entsteht der Stein und welche mineralogischen Daten sind für die Heilkunde wichtig? Wie können Heilsteine sicher bestimmt, Verwechslungen vermieden und Fälschungen identifiziert werden? Wozu wird das Mineral üblicherweise verwendet und welche Heilwirkungen sind bekannt? All diese Fragen werden in diesem neuen Buch von Michael Gienger umfassend beantwortet.

Das Lexikon füllt eine Lücke und ist gedacht als Nachschlagewerk für alle, die mit Heilsteinen arbeiten oder sich aus privaten Gründen damit beschäftigen.

576 Seiten, durchgehend farbig illustriert. Mehr als 300 Mineral-Beschreibungen, über 220 Fotos und Abbildungen, übersichtliches Fachwort-Glossar, Index der Mineraliennamen, Sachwort Index und therapeutischer Index mit mehr als 8.000 Stichworten.

Hardcover, Fadenheftung
ISBN 3-9804503-2-5

Im Osterholz Verlag GmbH
Im Osterholz 1
71636 Ludwigsburg